新一代信息技术系列教材

区块链技术及其在能源互联网中的应用

王　冰　王　敏　编著

机械工业出版社

随着电力体制改革推进和能源互联网概念深入人心，电力交易的理论研究备受关注，而区块链技术作为发展最快、前景最好的新型数字技术之一，其开发与研究方兴未艾，并以“区块链+”的方式与众多行业紧密对接。近年来，由于区块链人才培养的需要，越来越多的专业将区块链技术作为课程列入培养方案，同时对于区块链教材的需要也日趋迫切。本书对现有著作和教材的优点兼容并蓄，从章节设置入手，加强各章节的逻辑性和章节内容的新颖性。前4章主要介绍区块链技术的基础知识，使读者对区块链有较深入的理解；第5、6章则针对区块链技术在能源互联网领域的应用进行研究与展望，并对区块链在配电侧的交易方法进行阐述；第7~9章主要介绍针对配电侧负荷、负荷代理商、电力调度中心三类电力主体如何进行智能合约建模、交易平台设计以及底层技术优化等。本书具有清晰的层次感：从区块链技术到区块链技术核心原理，从以太坊平台到智能合约开发，从电动汽车到可控负荷，层层深入、循序渐进，既加强了对基本知识和核心原理的说明，又注重了区块链最新研究成果的引入。

本书可供从事区块链、能源互联网等领域研究的科研工作者、高校教师和研究生阅读与参考，也可在多个相关专业使用，满足计算机、自动化、电气等专业人才培养的需求。

本书配有电子课件，选用本书作教材的教师可登录 www. cmpedu. com 注册下载，或发邮件至 jinacmp@ 163. com 索取。

图书在版编目（CIP）数据

区块链技术及其在能源互联网中的应用/王冰，王敏编著. —北京：机械工业出版社，2023.6

新一代信息技术系列教材

ISBN 978-7-111-73636-3

Ⅰ.①区… Ⅱ.①王… ②王… Ⅲ.①区块链技术-应用-能源发展-中国-教材 Ⅳ.①F713.361.3②F426.2

中国国家版本馆 CIP 数据核字（2023）第 146964 号

机械工业出版社（北京市百万庄大街 22 号 邮政编码 100037）

策划编辑：吉 玲　　责任编辑：吉 玲

责任校对：郑 婕 张 征　　封面设计：张 静

责任印制：邓 博

北京盛通商印快线网络科技有限公司印刷

2023 年 11 月第 1 版第 1 次印刷

184mm×260mm · 10.75 印张 · 262 千字

标准书号：ISBN 978-7-111-73636-3

定价：45.00 元

电话服务　　网络服务

客服电话：010-88361066　　机 工 官 网：www. cmpbook. com

010-88379833　　机 工 官 博：weibo. com/cmp1952

010-68326294　　金 书 网：www. golden-book. com

　机工教育服务网：www. cmpedu. com

前言

近年来，能源互联网已成为电力系统发展的重要模式和方向。在深化改革后的电力市场中，相关利益主体增多、交易种类多样化、合同规则复杂化，对交易结算的管理及数据的风险防范都提出了更高的要求。随着“互联网+”新业务的发展，区块链作为一种新型信息化技术，对具备数字化能力的业务交易可提供技术支撑。习近平总书记在中央政治局第十八次集体学习时强调：要把区块链作为核心技术自主创新的重要突破口，加快推动区块链技术和产业创新发展。利用数字技术推动能源技术革命，切实解决能源发展中存在的复杂问题，是我国电力能源业普遍面临的重大任务。探索区块链在能源电力等领域的推广应用，必须认真结合区块链等新型数字技术，对现有电力机制进行场景、业务、价值创新，建设分层、分区域、多元接入的能源互联网架构。

本书在总结国内外区块链和能源互联网相关理论与实践的基础上，由区块链基础理论到实际应用开发、由能源互联网基本理论到具体区块链在能源联网中的应用，从网络数据结构、智能合约、共识机制、激励机制、以太坊平台开发等多方面，阐述多方参与、平等安全、合作共赢的电力能源区块链技术。编者在多年科研工作和教学实践的基础上，对同类书籍的内容进行了较大的调整和补充，不仅引入了区块链分层可扩展开发流程的新方法，而且增加了其在电力交易方面的内容，对近十年来最新的研究成果加以总结和整理，增加了区块链在能源互联网实际开发中的具体应用。本书系统深入地阐述了区块链技术与区块链电力交易智能合约技术的原理、方法和技术，充分反映了该领域的前沿性和时代性。

本书特点：(1) 模块清晰，体系完整。伴随区块链技术的快速发展，新成果不断涌现。本书结合区块链技术的基本理论、现存问题、核心关键技术和开发平台，先介绍区块链的相关概念、演化与发展历程，再给出区块链的常见问题和改进方向；针对交易领域区块链核心关键技术的相关结构（区块结构层、网络传输层、账户信息层、安全加密层、共识机制层和交易奖励层）进行具体论述；在区块链底层架构的基础上，进一步研究智能合约的概念与实现机制，具体包括以太坊（Ethereum）平台和超级账本（Hyperledger）平台项目背景、架构，智能合约设计方式及其在相关平台的测试和执行，因此体系更为完整，适用性更强。(2) 内容新颖，紧扣前沿。区块链作为新兴的热点领域，近十年成果丰硕。本书吸收了国内外区块链领域较新的理论和实践成果，融入了新理论、新模型、新方法和新策略，尤其是近年来配电侧电力交易发展的重要理论成果。从对区块链的初探到实际应用开发，再从契合度角度研究区块链底层技术优化与智能合约模型设计，填补了同类技术资料的空白，也体现了本书的新颖性和前沿性。(3) 理论与实践相结合，由浅入深。区块链技术是针对跨学科复杂对象的复杂技术难题，本书综合多学科的相关理论和应用实例，理论联系实际，阐述区块链技术的核心思想和关键技术；从基础理论到实际应用，从智能合约开发到技术架构设计，从电动汽车到可控负荷，由浅入深，循序渐进，展开相关内容，便于读者分层次、模块化学习。

本书可作为高校本科高年级学生的教材，也可作为高校科研人员和研究生进行区块链或能源互联网研究的参考资料，以及电力能源领域工程技术人员的参考用书。

本书结构如下：第1章是区块链基础入门，主要介绍区块链相关概念、发展现状、演化和发展历程、技术特性以及现存问题；第2章是区块链技术在交易领域的应用，其中包括交易领域区块链核心技术、智能合约相关概念、超级账本项目背景，特别介绍了后文分层可扩展开发流程中多次使用的智能合约技术的实现机制；第3章是以太坊平台智能合约应用研究，从以太坊背景与概念出发，重点介绍区块链以太坊平台搭建，包括环境配置、私有链搭建以及智能合约编译、测试和执行；第4章是去中心化的区块链分层可扩展开发及应用，主要阐述区块链的可扩展性和可扩展方案分层模型，特别介绍了去中心化应用核心技术架构，包括Truffle框架、Web3中间库和MetaMask电子钱包，并基于综合能源绿证交易系统模型设计了去中心化应用实例；第5章是区块链技术在能源互联网中的应用初探，包括能源互联网发展背景及区块链应用现状，重点介绍了区块链技术在能源互联网建设中的应用前景，为接下来的章节奠定基础；第6章是区块链技术下配电侧电力市场交易平台研究，设计了去中心化电力交易框架和流程，同时基于多电力市场主体设计智能合约；第7章是结合电动汽车代理商入网竞价研究背景，给出智能合约下电动汽车入网交易方法，包括用户与代理商智能合约、代理商与电力调度中心智能合约设计，在区块链环境下实现电动汽车用户、代理商和调度中心的三方共赢；第8章以电动汽车共享充电桩平台为例，实现了区块链以太坊的具体落地应用，并验证了整个电动汽车共享充电桩平台的可行性；第9章从上层应用与底层技术入手构建负荷代理商交易平台，提出代理商利润分红激励机制、代理商效能函数变化率共识算法，实现了区块链优势与电力调度相融合。本书遵循由理论到应用，由浅入深，逐步递进的原则，除第1章外，本书可划分为以下三个模块：第一个模块包括第2~4章，针对区块链技术概念、以太坊智能合约基础理论和去中心化应用开发基础理论进行分析和阐述；第二个模块包括第5、6章，分别针对能源互联网概念和区块链在配电侧的交易方法进行阐述；第三个模块包括第7~9章，针对配电侧负荷、负荷代理商、电力调度中心三类电力主体进行智能合约建模、交易平台设计以及底层技术优化等。

本书的出版得到了国家自然科学基金（No. 51777058）的资助。在本书的撰写过程中，得到了河海大学各位领导和同仁的关心和支持，在此对他们表示由衷的感谢！同时还得到了项目组研究生的帮助，尤其是程明曦、吴晓月、刘维扬等同学，在此对他们表示诚挚的谢意！

由于编者水平有限，书中难免存在一些缺点和错误，敬请读者给予批评和指正。

王 冰

目录

第1章 区块链基础入门

1.1 区块链相关概念

1.1.1 从比特币到区块链

早在20世纪80年代，人们就已经开始了“数字货币”的探索。2008年10月31日，一位化名为Satoshi Nakamoto（中本聪）的人在metzdowd.com密码学邮件列表中提出了比特币（Bitcoin）的设计白皮书*Bitcoin: A Peer-to-Peer Electronic Cash System*，文中侧重于比特币系统的介绍，指出区块链是用于记录比特币交易账目历史的数据结构，设计了一种点对点（Peer to Peer，P2P）的电子现金系统，描述了如何建立一套全新的、去中心化的P2P交易系统的方法，并将他在论文中提出的理念付诸实践，着手开发比特币的发行、交易和账户管理系统。2009年1月3日，比特币系统正式开始运行，比特币的第一个区块（也称“创世区块链”）诞生了。由此“数字加密货币”的想法才变成了现实，“数字货币”及其衍生应用才开始迅猛发展。比特币是第一个区块链应用，也是迄今为止规模最大、应用范围最广的区块链应用。

与传统货币和在比特币诞生之前的“数字货币”相比，比特币最大的不同是不依赖于任何中心化机构，而是仅仅依赖于其系统中完全透明的数学原理——加密和共识算法。人们不再需要为了信任某个机构而构建一系列的保护措施。这是比特币和区块链技术受到如此关注和追捧的最主要原因。

比特币作为一种基于区块链技术创造出的“虚拟数字货币”，主要解决了之前“数字货币”存在的以下几个问题：

1）避免发行机构控制货币的发行以及相关政策；

2）“数字货币”的匿名化交易；

3）保障货币自身的价值；

4）对于持币人来说所持货币具备完全的安全性。

当前的银行系统作为货币的第三方机构，虽然可以有代价地解决上面的几个问题，但是如果把交易范围扩大到全球范围，则没有哪一家银行能确保它在全球都是可以信任的。很多研究者都努力探索并提出了一些解决方案，但都由于种种原因未能真正被社会接纳，而比特币则可以实现这样的分布式账本技术。基于区块链设计的比特币，可以在全球范围内访问，且完全中立、公正、安全。

区块链是比特币项目背后强大的分布式记账与交易平台，它能与实际场景不断融合、革新。随着其技术的完善和探索者们的不断创新，区块链逐步脱离数字货币，成为一种自成体系的新技术。从2014年开始，人们逐步发现了区块链潜在的巨大应用价值，从而正式引发了分布式账本（Distributed Ledger）技术的革新浪潮。因此，区块链技术在金融、贸易、物流、能源、物联网、共享经济等诸多领域逐渐崭露头角。

1.1.2 区块链的定义

虽然区块链技术受到了非常广泛的关注，但到目前为止尚没有公认的定义。美国学者Melanie Swan在其《区块链：新经济蓝图及导读》一书中给出的区块链的定义如下：区块链技术是一种公开透明的、去中心化的数据库。这个定义强调了区块链公开透明的和去中心化的两个特点，但过于笼统。在工信部发布的《中国区块链技术和应用发展白皮书（2016）》中，区块链被定位为分布式数据存储、P2P传输、共识机制、加密算法等计算机技术的新型应用模式，即区块链技术是利用加密链式区块结构来验证与存储数据、利用分布式节点共识算法来生成和更新数据、利用自动化脚本代码（智能合约）来编程和操作数据的一种全新的去中心化基础架构与分布式计算范式。该定义明确了区块链技术是由加密算法、共识机制等关键技术有机组合而成的一种去中心化的技术框架，相对比较全面。

实际上区块链本质上是一个数据库，是主要通过安全散列算法（Secure Hash Algorithm，SHA）、非对称加密等密码学原理、共识机制等一系列技术巧妙配合所形成的技术集合。其主要包括以下模块：

1）交易（Transaction）：区块链上每一次导致区块状态变化的操作都称作交易，每一次交易对应唯一的交易Hash值。

2）区块（Block）：每隔一段时间便会对交易进行打包，记录该段时间内发生的交易及其状态的结果，即为一个区块。每个区块以一个相对平稳的时间间隔加入到链上，是对当前账本的一次共识。在企业级区块链平台中，共识时间可以动态设置。

3）链（Chain）：每个区块记录上一个区块的Hash值关联，所有区块按照时间顺序串联成链，成为所有交易信息和其状态改变的日志记录，如图1-1所示。

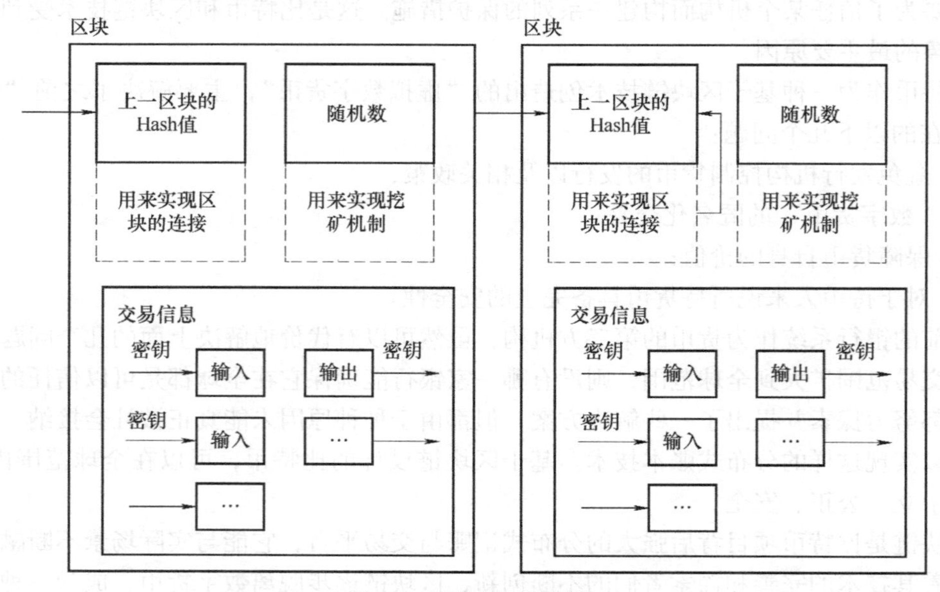

图1-1 区块链主要结构

1.1.3 区块链的分类

区块链具有不同的分类方式，如基于参与者设置可以分为公有链、私有链、联盟链，基于部署环境可以分为主链和测试链，基于结构特性可以分为单链、侧链和互联链，按应用范围又可以划分为基础链和行业链。

1. 根据参与者设置分类

根据参与者设置，区块链可以划分为公有链、私有链、联盟链，它们的具体区别如表1-1所示。

表1-1 三种不同形式的区块链对比分析

区块链	公有链	私有链	联盟链
参与者	任何人自由进出	个体或公司内部	联盟成员
共识机制	PoW/PoS/DPoS	分布式一致性算法	分布式一致性算法
记账人	所有参与者	自定义	联盟成员协商确定
激励机制	需要	不需要	可选
中心化程度	去中心化	（多）中心化	多中心化
突出特点	借用的自建立	透明和可追溯	效率和成本优化
承载能力	3~20笔/秒	0.1万~10万笔/秒	0.1万~1万笔/秒

（1）公有链

所谓公有就是完全对外开放，任何人都可以任意使用，没有权限的设定，也没有身份认证之类，不但可以任意参与使用，而且发生的所有数据都可以任意查看，完全公开透明。

比特币就是一个公有链网络系统，大家在使用比特币系统的时候，只需要下载相应的软件客户端，创建钱包地址、转账交易、挖矿等操作，这些功能都可以自由使用。

公有链系统由于完全没有第三方管理，因此依靠的就是一组事先约定的规则，这个规则要确保每个参与者在不信任的网络环境中能够发起可靠的交易事务。通常来说，凡是需要公众参与，需要最大限度保证数据公开透明的系统，都适用于公有链，比如数字货币系统、众筹系统、金融交易系统等。

需要注意的是，在公有链的环境中，节点数量是不固定的，节点的在线与否也是无法控制的，甚至节点不是一个恶意节点也不能保证。目前最合适的做法就是通过不断地去互相同步，最终网络中大多数节点都同步一致的区块数据所形成的链就是被承认的主链，这也称为最终一致性。

（2）私有链

私有链是与公有链相对的一个概念，所谓私有就是指不对外开放，仅仅在组织内部使用的系统，比如企业的票据管理、账务审计、供应链管理等，或者一些政务管理系统。私有链在使用过程中，通常是有注册要求的，即需要提交身份认证，而且具备一套权限管理体系。有朋友可能会有疑问，比特币、以太坊等系统虽然都是公有链系统，但如果将这些系统搭建在一个不与外网连接的局域网中，这不就成了私有链了吗？从网络传播范围来看，可以算，因为只要这个网络一直与外网隔离着，就只能是一直自己在使用，只不过由于使用的系统本身并没有任何的身份认证以及权限设置，因此从技术角度来说，这种情况只能算是使用公有链系统的客户端搭建的私有测试网络，比如以太坊就可以用来搭建私有链环境，通常这种情况可以用来测试公有链系统，当然也可以适用于企业应用。

在私有链环境中，节点数量和节点状态通常是可控的，因此在私有链环境中一般不需要通过竞争的方式来筛选区块数据的打包者，可以采用更加节能环保的方式，比如共识机制中的权益证明（Proof of Stake，PoS）、委托权益证明（Delegate Proof of Stake，DPoS）、实用拜占庭容错算法（Practical Byzantine Fault Tolerance，PBFT）等。

（3）联盟链

联盟链的网络范围介于公有链和私有链之间，通常是使用在多个成员角色的环境中，比如银行之间的支付结算、企业之间的物流等，这些场景下往往都是由不同权限的成员参与的，与私有链一样，联盟链系统一般也是具有身份认证和权限设置的，而且节点的数量往往也是确定的，对于企业或者机构之间的事务处理很合适。联盟链并不一定要完全管控，比如政务系统，有些数据是可以对外公开的，就可以部分开放出来。

由于联盟链一般用在明确的机构之间，因此与私有链一样，节点的数量和状态也是可控的，并且通常也是采用更加节能环保的共识机制。

2. 根据部署环境分类

软件在正式发布前会经过很多内部的测试版本，用于发现一些可能存在的故障，并且用来内部演示以便于查看效果，直到最后才会发布正式版。基于此，区块链可分为主链和测试链。

（1）主链

主链就是部署在生产环境中的真正的区块链系统，也可以说是由正式版客户端组成的区块链网络。只有主链才是会被真正推广使用的，各项功能的设计也都是相对最完善的。另外，有些时候，区块链系统会由于种种原因导致分叉，比如挖矿的时候临时产生的小分叉等，此时将最长的那条原始的链条称为主链。

（2）测试链

测试链就是开发者为了方便大家学习使用而提供的测试用途的区块链网络，比如比特币测试链、以太坊测试链等。当然，倒也不是说非得是区块链开发者才能提供测试链，用户也可以自行搭建测试网络。测试链中的功能设计与生产环境中的主链是可以有一些差别的，比如主链中使用工作量证明（Proof of Work，PoW）机制算法进行挖矿，在测试链中可以更换算法以便更方便地进行测试使用。

3. 根据结构特性分类

根据区块链的结构特性，可以分为单链、侧链以及互联链。

（1）单链

能够单独运行的区块链系统都可以称为“单链”，例如比特币主链、测试链，以太坊主链、测试链，莱特币主链、测试链，超级账本（Hyperledger）项目中的 Hyperledger Fabric 平台搭建的联盟链等，这些区块链系统拥有完备的组件模块，自成一个体系。大家要注意了，对于有些软件系统，比如基于以太坊的众筹系统或者金融担保系统等，这些只能算是智能合约应用，不能算是一个独立的区块链系统，应用程序的运行需要独立的区块链系统的支撑。

（2）侧链

随着技术发展，除了比特币，出现了越来越多的区块链系统，每一种系统都有自己的优势特点，如何将不同的链结合起来，打通信息孤岛，彼此互补呢？侧链就是其中的一项技术。

侧链属于一种区块链系统的跨链技术，这个概念主要是由比特币侧链发起的。比特币系统主要是设计用来实现数字加密货币的，且业务逻辑也都固化了，因此并不适用于实现其他的功能，例如金融智能合约、小额快速支付等。然而，比特币是目前使用规模最大的一个公有区块链系统，在可靠性、去中心化保证等方面具有相当的优势，那么如何利用比特币网络的优势来运行其他的区块链系统呢？可以考虑在现有的比特币区块链之上，建立一个新的区块链系统，新的系统可以具备很多比特币没有的功能，比如私密交易、快速支付、智能合约、签名覆盖金额等，并且能够与比特币的主区块链进行互通，简单来说，侧链是以锚定比特币为基础的新型区块链。

锚定比特币的侧链技术发展，目前有美国 ConsenSys 公司的可信预言机技术（BTC-Relay）、根链（Rootstock）和闪电网络（Blockstream）的元素链等。大家要注意，侧链本身就是一个区块链系统，并且侧链并不是一定要以比特币为参照链，这是一个通用的技术概念，比如以太坊可以作为其他链的参照链，也可以本身作为侧链与其他的链去锚定。实际上，抛开链、网络这些概念，就是不同的软件之间互相提供接口，增强软件之间的功能互补，侧链示意图如图 1-2 所示。

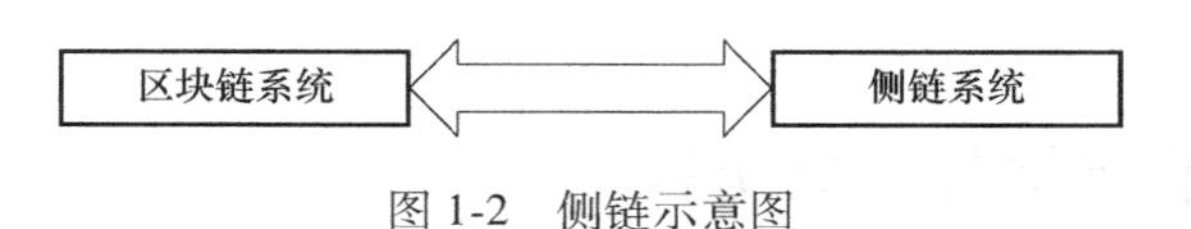

图 1-2　侧链示意图

通过这个简单的示意图，可以看到，区块链系统与侧链系统本身都是一个独立的链系统，两者之间可以按照一定的协议进行数据互动，通过这种方式，侧链能起到一个对主链功能扩展的作用，很多在主链中不方便实现的功能可以在侧链中实现，而侧链再通过与主链的数据交互增强自己的可靠性。

（3）互联链

如今人们的生活可以说几乎已经离不开互联网了，仅仅互通互联，带来的能量已经如此巨大。区块链也是这样，目前各种区块链系统不断涌现，有的只是实现了数字货币，有的实现了智能合约，有的实现了金融交易平台，有些是公有链，有些是联盟链，等等。

那么，这些链系统如果能够彼此之间互联会发生些什么样的化学反应呢？与传统软件不同的是，区块链应用拥有独特的性质，比如数据不可篡改性、完整性证明、自动网络共识、智能合约等，从最初的数字货币到未来可能的区块链可编程社会，这些不单单会改变生活服务方式，还会促进社会治理结构的变革，如果说每一条链都是一条神经的话，一旦互联起来，就像是神经系统一般，将会给人类的社会发展带来更新层次的智能化。

另外，从技术角度来讲，区块链系统之间的互联，可以彼此互补，每一类系统都会有长处和不足之处，彼此进行功能上的互补，甚至可以彼此进行互相的验证，大大加强系统的可靠性等性能。

4. 按应用范围分类

区块链按应用范围可以划分为基础链和行业链。有句话是这么说的，币讲的是共识，链拼的是生态。在区块链的划分中，按照生态的应用范围，可以分为以下两种类型：

（1）基础链

基础链就是提供底层的且通用的各类开发协议和工具，方便开发者在上面快速开发出各种去中心化应用（Decentralized Application，DAPP）的一种区块链，一般以公有链为主。

如果拿现实来类比，人们常说基础链就是操作系统。严格来说这种说法可能不够准确，不同的基础链定位还是有所不同的，比如以太坊（Ethereum，ETH）和商用分布式区块链操作系统（Enterprise Operation System，EOS），可能更像操作系统，而比特币则像定制协议。

（2）行业链

行业链类似人们日常生活中的行业标准，比如比原链（Bytom，BTM）就是资产类公链，公信链（GXChain）是数据公链，而石墨烯预测区块链（SEER）是预测类公链。目前，行业链在业内还没有统一的定义。其在底层技术上不如基础链，但具有为某些行业特别定制的基础协议和工具。如果把基础链称为通用性公链，则可以把行业链理解为专用性公链。

区块链按应用范围划分，有时候还会有第三种分类：应用链。但应用链更接近 DAPP，跟链还是没法相提并论。

1.2 区块链技术演化与发展历程

区块链最初是从比特币中提出的，随着比特币系统的稳定运行，越来越多的用户看到了其背后技术——区块链的潜在价值，从而将区块链技术提炼并应用到不同的场景下。

区块链的应用分为三个层级：区块链 1.0~3.0。区块链 1.0 对应的经济形态是以比特币为代表的虚拟货币，应用和货币相关，例如货币转移、汇兑和支付系统等。区块链 2.0 对应的经济形态是智能合约主导的去中心化应用，其应用场景更加丰富，但仍偏向经济领域，涵盖股权、债券、信贷等场景。区块链 3.0 将区块链应用的领域扩展到现实场景中，与物联网等其他技术相结合，覆盖人类社会生活的各个方面，在各类社会活动中实现信息的价值证明与保障，不再依靠某个第三方或机构获得信任或建立信用，实现信息的共享，例如医疗健康、知识产权、物联网、社会管理、慈善公益等。

1.2.1 区块链的演化

比特币区块链已经支持了简单的脚本计算，但仅限与数字货币相关的处理。除了支持数字货币外，还可以将区块链上执行的处理过程进一步泛化，即提供智能合约（Smart Contract）。智能合约可以提供除货币交易功能外更灵活的合约功能，执行更为复杂的操作。这样，扩展之后的区块链已经超越了单纯数据记录的功能，实际上带有一点“智能计算”的意味；更进一步，还可以为区块链加入权限管理和高级编程语言支持等，实现更强大的、支持更多商用场景的分布式账本。

从计算特点上，现有区块链技术具有三种典型演化场景，如表1-2所示。

表1-2 区块链技术的三种典型演化场景

场景	功能	智能合约	一致性	权限	类型	性能	语言	代表
公信的数字货币	记账功能	不带有或较弱	PoW	无	公有链	较低	简单脚本	比特币
公信的交易处理	智能合约	图灵完备	PoW/PoS	无	公有链	受限	特定语言	以太坊
分布式账本处理	商业处理	多种语言	可插拔	支持	联盟链	可扩展	高级编程语言	超级账本

1.2.2 区块链1.0——数字货币

在区块链1.0时代，主要的应用对象为货币，实现的常用功能为货币转移、汇兑和支付等，其系统架构可以抽象为图1-3。

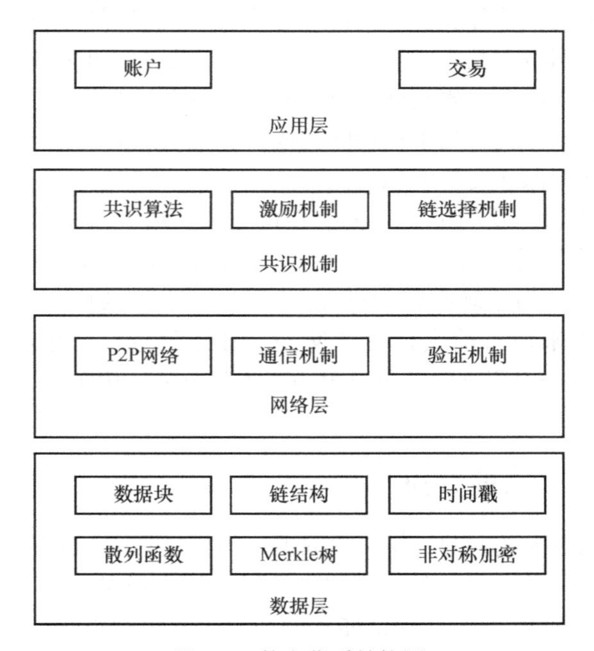

图1-3 数字货币结构图

图1-3所示的数字货币结构中，数据层、网络层和共识机制都是区块链技术的基础结构，而应用层则用于表征货币转移的账户和交易。目前常见的数字货币有比特币、莱特币、瑞波币、达世币和未来币。

区块链构建了一个分布式的数据库，这个数据库的真实性由网络中的众多节点进行维护，每个节点对每条记录都有决定权。如果记录的内容是各用户间来往的交易，则这个数据库就是一个账本，这就实现了比特币系统的功能。比特币是最早实现去中心化的加密货币，在2009年作为开源软件发布。它使用一种全新的分布式记账技术，使交易过程去中心化。比特币交易无需通过任何权利机构监督或服务器验证，仅由网络中节点决定付款是否合理。除了比特币平台自身，还可以基于比特币平台创建其他数字货币或应用，如直接在账本内部构建或利用分叉母链创建新的代币。

由于比特币挖矿需要越来越专业和昂贵的硬件，普通人挖矿变得越来越困难，2011 年莱特币出现。莱特币是早期一种比特币替代币。莱特币在技术原理上与比特币基本相同，但是由于莱特币算法降低了硬件成本，使得普通计算机能够参与挖矿，因此是一种更轻量的数字资产。

而瑞波网络是一种针对其他货币或其他价值体的全球性的结算网络，可以实现一个灵活的货币流动体系，它的核心是债务关系。瑞波网络的用户只需要使用瑞波币（Ripple）来付一定的手续费，就可以采用瑞波网络担任中间转手人，帮助用户完成不同价值体的兑换，比如美元、欧元、英镑、比特币和飞行里程、商品等。瑞波网络使得用户只需和该网络建立信任关系，用户间无需信任，因此能够提升兑换效率。尽管瑞波币可以在加密货币市场上交易，但是瑞波币的根本作用是协助体系内货币流通，因此和比特币差异较大。

达世币是一款基于比特币开发的，支持即时交易，且以保护用户隐私为目的数字货币。达世币具有独特的双层网络，既有矿工，又有主节点，帮助达世币拥有了更加全面和高级的功能。达世币对比特币在两个主要领域做出了改善：一个是交易速度，另一个是匿名性。达世币的即时支付技术可以让交易几乎在瞬间完成，并且通过匿名技术和币种混合技术使得交易无法被追踪查询，从而保证交易的私密性。

未来币是全新设计和开发的第二代去中心化虚拟货币。未来币是第一个纯以 PoS 为共识机制的数字货币，使用透明锻造的方式生产新区块。即未来币不再通过消耗大量的资源挖矿产生新货币，而是通过现有账户的余额去“锻造”区块，并给予“锻造”区块的账户交易费用奖励。未来币目前支持资产交易、任意消息、去中心化域名、账户租赁等多种功能。它已经通过公开募股（Initial Public Offerings，IPO）的方式完成了所有币的分发。

1.2.3 区块链 2.0——智能合约

在密码货币中，记录为链上的交易历史数据，执行过程为利用堆栈运行加解密脚本。链上记录通常为固定格式，且可视为常量。如果能够扩展上链数据（如代码）并允许更加复杂的执行操作（循环判断等），则区块链能够处理蕴含复杂逻辑的交易过程，其中可信的特性由共识机制保障。因此，区块链 2.0 系统架构可以抽象为图 1-4，用来记录内容为更复杂的约定或事件，帮助监督更复杂的逻辑实现。如果将生活中的交易过程抽象建模，即将交易过程抽象为数据的可信记录和可信执行，并以代码形式在区块链中记录、执行，就可以具备诸如公证、产权证明等功能。

区块链 2.0 以以太坊为代表实现了更复杂的分布式合约记录——智能合约。早在 1994 年，密码学家 Nick 就提出了“智能合约”的概念。理想状态下的智能合约，可看作一台图灵机，是一段能够按照事先的规则自动执行的程序，不受外界人为干预。但是智能合约的概念提出时缺少可信的执行环境，没有被纳入应用。由于区块链系统提供了去中心化去信任的环境，使得智能合约的概念得以实现。即各用户对规则协商一致后创建合约代码，记录在区块链中，合约一旦满足了其触发条件，预定义的代码逻辑能够自主执行，执行后的结果上链且不可更改。

图1-4　区块链2.0系统架构

1.2.4　区块链3.0——扩展的发展领域

目前，区块链技术已经渗透到各行各业，不断有新的创新型应用问世。这里选取了几个具有代表性的行业来说明人们是如何结合区块链的优势解决各自行业痛点的。

区块链技术源于比特币，那么就免不了与金融行业密切相关。传统的支付系统起到的作用是安全的存储仓库和交换中心，而区块链的数字化安全反篡改特性可以达到同等功效的同时还可以省去大量中间成本。换句话说，区块链技术可以创建更直接的支付流，可以在国内甚至跨国实现超低费率的瞬时支付。鉴于这些优势，围绕交易与支付展开的研究层出不穷。美国 Deckbound LLC 创始人 Gareth 等分析区块链技术对银行业的冲击并讨论了在银行业中开发分布式账本需要考虑的关键性问题，还有一些研究者开发了不同场景下的金融交易或支付平台、构建购物系统架构、开发租用物品平台及采用电子货币进行薪酬支付等，这些努力为区块链的未来发展提供了更加广阔的思路。

物联网是近年来广泛流行的学科，它可以理解为一种通过传感器等装置将物理世界的事物连接成可以相互通信的网络，其优势在于可以实现高力度的信息收集，目前广泛应用于生活的各个领域。但随着人们对个人隐私的逐渐重视，初代物联网产品的安全性已无法满足要求。事实上，物联网的几大固有特性（缺乏中心控制、异构设备、多攻击面、风险上下文感知和庞大的规模）给其安全和隐私保障带来了巨大挑战。而区块链是由不可信的匿名节点组成的非中心化分布式网络，其特性刚好可以弥补物联网在安全方面的缺陷。将区块链用于物联网是一项极具吸引力的研究，但需要面临以下几个问题：①物联网设备资源受限影响采矿；②出块速度慢，无法满足物联网应用的低延迟需求；③区块链的拓展性无法适应逐渐增多的节点。此外，不同的物联网应用场景也有相应的特性，需要调整区块链的部分架构才能彼此契合。目前，应用到区块链的物联网领域主要有智能家居、智慧交通及车辆互联、智能电网及资源分配、设备通信及维护，当然也有将区块链用于构造物联网的网络安全模型及电子商务模型的相关新兴研究。

众所周知，不可篡改和可追溯是区块链的重要特性，存有交易的区块在共识机制下按时间顺序加到链的尾部从而使修改区块数据成本极高甚至是不可能完成的，进而保障链上数据可靠性，让攻击者不可抵赖。这种特性不仅可以用于传统的供应链溯源，更使得个人数据也具有了产权属性，因此可以实现数字资产确权。在社交媒体领域，该特性可以用于追踪用户的声明及发言，迅速追责，从而有效维护网络环境的安全有序。而在商业领域，区块链技术可以用于搭建商家信誉反馈系统，从而保障消费者权益；也可以用于保险领域，有效避免欺诈骗险等不诚实行为，维护商家利益。除此之外，电子政务也和区块链有着密切关联。政府工作受公众监督，其政务信息、贷款信息、文献信息等需要做到公开透明易维护，项目招标需要做到公平公正易实施。区块链技术可以在不受信任的竞标者之间形成信任共识，并可以通过合约保障项目进度，又可以向公众保证信息的透明性和不可更改性，有效促进政府透明化管理理念的落实。

如果说不可篡改和可追溯性保证了链上数据的安全可靠，那么匿名性则保护了链上节点的权益和用户的隐私。利用到区块链匿名性的应用领域主要是电子医疗及用户数据管理与隐私保护。在医疗领域，一方面患者对于病历记录的保密性要求较高，但不同医疗机构间的分散记录给其安全性和实用性带来了极大的困扰；另一方面，医院、科研单位及医疗企业间的数据共享有利于精确的诊断与治疗，甚至是降低医疗成本。电子医疗记录呈现出的这种矛盾在使用区块链技术后得到了有效缓解。因为区块链利用密码学里的一些技术（Hash 运算、非对称加密、私钥、公钥等）使得在数据公开的前提下私人信息的安全得以保证，同样的原理还可以用于用户数据及权限的管理，从而提高数据交易的安全性。

1.3 区块链的技术特性

能源互联网是指利用区块链技术集体维护一个可靠的电力交易数据库，以实现去中心化和去信任的技术方案。该技术方案让参与系统的任意多个节点将一段时间系统内全部事务通过密码学算法计算并记录到一个数据块（Block），生成该数据块的 Hash 用于链接下个数据块，系统所有参与节点来共同检验记录是否为真，并且每个区块的内容都由后续子链上的区块来保证其内容不可被篡改。各个参与节点可以在新区块确认及奖励分配上达成共识，从而逐渐形成一个庞大、去中心化的公开账本。

从数据的角度来看，区块链是一种几乎不可能被更改的分布式数据库。这里的“分布式”不仅体现为数据的分布式存储，也体现为数据的分布式记录。

从技术的角度来看，区块链并不是一种单一的技术，而是多种技术（数据读取、数据存储、数据加密和数据挖掘等技术）整合的结果。这些技术以新的结构组合在一起，形成了一种新的数据记录、存储和表达方式。

通过对区块链概念的分析，总结得出区块链的特征分为 4 个方面：

1）开放、共识：任何人都可以参与到区块链网络，每一台设备都能作为一个节点，每个节点都允许获得一份完整的数据库备份。节点间基于一套共识机制，通过竞争计算共同维护整个区块链，任一节点失效，其余节点仍能正常工作。

2）去中心、去信任：区块链由众多节点共同组成一个端到端的网络，不存在中心化的设备和管理机构，节点之间数据交换通过数字签名技术进行验证，无需互相信任，只要按照系统既定的规则进行，节点之间不能也无法互相欺骗。

3）交易透明、双方匿名：区块链的运行规则是公开透明的，所有的数据信息也是公开的，因此每一笔交易都对所有节点可见。由于节点与节点之间是去信任的，因此节点之间无需公开身份，每个参与的节点都是匿名的。

4）不可篡改、可追溯：单个甚至多个节点对数据库的修改无法影响其他节点的数据库，除非能保证整个网络中超过51%的节点同时修改，但这几乎不可能发生。区块链中的每一笔交易都通过密码学方法与相邻两个区块串联，因此可以追溯到任何一笔交易的前世今生。

目前，区块链分为3类：公有区块链、联盟区块链、私有区块链。

1）公有区块链：世界上任何个体或者团体都可以发送交易，且交易能够获得该区块链的有效确认，任何人都可以参与其共识过程。公有区块链是最早的区块链，也是目前应用最广泛的区块链，各大Bitcoins系列的虚拟数字货币均基于公有区块链，世界上有且仅有一条该币种对应的区块链。

2）联盟区块链：由某个群体内部指定多个预选的节点为记账人，每个块的生成由所有的预选节点共同决定（预选节点参与共识过程），其他接入节点可以参与交易，但不过问记账过程（本质上还是托管记账，只是变成分布式记账，预选节点的多少、如何决定每个块的记账者成为该区块链的主要风险点），其他任何人可以通过该区块链开放的接口（Application Programming Interface，API）进行限定查询。

3）私有区块链：仅仅使用区块链的总账技术进行记账，可以是一个公司，也可以是个人，独享该区块链的写入权限，权利完全控制在一个系统中。私有链与其他分布式存储方案没有太大区别。需要说明的是，区块链存在“蒙代尔”不可能三角，即去中心化、安全和高效之间存在不可能三角，在实际应用中，要结合金融、贸易和能源等不同系统现实需求进行定制化设计区块链的种类。

通过对特征和分类的分析，可以得出区块链的技术架构如图1-5所示。

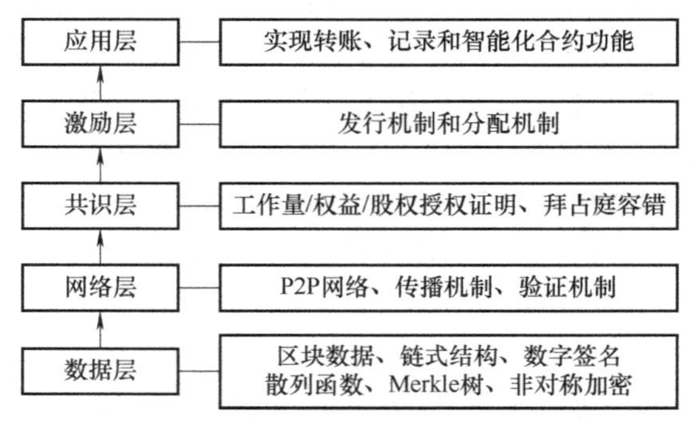

图1-5　区块链的基础技术架构

由图1-5可知，技术架构各个层的功能如下：①应用层主要由客户端完成转账、记账功能；②激励层提出发行机制和分配机制；③共识层用于共识机制的达成；④网络层典型的为P2P 网络，完成共识算法、加密签名、数据存储等工作；⑤数据层以区块链的形式全量存储全部的交易数据和信息记录。

1.4 区块链的现存问题

作为近年来兴起并快速发展的新技术，区块链必然会面临各种制约其发展的问题和障碍，本节将从安全、效率、资源和博弈四方面概述区块链技术有待解决的问题。

1. 安全问题

安全性威胁是区块链迄今为止所面临的最重要的问题。其中，基于 PoW 共识过程的区块链主要面临的是 51%攻击问题，即节点通过掌握全网超过 51%的算力就有能力成功篡改和伪造区块链数据。以比特币为例，据统计中国大型矿池的算力已占全网总算力的 60%以上，理论上这些矿池可以通过合作实施 51%攻击，从而实现比特币的双重支付。虽然实际系统中为掌握全网 51%算力所需的成本投入远超成功实施攻击后的收益，但 51%攻击的安全性威胁始终存在。基于 PoS 共识过程在一定程度上解决了 51%攻击问题，但同时也引入了区块分叉时的无利益攻击（Nothing at Stake Attack，NaSA）问题。研究者已经提出通过构造同时依赖高算力和高内存的 PoW 共识算法来部分解决 51%攻击问题，更为安全和有效的共识机制尚有待于更加深入的研究和设计。区块链的非对称加密机制也将随着数学、密码学和计算技术的发展而变得越来越脆弱。据估计，以目前天河二号的算力来说，产生比特币SHA256Hash 算法的一个 Hash 碰撞大约需要 248 年，但随着量子计算机等新计算技术的发展，未来非对称加密算法具有一定的破解可能性，这也是区块链技术面临的潜在安全威胁。区块链的隐私保护也存在安全性风险。区块链系统内各节点并非完全匿名，而是通过类似电子邮件地址的地址标识（例如比特币公钥地址）来实现数据传输。虽然地址标识并未直接与真实世界的人物身份相关联，但区块链数据是完全公开透明的，随着各类反匿名身份甄别技术的发展，实现部分重点目标的定位和识别仍是有可能的。

2. 效率问题

区块链效率也是制约其应用的重要因素。首先是区块膨胀问题：区块链要求系统内每个节点保存一份数据备份，这对于日益增长的海量数据存储来说是极为困难的。以比特币为例，完全同步自创世区块至今的区块数据需要约 60GB 存储空间，虽然轻量级节点可部分解决此问题，但适用于更大规模的工业级解决方案仍有待研发。其次是交易效率问题：比特币区块链目前每秒仅能处理 7 笔交易，这极大地限制了区块链在大多数金融系统高频交易场景中的应用，例如 VISA 信用卡每秒最多可处理 10000 笔交易。最后是交易确认时间问题：比特币区块生成时间为 10min，因而交易确认时间一般为 10min，这在一定程度上限制了比特币在小额交易和时间敏感交易中的应用。

3. 资源问题

PoW 共识过程高度依赖区块链网络节点贡献的算力，这些算力主要用于解决SHA256Hash 和随机数搜索，除此之外并不产生任何实际社会价值，因而一般意义上认为这些算力资源是被浪费掉了，同时被浪费掉的还有大量的电力资源。随着比特币的日益普及和专业挖矿设备的出现，比特币生态圈已经在资本和设备方面呈现出明显的军备竞赛态势，逐渐成为高耗能的资本密集型行业，进一步凸显了资源消耗问题的重要性。因此，如何能有效汇集分布式节点的网络算力来解决实际问题，是区块链技术需要解决的重要问题。研究者目前已经开始尝试解决此问题，例如质数币（Primecoin）要求各节点在共识过程中找到素数的最长链条（坎宁安链和双向双链）而非无意义的SHA256Hash值。未来的潜在发展趋势是设计行之有效的交互机制来汇聚和利用分布式共识节点的群体智能，以辅助解决大规模的实际问题。

4. 博弈问题

区块链网络作为去中心化的分布式系统，其各节点在交互过程中不可避免会存在相互竞争与合作的博弈关系，这在比特币挖矿过程中尤为明显。通常来说，比特币矿池间可以通过相互合作保持各自稳定的收益。然而，矿池可以通过称为区块截留攻击（Block with Holding Attacks）的方式、通过伪装为对手矿池的矿工享受对手矿池的收益但不实际贡献完整工作量证明来攻击其他矿池，从而降低对手矿池的收益。如果矿池相互攻击，则双方获得的收益均少于不攻击对方的收益。当矿池收益函数满足特定条件时，这种攻击和竞争将会造成“囚徒困境”博弈结局。如何设计合理的惩罚函数来抑制非理性竞争，使得合作成为重复性矿池博弈的稳定均衡解，尚需进一步深入研究。此外，区块链共识过程本质上是众包过程（把传统上由企业内部员工承担的工作，通过互联网以自由自愿的形式转交给企业外部的大众群体来完成的一种组织模式），如何设计激励相容的共识机制，使得去中心化系统中的自利节点能够自发地实施区块数据的验证和记账工作，并提高系统内非理性行为的成本以抑制安全性攻击和威胁，是区块链有待解决的重要科学问题。

1.5 区块链常见的错误认识

1. 区块链就是数字货币

区块链技术源于比特币，可以说比特币是一个成功的区块链应用。不仅仅是比特币，目前的以太币等数字货币都是基于区块链理论而实现的区块链产品，但是区块链和数字货币之间不能画上等号。区块链技术是一个由多种技术组成的技术栈，而数字货币是基于区块链技术的一个产品。除数字货币以外，区块链还有很多其他领域可以应用。

2. 区块链将取代传统的中心数据库

区块链具有分布式数据库的特性，因此其信息准确性是不可改变的。区块链数据的更改只能通过编写新的可追溯和可审计的区块来进行，这就导致了跨节点复制和同步区块链数据库困难。随着区块链变得越来越大，创建和维护区块变得更加艰难。而大多数中心数据库更改相对方便，保存的都是在某个特定时刻被更新的信息，因此需要花费巨大进行维护以防其中的数据被黑客或那些伺机从他人损失中谋求利益的投机者所篡改。

两种数据库的构架差异决定了区块链非常适合作为某些功能的记录系统，而传统的中心数据库在网页浏览等方面能够得到很好的应用。因此，区块链无法完全取代传统的中心化数据库。

3. 区块链系统一定要挖矿

挖矿是PoW共识算法的一种行为，是比特币等数字货币对PoW算法的一种实现方式，但不是所有的区块链技术平台都需要挖矿。比如Fabric就没有采用PoW共识机制，也就没有挖矿这一说。目前的主流平台中，以太坊在将来也可能会支持 PoS 的共识算法。

4. 区块链只能用来记账

区块链技术来源于比特币，而比特币系统是一个数字货币系统，所有的记录都是和交易相关的，因此自然就把这些数据集称为账本。

在比特币之后的区块链系统中，仍然习惯把区块链中存数据的集合称为账本（Ledger），把每一条数据集称为交易（Transaction），包括很多区块链系统的源码中涉及数据存储和单条数据的变量命名都包括 Ledger 和 Transaction 等单词。这样给人的感觉是区块链是用来记账的，这其实是个误会。

区块链技术发展到今天，其应用和范围远远超出了数字货币的范畴，在很多领域均有广泛的应用。而且，区块链中存储的数据可以是任何数据，甚至包括图片和视频。

本章小结

本章主要介绍了区块链的定义、起源和演进路线，区块链的核心技术及其特性，包括人们对区块链的常见错误认识等。区块链具有去中心化、透明化、合约执行自动化和可追溯性四个特征，为交易双方数据交换、交易合约执行以及交易监管带了便利。此外，本章还分析了现有区块链技术存在的问题。本章的目的在于让不了解区块链的读者对区块链有一个宏观的认识，为阅读接下来各章节的内容奠定基础。

第 2 章 区块链技术在交易领域的应用

2.1 交易领域区块链核心关键技术

基于区块链的技术背景可以在市场交易领域进行具体的应用扩展，即通过设计一种区块链技术支持下的市场交易分布式账本，链上存储了一系列完整的交易账单集，每个区块记录了一段时间内的所有交易信息，从而构成了一种各市场参与者之间共识、同步、可信任的数据库。账本整体上融合了散列加密（Hash）算法支持下的默克尔（Merkle）数据结构、P2P分布式网络架构、账户密钥交互的非对称加密技术、区块之间保持信任的共识机制、促进交易达成的奖励机制等技术，其具体结构如图 2-1 所示。

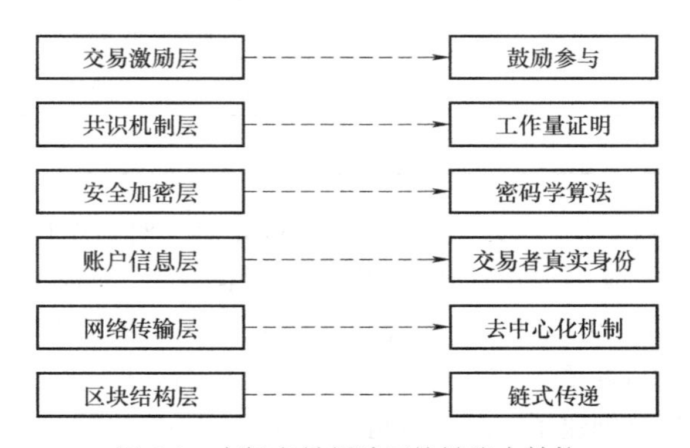

图 2-1 市场交易领域区块链账本结构

由图 2-1 可知，市场交易领域区块链账本结构分为区块结构层、网络传输层、账户信息层、安全加密层、共识机制层和交易激励层。其中，各市场主体基于真实的账户与地址作为节点信息，参与 P2P 区块链网络，通过加密技术与共识机制实现区块之间可信任，并引入激励机制提升交易参与度，最终在每个市场主体节点下形成一个独立且真实的账本副本，防篡改、安全、透明可追溯。

2.1.1 区块结构层

区块链可看作一个只可允许添加、不能被删除的分布式数据记录账本，如同一个带有时间戳的可追溯的由一个个区块串联而成的线性链表，区块体保存各段时间内的有效数据（如交易者、交易内容、交易时间等）；区块之间以各区块独有的 Hash 值来联系，即区块头。用于市场交易的区块链具体结构如图 2-2 所示。

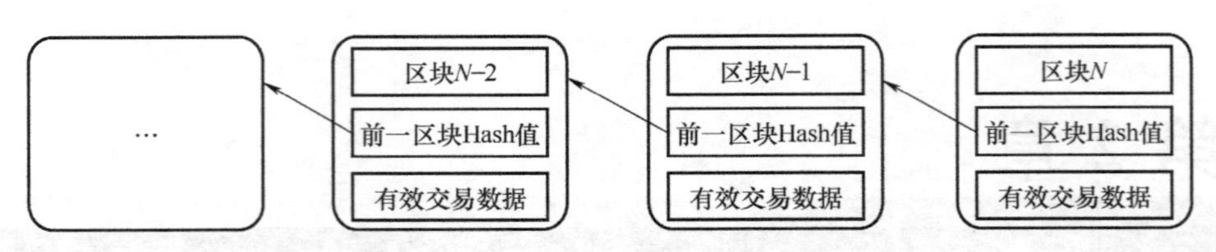

图 2-2　市场交易区块链结构

由图 2-2 可知，每一个区块都会有一个区块头，其详细结构如表 2-1 所示。区块头由三组元数据组成：第一组是前一区块的 Hash 值，用于同前一区块进行相连；第二组是难度值、时间戳和随机数，这些都与挖矿竞争相关；第三组是 Merkle 根，是区块体中 Merkle 树的根节点。

表 2-1　区块头详细结构

字段	大小/字节	描述
版本	4	版本号，用于跟踪软件/协议的更新
前一区块 Hash 值	32	引用区块链中前一区块的 Hash 值
难度值	4	挖矿竞争的难度值
时间戳	4	该区块产生的近似时间
随机数	4	用于工作量证明算法的计数器
Merkle 根	32	该区块中交易的 Merkle 树根的 Hash 值

每个区块头都包含它的前一区块（父区块）Hash 值。对每个区块头进行 SHA256 加密散列（Hash）计算，可生成一个长度为 32 字节的 Hash 值。加密 Hash 值是区块的主标识符，相当于一个数字指纹，可以唯一、明确地标识出一个区块。因此，每一个区块都可以通过其区块头的“父区块 Hash 值”字段指向前一区块（父区块）。这样把每个区块链接到各自父区块的 Hash 值序列就创建了一条一直可以追溯到第一个区块（创世区块）的链条。

区块 Hash 值和区块体的交易数据不一定一起存储，为了检索效率起见，在实现中可以将二者分开存储。区块中的有效交易数据用于数据的分析与处理，以一棵 Merkle 树的数据结构进行存储。Merkle 树是一棵 Hash 二叉树，容纳了区块中所有交易的 Hash 值，用于快速归纳和校验区块数据。图 2-3 为一棵只有 4 笔交易的 Merkle 树，即交易 A、交易 B、交易 C 和交易 D 的 Merkle 树，其中 Hash A 表示交易 A 的对应交易 Hash 值，其他含义类同。

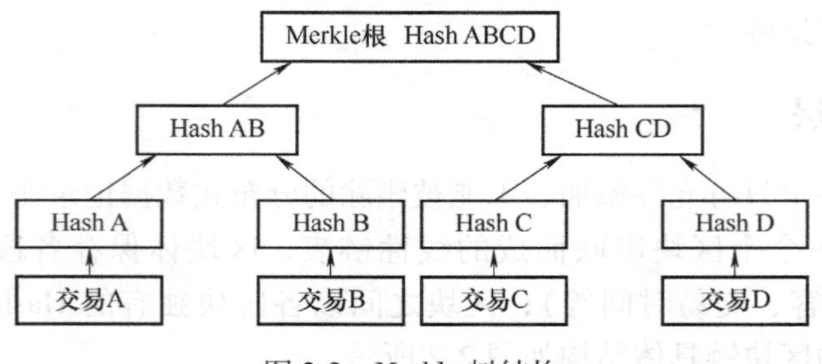

图 2-3　Merkle 树结构

除了通过区块 Hash 值来识别区块，还可以通过区块高度来对区块进行识别。但与区块 Hash 值不同的是，区块高度并不能唯一地标识一个区块。这是因为区块链存在着分叉情况，所以可能存在两个或以上区块的高度是一样的。

2.1.2 网络传输层

网络层是区块链平台信息传输的基础，通过 P2P 的组网方式、特定的信息传播协议和数据验证机制，使得区块链网络中的每个节点都可以平等地参与共识与记账。下面将详细介绍区块链平台网络层中的 P2P 网络架构和信息传输机制。

1. P2P 网络架构

区块链网络架构一般采用基于互联网的 P2P 架构，在 P2P 网络中，每台计算机每个节点都是对等的，它们共同为全网提供服务。而且，没有任何中心化的服务端，每台主机都可以作为服务端为其他节点提供服务，也可以作为客户端使用其他节点所提供的服务。P2P 通信不需要从其他实体或者电子认证（Electronic Authentication，EA）获取地址验证，有效消除了篡改的可能性和第三方欺骗，所以 P2P 网络是去中心化和开放的，这也符合区块链技术的理念。

区块链以链式结构存储并记录交易信息，作为分布式数据库部署在每个市场参与者的网络节点中，进而各市场参与者通过 P2P 传输技术构成分布式网络架构。传统中心化网络与 P2P 网络的区别如图 2-4 所示。

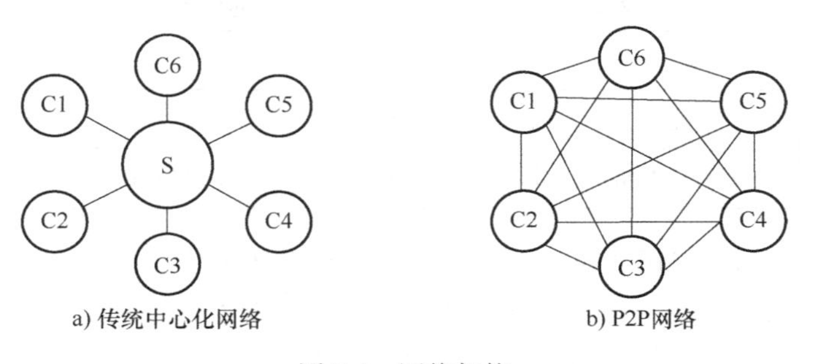

图 2-4　网络架构

图 2-4a 为典型的星形客户端/服务器（C/S）的网络架构，C1～C6 需通过中心节点 S 进行通信与交易。图 2-4b 为 P2P 分布式架构，无中心化地组织节点或存储机构，所有节点地位均等，既可作为服务器响应请求，也可作为客户端获得其他节点提供的服务。每个节点均保存一份整个区块链中的全部数据信息，共同拥有、管理并监督数据的安全，无第三方欺骗。与中心化的架构相比，一方面消除了因中心化节点被破坏而带来的风险，降低了数据被篡改的可能性；另一方面赋予了各节点独立的决策权，在维持稳定可靠的前提下，可分散、自由地加入或退出网络。

2. 传输机制

在新的区块数据生成后，生成该数据的节点会将其广播到全网的其他节点以供验证。目前的区块链底层平台一般都会根据自身的实际应用需求，在比特币传输机制的基础上重新设计或者改进出新的传输机制，如以太坊区块链集成了所谓的“灵协议”，以解决因区块数据确认速度快而导致的高区块作废率和随之而来的安全性风险。这里以中本聪设计的比特币系统为例，列出其传输协议的步骤：

1）比特币交易节点将新生成的交易数据向全网所有节点进行广播；

2）每个节点都将收集到的交易数据存储到一个区块中；

3）每个节点基于自身算力在区块中找到一个具有足够难度的工作量证明；

4）当节点找到区块的工作量证明后，就向全网所有节点广播此区块；

5）只有包含在区块中的所有交易都有效且之前未存在过，其他节点才认同该区块的有效性；

6）其他节点接收该数据区块，并在该区块的末尾制造新的区块以延长链，而将被接收区块的随机 Hash 值视为新区块的前序区块 Hash 值。

如果交易的相关节点是一个未与其他节点相连接的新节点，比特币系统通常会将一组长期稳定运行的“种子节点”推荐给新节点以建立连接，或者推荐至少一个节点连接新节点。此外，进行广播的交易数据并不需要全部节点都接收到，只要有足够多的节点做出响应，交易数据便可整合到区块链账本中，而未接收到完整交易数据的节点可以向临近节点请求下载缺失的交易数据。

2.1.3 账户信息层

每个市场主体均以节点账户的形式加入区块链网络，包含账户名和密码两个部分，其与银行账户的区别如表 2-2 所示。

表 2-2 银行账户与区块链账户的区别

账户类型	账户名	密码	交易信息	加密方式
银行账户	姓名	数字	货币	数据库保密
区块链账户	地址（公钥）	私钥	电量和电价	非对称加密

这里账户信息的加密采用非对称加密算法，即加解密的密钥不一致。区块链网络为每个市场参与者分配相互匹配的一对公有密钥和私有密钥，以十六进制字符串的形式表现，作为市场主体的专属标识。公钥与所有者的真实身份等相关信息绑定，可以在全网公开，而私钥仅对用户本身可见，具有极强的私密性。公私钥的匹配以 Hash 算法作为验证，即能将任意长度的二进制明文映射为固定长度的较短二进制字符串的加密算法。公私钥二者之间是非双向的关系：私钥经过一系列操作后可以得到公钥地址，但无法从公钥反推出私钥地址。二者关系如下：

$$\mathrm{Hash}(\mathrm{Fun}(K_{\mathrm{pri}}))\Rightarrow A_{\mathrm{ID}} \tag{2-1}$$

式中，K_{pri}是私钥；A_{ID}是十六进制账户地址，即公钥；Fun 表示载入私钥的功能函数；Hash 表示椭圆曲线签名算法中的加密过程；“⇒”表示公私钥之间加密的单向关系。

区块链账户私钥的隐秘保证了相应账户地址下唯一所有权，一个账户地址有且只对应一个私钥；公钥的开发为其他交易者提供了交易的解密接口，为整个交易体系的安全与加密奠定了基础。

2.1.4 安全加密层

密码学技术在区块链加密体系中具有重要地位。区块链技术下的交易，不仅账户信息具有加密关系，各节点下的交易账单也是加密的，体现在交易过程中的数字摘要和签名上。数字摘要指对一段内容进行 Hash 运算，求得唯一的字符串值来替代原始完整的内容，确保原始内容未被篡改。以电动汽车用户参与电力市场交易为例，其实现过程如下：

$$\text{Hash}('\{"S_{\text{ID}}", "B_{\text{ID}}", "P_{\text{con}}", "V_{\text{con}}"\}') \Rightarrow \text{Digest} \qquad (2\text{-}2)$$

式中，S_{ID}是售电者地址；B_{ID}是购电者地址；P_{con}是合约电价；V_{con}是合约电量；Digest 是该笔账单的数字摘要。

市场主体节点可利用自己的私钥对摘要信息进行签名，即

$$\text{Sign}("\text{Digest}", "K_{\text{pri}}") \Rightarrow \text{Singature} \qquad (2\text{-}3)$$

式中，Sign 表示添加数字签名的函数，其输入参数包括该笔交易的摘要和售电者私钥；Singature 是该笔交易的数字签名。

售电者将含有自身加密信息的交易账单发送给购电者，购电者利用售电者的公钥进行解密来验证交易数据来源的可信性，相当于签名过程的逆运算，即

$$\text{Verify}("\text{Signature}", "K_{\text{pub}}") \Rightarrow \text{Digest} \qquad (2\text{-}4)$$

式中，Verify 表示验证函数，其输入参数包含该笔交易的数字签名和售电者的公钥 K_{pub}，输出参数为待验证的摘要，其值如果与原有交易账单中的摘要一致，则说明此次交易真实有效，允许加入到区块链账本中。

整个应用场景如图 2-5 所示。售电者 A 首先采用 Hash 算法对交易信息进行加密，获得一个原始摘要（Digest_src）；接着采用其私钥对该摘要进行二次加密，获得对应的数字签名（Signature）；最后将数字签名签入摘要中一并发送给购电者 B。购电者 B 接收到信息后使用售电者 A 的公钥对数字签名进行解密得到摘要（Digest_dec），若解密成功即可确保信息来源是 A；然后再用 Hash 算法对收到的信息加密获得摘要（Digest_enc），与之前解密得到的摘要进行对比，如果相同，则说明信息在交易过程中未被篡改过。

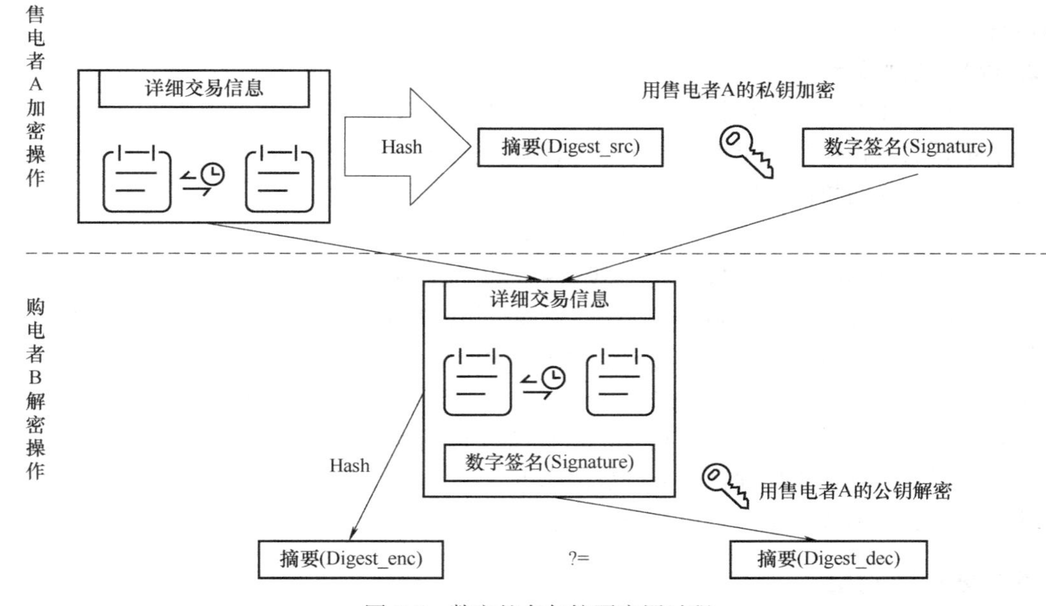

图 2-5　数字签名与摘要应用过程

2.1.5 共识机制层

区块链具有分布式、自治性、开放可自由进出等特性，所以不存在一个中心节点来保障各个节点记账的一致性。在区块链系统中如何高效地达成共识与一致性是分布式计算中一个关键问题。因此，使各主体节点在交易高度分散、随机的去中心化市场环境中达成共识是共识机制层的作用。本书采用 PoW 机制来保证加入到区块链网络中的新区块得到其余区块的同意，达成全网共识。

1. PoW 机制

PoW 机制诞生于 1997 年 Adam Back 设计的 Hashcash 系统，它最初被创造出来用于预防邮件系统中漫天遍地的垃圾邮件。2009 年，中本聪将 PoW 机制运用于比特币区块链网络中，作为达成全网一致性的共识机制。从严格意义上讲，比特币中所采用的是一种可重复使用的 Hashcash 工作证明，使得生成工作证明量可以是一个概率意义上的随机过程。在该机制中，网络上的每一个节点都在使用 SHA256Hash 算法运算一个不断变化的区块头的 Hash 值。共识要求算出的值必须等于或者小于某个给定的值。在分布式树状网络中，所有的参与者都需要使用不同的随机数来持续计算该 Hash 值，直到达到目标为止。当一个节点得出了确切的 Hash 值后，其他所有节点必须相互确认该值的正确性。之后，新区块中的交易将被验证以防欺诈。然后，用于计算的交易信息的集合会被确认为认证结果，用区块链中的新区块表示。在比特币中，运算 Hash 值的节点称作“矿工”，而 PoW 的过程称为“挖矿”。由于认证的计算是一个耗时的过程，所以也提出了相应的激励机制（例如向矿工授予小部分比特币）。总的来说，工作量证明就是对于工作量的证明，每个区块必须得到网络参与者的同意验证，认可矿工完成了相对应的工作量。PoW 的优点是完全的去中心化和分布式账簿；缺点也很明显，即消耗资源（挖矿行为造成了大量的资源浪费），同时 PoW 达成共识的周期也比较长，比特币网络会自动调整目标值来确保区块生成过程大约需要 10min，因此它不是很适合商业运用。

2. PoW 实现设计

每个市场主体在尚未添加新区块的原始区块链中不断进行含随机数的 Hash 计算，将解决密码学难题的过程作为一定程度工作量的证明，竞争赢得一轮中唯一记账权。例如，以求得开头连续 6 个 0 的数值难题为例，达成共识的过程如下：

$$\mathrm{Hash}(H_{\mathrm{pre}}, \{\mathrm{Trans}\}, \mathrm{Nonce}) = 000000\mathrm{xxxxx} \tag{2-5}$$

式中，H_{pre}是上一前导区块的 Hash 值；{Trans} 是待添加的交易数据集；Nonce 是每次 Hash 计算时产生的非重复随机数；000000xxxxx 是不断进行 Hash 计算所找到一个以 6 个 0 为开头的随机数，最先求得该数的节点即可赢得此次竞争的唯一记账权。

每轮仅有一个节点可以成功记账，并将新区块信息加入至区块链账本中，因此其余竞争失败的节点将停止争夺记账权，并相互确认该值（以若干个 0 开头的数）的正确性。若正确则复制新区块信息并添加到自己节点数据库下，由此保证了区块链总账本的权威性与唯一性，使全网节点均达成共识、区块数据共享。

2.1.6 交易激励层

激励层作为将经济因素引入区块链技术的一个层次，其存在的必要性取决于建立在区块链技术上的具体应用需求。随着交易量的激增，为防止过多无效交易，区块链系统不断增加区块达成共识的难度与成本，即不断增加所求解的密码学难题以0开头的位数，导致交易者达成共识机制时所需付出的算力与工作量也随之激增。因此，区块链网络在共识机制的基础上引入一定程度的激励机制，促进区块链合法交易的积极发展。在保障网络安全与稳定的前提下，平衡共识节点的最大化利己行为，可在一定程度上促进大规模节点的参与性。

在本章所设计的PoW机制中，区块链交易网络对赢得记账权的节点自动转账一定金额作为相应的共识奖励。

2.2 智能合约

2.2.1 智能合约的背景与概念

区块链作为分布式共享账本可为不同应用场景实现有效的记账机制，而为了更好地实现交易过程中的价值传递，需要有一套规则来约束并建立价值传递的方式，而这套规则应该由计算机自动实现而不是由人来执行，因此智能合约技术进入了区块链领域。

智能合约概念的提出最早可追溯到1995年，与互联网的诞生时间几乎一致，是一个由计算机处理的、可执行合约条款的交易协议。从本质上说，这些合约在自动执行的逻辑上与其他计算机语言的IF-THEN语句类似，独特之处在于智能合约通过这种逻辑建立了与真实世界价值交互的机制，一旦满足预先设置的响应规则，则自动完成相应的业务逻辑，如图2-6所示。

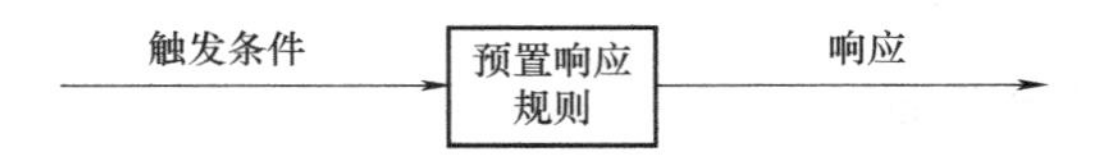

图2-6　智能合约的响应机制

由于缺乏可支撑的技术与环境系统，智能合约的提出初始仅停留于概念层面，难以在合适的应用场景中发挥其优势。而随着具有去中心化、不可篡改、透明度高等特点的区块链技术的创新，智能合约实现了真正意义上的技术落地，在一定程度上拓展了区块链功能，并逐步衍化为其核心技术的一部分。智能合约的引入为区块链的发展插上了翅膀，脱离了原本纯数字账本的枷锁，使区块链真正成为独立的技术，运用于更为广泛的实践中。

2.2.2 智能合约的特征与实现机制

区块链技术的出现重新定义了智能合约。智能合约是区块链的核心构成要素（合约层），是由事件驱动的、具有状态的、运行在可复制的共享区块链数据账本上的计算机程序，能够实现主动或被动的处理数据，接收、储存和发送价值，以及控制和管理各类链上智能资产等功能。智能合约作为一种嵌入式程序化合约，可以内置在任何区块链交易账户或节点上，形成可编程控制的系统、市场和资产。智能合约不仅为传统金融资产的发行、交易和管理提供了创新性的解决方案，同时能够在社会系统中的资产管理、合同管理、监管执法等事务中发挥重要作用。具体说来，智能合约是一组情景应对型的程序化规则和逻辑，是部署在区块链上的去中心化、可信共享的程序代码。智能合约同样具有区块链数据的一般特征，如分布式记录、存储和验证、不可篡改和伪造等。签署合约的各参与方就合约内容、违约条件、违约责任和外部核查数据源达成一致，必要时检查和测试合约代码以确保无误后，以智能合约的形式部署在区块链上，即可不依赖任何中心机构、自动地代表各签署方执行合约。智能合约的可编程特性使得签署方可以增加任意复杂的条款。智能合约的运作机制如图 2-7 所示。

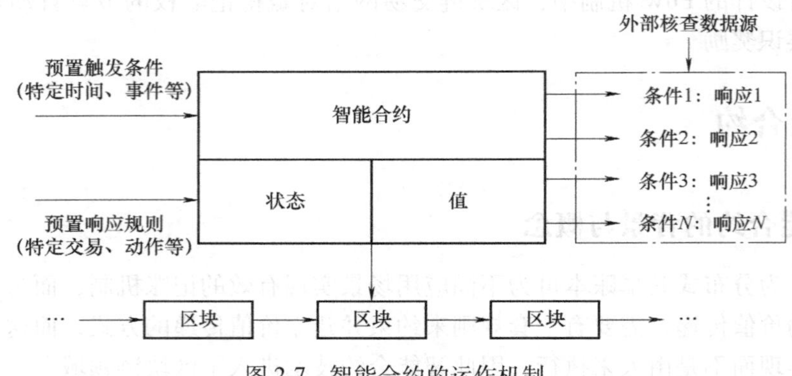

图 2-7　智能合约的运作机制

通常情况下，智能合约经各方签署后，以程序代码的形式附着在区块链数据（如一笔比特币交易）上，经 P2P 网络传播和节点验证后记入区块链的特定区块中。智能合约封装了预定义的若干状态及转换规则、触发合约执行的情景（如到达特定时间或发生特定事件等）、特定情景下的应对行动等。区块链可实时监控智能合约的状态，并通过核查外部数据源，确认满足特定触发条件后激活并执行合约。

2.2.3　智能合约的应用前景

区块链技术作为底层环境支撑系统，为智能合约的部署提供了公开透明、安全加密、可操作的环境；智能合约技术作为上层业务逻辑层，为市场主体的需求申请与利益博弈增加了脚本化的法定保障，自上而下形成无第三方的去中心化交易网络。一为保障数据的安全透明，二为各式各样的业务逻辑提供 P2P 的智能化合约体系，实现各方资源最佳配置与利益最大化。

区块链和智能合约将具有极为广阔的应用场景。例如，互联网金融领域的股权众筹或 P2P 网络借贷等商业模式可以通过区块链和智能合约加以实现。传统方式是通过股权众筹或 P2P 借贷的交易所或网络平台作为中心机构完成资金募集、管理和投资，实际操作过程中容易出现因中心机构的信用缺失而导致的资金风险。利用智能合约，这些功能均可以封装在去中心化可信的区块链上自动执行。区块链可记录每一笔融资，当成功达到特定融资额度时计算每个投资人的股权份额，或在一段时间内未达到融资额度时自动将资金退还给投资人。再如，通过将房屋和车辆等实体资产进行非对称加密，并嵌入含有特定访问控制规则的智能合约后部署在区块链上，使用者符合特定的访问权限或执行特定操作（如付款）后就可使用这些资产，这能够有效解决房屋或车辆租赁商业模式中资产交接和使用许可方面的痛点。智能合约具有自治、自足和去中心化等特征。自治表示合约一旦启动就会自动运行，而不需要其他签署方进行任何干预；自足则意味着合约能够通过提供服务或发行资产来获取资金，并在需要时使用这些资金；去中心化则意味着智能合约是由去中心化存储和验证的程序代码而非中心化实体来保障执行的合约，能在很大程度上保证合约的公平和公正性。

智能合约对于区块链技术来说具有重要的意义。一方面，智能合约是区块链的激活器，为静态的底层区块链数据赋予了灵活可编程的机制和算法，并为构建区块链2.0和3.0时代的可编程金融系统与社会系统奠定了基础；另一方面，智能合约的自动化和可编程特性使其可封装于分布式区块链系统的各节点中，使得区块链成为虚拟世界中的软件代理机器人，这有助于促进区块链技术在各类分布式人工智能系统中的应用，使得基于区块链技术构建各类DAPP、去中心化自治组织（Decentralized Autonomous Organization，DAO）、去中心化自治公司（Decentralized Autonomous Corporation，DAC），甚至去中心化自治社会（Decentralized Autonomous Society，DAS）成为可能。就现状而言，区块链和智能合约技术的主要发展趋势是由自动化向智能化方向演化。现存的各类智能合约及其应用的本质逻辑大多仍是根据预定义场景的“IF-THEN”类型的条件响应规则，能够满足目前自动化交易和数据处理的需求。未来的智能合约设计应针对复杂未知场景，具备推演、计算和一定程度自主决策的能力，从而实现由目前“自动化”合约向真正的“智能”合约的飞跃。

2.3 超级账本（Hyperledger）

比特币普遍被认为是区块链技术1.0时代的代表平台，随着以智能合约为主要特征的以太坊平台的诞生，区块链技术步入了2.0时代，而超级账本（Hyperledger）则标志着区块链技术3.0时代的到来。Hyperledger项目是首个面向企业应用场景的开源分布式账本平台，由Linux基金会牵头，包括IBM等30家初始企业成员共同成立。Hyperledger提供了一个独特的可伸缩、可扩展的架构（Hyperledger Fabric），实现了完备的权限控制和安全保障，这也是Hyperledger与其他区块链解决方案的显著区别。

2.3.1 超级账本项目背景

Hyperledger项目目标是让开源社区成员共同合作，共建开放平台，满足不同行业的用户需求，并简化业务流程，通过创建分布式账本的公开标准，实现虚拟和数字形式的价值交换。

以比特币为代表的“数字加密货币”在区块链技术的支撑下获得了巨大的成功，它们的活跃用户数量和交易量逐年递增，发展程度大大超出了人们的估计。随着比特币等“数字加密货币”成为热点，许多创业者、公司和金融机构渐渐意识到了区块链技术的价值，都认为它有更大的应用前景，而不仅仅局限于“数字加密货币”领域。为此，Vitalik创立了以太坊项目，希望打造一个图灵完备的智能合约编程平台，让区块链爱好者可以更好、更简单地构建开发区块链应用。继而，市场上涌现了很多新型区块链应用，如资产登记、预测市场、身份认证等。

但是，当前的区块链技术还存在着一些无法克服的问题。首先，交易效率低下，比特币整个网络只能支持每秒7笔左右的交易；其次，对于交易的确定性还无法得到很好的保证；最后，达成共识所采用的挖矿机制会造成很大的资源浪费。这些问题导致了区块链技术无法满足大多数商业应用的需求。因此，设计并实现一个满足商业需求的区块链平台成为区块链发展的一个关键。在社会各界的强烈呼吁下，Linux 基金会开源组织于 2015 年 12 月启动了名为 Hyperledger 的开源项目，意在通过各方合作，共同打造区块链技术的企业级应用平台，以促进跨行业区块链的发展。

Hyperledger 在成立之初，IBM 向 Hyperledger 项目贡献了 44000 行已有的开源区块链（OpenBlockChain）代码，Digital Asset 则贡献了企业和开发者的相关资源，R3 贡献了新的金融架构，Intel 也贡献了分布式账本相关的代码。

Hyperledger 吸引了很多著名企业加入。从创世成员看，第一批加入的成员几乎都是各行业的翘楚，有 IBM、思科、Intel 等科技互联网巨头，同时还有富国银行、摩根大通这类金融行业大鳄。截至 2016 年底，Hyperledger 项目的成员列表已经超过了 100 位。值得一提的是，项目成员中超过 1/4 的成员来自于中国的公司，比如趣链科技、小蚁、布比等新创区块链公司，同时也有万达、华为、招商银行等知名企业。

Hyperledger 项目的出现，实际上宣布区块链技术已经不单纯是一个开源技术，它已经被主流机构和市场正式认可；同时，该项目首次提出和实现完备的权限管理、创新的一致性算法和可插拔的框架，对于区块链相关技术和产业的发展都将产生深远的影响。

2.3.2 超级账本架构（Hyperledger Fabric）简介

Hyperledger（超级账本）项目目前主要包括 Fabric、Sawtooth Lake、Iroha、Blockchain-explorer 四个子项目。其中 Fabric 是 Hyperledger 的核心子项目，作为一个私有或"许可"型区块链网络，主要用于金融和供应链等行业。它在可模块化的区块链架构基础上提供企业级网络安全性、可扩展性、机密性以及高性能。至今，Fabric 已获得了阿里巴巴、AWS、Azure、百度、谷歌、华为、IBM、甲骨文、腾讯等互联网巨头的支持。

超级账本架构（Hyperledger Fabric）具有以下特性：

1）身份管理（Identity Management）：Hyperledger Fabric 是一个许可链网络，因此 Hyperledger Fabric 组织的成员可以通过一个成员服务提供者（Membership Service Provider，MSP）来注册。成员服务用于管理用户 ID 并对网络上所有参与者进行认证。在 Hyperledger Fabric 区块链网络中，成员之间可以通过身份信息互相识别，但是它们并不知道彼此在做什么，这就是 Hyperledger Fabric 提供的机密性和隐私性。

2）隐私和保密（Privacy and Confidentiality）：Hyperledger Fabric 允许竞争的商业组织机构和其他任意对交易信息有隐私和机密需求的团体在相同的许可链网络中共存。Hyperledger Fabric 通过通道来限制消息的传播路径，为网络成员提供了交易的隐私性和机密性保护。在通道中的所有数据，包括交易、成员以及通道信息，对于未订阅该通道的网络实体都是不可见且无法访问的。

3）高效的性能（Efficient Performance）：Hyperledger Fabric 按照节点类型分配网络角色。为了提供更好的网络并发性，Hyperledger Fabric 对事务执行、事务排序、事务提交进行了有效的分离。先于排序之前执行事务可以使每个 Peer 节点同时处理多个事务，这种并发执行极大地提高了 Peer 节点的处理效率，加速了交易到共识服务的交付过程。

4）函数式合约代码编程（Chaincode Function）：合约代码是通道中交易调用的编码逻辑，定义了用于更改资产所有权的参数，确保数字资产所有权转让的所有交易都遵守相同的规则和要求。

5）模块化设计（Modular Design）：Hyperledger Fabric 实现的模块化架构可以为网络设计者提供功能选择。例如，特定的身份识别、共识和加密算法可以作为可插拔组件插入 Hyperledger Fabric 网络中，基于此任何行业或公共领域都可以采用通用的区块链架构。

Fabric 是第一个支持通用编程语言（如 Java、Go 和 Node. js）编写智能合约的分布式账本平台，不受限于特定领域语言（Domain-Specific Languages，DSL）。Hyperledger 的企业分布式账本平台 Fabric v1. 0 是 Hyperledger Fabric 的第一个主版本，2020 年 1 月底 Hyperledger 正式发布了 Fabric v2. 0，为用户和运营商提供了对新应用程序和隐私模式的支持，增强了对智能合约的管理和对节点操作的新选项。Fabric v2. 0 版本针对安全、保密、部署、维护、实际业务场景需求等方面进行了很多改进，如架构设计上的节点的功能分离、多通道的隐私隔离、共识的可插拔实现等，都为 Fabric 提供了更好的服务支持，使得基于该平台开发企业级应用得以实现。

本章小结

本章对区块链在交易领域的技术扩展进行了解读，有助于读者深入理解区块链发展路线和目前所处状态。首先，对市场交易领域区块链账本结构进行了介绍，区块链技术支持下的市场交易分布式账本，实际上构成了一种各市场参与者之间共识、同步、可信任的数据库。其次，对智能合约的背景、特征以及应用前景进行了介绍。智能合约的引入为区块链的发展插上了翅膀，脱离了原本纯数字账本的枷锁，使区块链真正成为独立的技术，运用于更为广泛的实践中。最后，对超级账本项目及其核心子项目进行了介绍。超级账本项目是首个面向企业应用场景的开源分布式账本平台，标志着区块链技术 3. 0 时代的到来。超级账本项目首次提出和实现完备的权限管理、创新的一致性算法和可插拔的框架，对于区块链相关技术和产业的发展都将产生深远的影响。

第3章 以太坊平台智能合约应用研究

3.1 以太坊技术概述

3.1.1 以太坊的背景与概念

区块链在智能合约的拓展下成为一个具有独立系统特征的成熟技术，但区块链的技术衍化繁多，诞生出一系列特定的复杂协议来匹配特定的应用场景，这就导致不同应用场景下的技术壁垒，难以实现彼此之间的兼容与促进。

以太坊的创始人 Vitalik Buterin 看到了比特币区块链技术上的缺陷，通过以太坊区块链协议内置编程语言，兼容各种区块链的应用。Vitalik Buterin 希望以太坊成为 TCP/IP 这样的标准，让开发者能够在以太坊定义好的区块链协议下使用程序语言进行高效快捷的应用开发，而不是像过去那样各自为政，分别定义自己的区块链协议，各自只能支持少数应用彼此互不兼容。以太坊的可编程性让以太坊可以构成复杂的智能合约、DAO、去中心化的自主应用，或是其他的虚拟加密货币。以太坊就像是一台全球计算机，任何人都可以上传与执行应用程序，因此具有无限宽广的可能性。

根据以太坊白皮书，其定义如下：以太坊是一个全新开放的区块链平台，它允许在任何大平台中建立和使用通过区块链技术运行的去中心化应用。就像比特币一样，以太坊不受任何人控制，也不归任何人所有，它是一个开放源代码项目，由全球范围内的很多人共同创建。和比特币协议有所不同的是，以太坊的设计十分灵活，极具适应性。在以太坊平台上创立新的应用十分简便，其底层封装了区块链的各项技术与调用接口，并为区块链提供了灵活多样的智能合约部署空间，在突破区块链固有技术限制、奠定更广阔应用基础的同时，为交易者权利和义务的法定执行提供了自动程序化的保障平台；区块链作为底层分布式账本，在无第三方中心机构参与的情况下，构成彼此共识、无法篡改、保障安全的区块数据结构，并在每个参与节点保留一份区块数据副本，去中心化地保障交易的安全、透明和可追溯。

因此，以太坊技术作为区块链应用的开源平台逐渐成熟，并为区块链的应用提供了一种像互联网 TCP/IP 一样的通用标准，使开发者可以在此标准下使用程序语言进行高效快速的应用开发，为构建复杂多样的智能合约、去中心化的自治组织、去中心化的应用产品奠定了高效的基础。

3.1.2 以太坊技术演变与发展历程

2013 年底，比特币开发团队中有一些开发者开始探讨将比特币网络中的核心技术，主要是区块链技术，拓展到更多应用场景的可能性。其中，以太坊的早期发明者 Vitalik Buterin 提出区块链技术应该能运行任意形式（图灵完备）的应用程序，而不仅仅是比特币中受限制的简单脚本。该设计思想并未得到比特币社区的支持，但是后来作为以太坊白皮书被发布出来。

2014 年 2 月，更多开发者（包括 Gavin Wood、Jeffrey Wilcke 等）加入以太坊项目，并计划在社区开始以众筹形式募集资金，以开发一个运行智能合约的信任平台。

2014 年 7 月，以太币预售，经过 42 天，总共筹集到价值超过 1800 万美元的比特币。随后在瑞士成立以太坊基金会，负责对募集到的资金进行管理和运营，并组建研发团队以开源社区形式进行平台开发。

2015 年 7 月底，以太坊第一阶段 Frontier 正式发布，标志着以太坊区块链网络的正式上线。这一阶段采用类似比特币网络的 PoW 共识机制，参与节点以矿工挖矿形式维护网络，支持上传智能合约。Frontier 版本实现了计划的基本功能，在运行中测试出了一些安全上的漏洞。这一阶段使用者以开发者居多。

2016 年 3 月，以太坊第二阶段 Homestead 开始运行（区块数 1150000），主要改善了安全性，同时开始提供图形界面的客户端，提升了易用性，更多用户加入了进来。

2016 年 6 月，DAO 基于以太坊平台进行众筹，受到漏洞攻击，造成价值超过 5000 万美元的以太币被冻结。社区最后通过硬分叉（Hard Fork）进行解决。2017 年 3 月，以太坊成立以太坊企业级联盟（Enterprise Ethereum Alliance，EEA），联盟成员主要来自摩根大通、微软、芝加哥大学和部分创业企业等。

截至 2018 年 12 月，以太坊网络已支持了接近比特币网络的交易量，成为广受关注的公有链项目。2019 年 2 月发布的第三阶段 Metropolis 和按照计划发布的第四阶段 Serenity，主要特性包括支持 PoS 的共识机制，以降低原先 PoW 造成的能耗浪费，以及图形界面的钱包，以提升易用性。包括 DAO 在内，以太坊网络已经经历了数次大的硬分叉，注意每次硬分叉后的版本对之前版本并不兼容。

3.1.3 以太坊主要技术特征

以太坊区块链底层也是一个类似比特币网络的 P2P 网络平台，智能合约运行在网络中的以太坊虚拟机（Ethereum Virtual Machine，EVM）里。网络自身是公开可接入的，任何人都可以接入并参与网络中数据的维护，提供运行以太坊虚拟机的资源。

与比特币项目相比，以太坊区块链的技术特点主要包括：

1）支持图灵完备的智能合约，设计了编程语言 Solidity 和虚拟机 EVM。

2）选用了内存需求较高的 Hash 函数，避免出现强算力矿机、矿池攻击。

3）叔块（Uncle Block）激励机制，降低矿池的优势，并减少了区块产生间隔（10min 降低到 15s 左右）。

4）采用账户系统和世界状态，而不是未花费的交易输出（Unspent Transaction Output，UTO），容易支持更复杂的逻辑；可通过 gas 限制代码执行指令数，避免循环执行攻击。

5）支持 PoW 共识算法，并计划支持效率更高的 PoS 算法。

此外，开发团队还计划通过分片（Sharding）方式来解决网络可扩展性问题。这些技术特点，解决了比特币网络在运行中被人诟病的一些问题，让以太坊网络具备了更大的应用潜力。

以太坊由大量的节点组成，节点有账户与之对应，两个账户之间通过发送消息进行一笔“交易”，交易里携带的信息和实现特定功能的代码称为智能合约，运行智能合约的环境是以太坊虚拟机。以太坊虚拟机运行在每个节点中，交易需要有节点参与，通过重复Hash运算来产生工作量，这些节点称为矿工，计算的过程称为挖矿。交易的计算是要付出费用的，这些费用就称为燃料（gas）。在以太坊中，gas是由以太币转换生成的。以太币是以太坊上用来支付交易手续费和运算服务的媒介，消耗的gas用于奖励矿工。基于以上智能合约代码和以太坊平台的应用叫作去中心化应用。

以太坊的基本概念包括以下几个方面：

1）节点。通过节点可以进行区块链数据的读写。目前以太坊上的很多应用都是基于公有链的，所以每一个节点都拥有相同的地位和权利，没有中央服务器，每个节点都可以加入网络，读写以太坊中的数据。节点之间使用共识机制来确保数据交互的可靠性和正确性。单独的一个节点也可以搭建私有链，几个相互信任的节点可以搭建联盟链。

2）矿工。矿工是指通过不断重复Hash运算来产生工作量的网络节点。矿工的任务是计算数学难题，并将计算结果放入新的区块中。矿工之间是竞争关系，最先计算出结果的节点，将向全网络进行广播，当结果被确认后，新生成区块所包含的奖励将会给该节点，存入以太币地址中。该节点所包含的以太币可以作为下次发起交易的资产。

3）挖矿。在以太坊中，发行以太币的唯一途径是挖矿。挖矿过程也保证了区块链中交易验证与可靠性。挖矿是一个需要消耗大量算力和时间的工作，并被限制在一定的时间期限内，同时挖矿难度可以动态调整。简单来说，挖矿的过程就是矿工寻找一个随机数进行SHA256计算Hash值，如果计算后的Hash值满足一定的条件，比如前6位为0或小于等于某个预设的随机数（Nonce），那么这个矿工就赢得了创建区块的权利。

4）账户。以太坊中包含两类账户：外部账户和合约账户。外部账户由公私钥对控制。合约账户则在区块链上唯一标识了某个智能合约。两类账户都包含了以太币余额，能发送交易。每个账户的地址长度为20B，有一块持久化内存区域称为存储区（Storage），其形式为键值对，键和值的长度均为32B。重要的是，外部账户的地址是由公钥决定的，合约账户的地址是在部署合约的时候确定的，当合约账户接收到一笔合法的交易后，就会执行里面包含的合约代码。所以两类账户最大的区别是，合约账户存储了代码，外部账户则没有。

5）gas。以太坊上的每一笔交易都有矿工的参与，且都需要支付一定的费用，这个费用在以太坊中称为gas。gas的目的是限制执行交易所需的工作量，同时为执行交易支付费用。合约的代码在以太坊虚拟机上运行时，gas会按照既定的规则逐渐消耗。gas价格是由交易创建者设置的，满足：

$$交易费用=gas价格\times gas数目$$

如果执行结束后还有gas剩余，这些gas将会返还给发送者账户，而消费的gas则被当作奖励，发放到矿工账户。

6）EVM。以太坊虚拟机是以太坊中智能合约的运行环境，并且是一个沙盒，与外界隔离。智能合约代码在EVM内部运行时，是不能进行网络操作、文件I/O或执行其他进程的。智能合约之间也只能进行有限的调用，这样保证了合约运行的独立性，并尽可能提高了运行时的安全性。

7）智能合约。合约是代码和数据的集合，存在于以太坊区块链的指定地址。合约方法支持回滚操作，如果在执行某个方法时发生异常，如 gas 消耗完，则该方法已经执行的操作都会被回滚。但是如果错误的交易一旦执行完毕，是没有办法篡改的。对于智能合约的开发细节请参考 3.3 节。

8）交易。在以太坊中，交易都是通过状态转移来标记的，状态由称为“账户”的对象和两个账户之间价值和信息状态转换构成。以太坊账户分为由公私钥控制的外部账户和由合约代码控制的合约账户。外部账户没有代码，用户通过创建和签名一笔交易从一个外部账户发送消息，合约账户收到消息后，合约内部代码会被激活，对内部存储进行读取和写入，或者发送消息，或者调用方法。确定了账户后，即开始以太坊的交易。在以太坊中，“交易”是指存储从外部账户发出的消息的签名数据包，在交易过程中比较重要的是消息机制。以太坊的消息机制能够确保合约账户和外部账户拥有同等的权利，包括发送消息和创建其他合约。这使得合约可以同时由多个不同角色参与，共同签名来提供服务，而不需要关心合约的每一方到底是什么类型的账户。

3.2　区块链以太坊平台搭建

基于前述章节介绍的关于区块链技术原理，本章将重点介绍搭建以太坊环境所需要的工具。本书中，部署环境为 Mac 系统，也可以部署在 Linux、Windows 和其他虚拟机上。在部署解决方案时，可以选择不同类型的网络。完成以太坊平台的搭建后，就可以使用 Solidity 语言进行智能合约的编写、测试和发布。

3.2.1　配置以太坊环境

以太坊环境主要分为主网、测试网络和私有网络。对开发者来说，有多种网络部署方式可供选择，在部署解决方案和智能合约时，可以根据实际需求和场景，选择一个适合自己的网络。

以太坊网络是一个创建和部署分布式应用的开源平台，依靠大量节点（以计算机为主）支撑，它们之间相互交互，并在分布式账本中存储数据。以太坊网络中任何人都可以创建一个节点，网络上的每个节点都将拥有并维护一个区块链分布式账本的副本。

1. 主网

以太坊主网（Homestead）是全球性的公开网络，通过互联网，人人都可以用账户进入网络，并查看上面的数据和交易。对于任何人来说，创建账户、部署解决方案和合约都是免费的。主网所有的智能合约执行均要花费佣金，该费用以 gas 来计量。

2. 测试网络

测试网络的目的是帮助人们快速适应和使用以太坊环境，是从主网精确复制而来的，如 Ropsten、Kovan 和 Rinkeby。在测试网络上，部署和使用合约都不会发生真实的费用，这是因为测试用的以太币都是任意产生的，只能在测试网上使用。

Ropsten 是第一个使用 PoW 共识产生区块的测试网络。在 Ropsten 上可以无偿使用它构建和测试合约。在 geth 中加入 testnet 参数即可进入测试网络，Ropsten 是目前为止最受欢迎的测试网络。

Rinkeby 是使用权威证明（Proof of Authority，PoA）共识机制的以太坊测试网络。PoA 和 PoW 在矿工间建立共识时的机制是不同的。PoW 虽然在维护不可篡改性和去中心化方面更加鲁棒，但是它的缺陷是不能有效地控制矿工，而 PoA 则具备了对矿工的控制能力。

相比于上述两种测试网络，Kovan 只能在少部分用户之间使用，因此本书不涉及此种网络。

3. 私有网络

私有网络在用户自有网络上建立与运行，控制权掌握在一个人或组织手里。出于测试的考虑，当不希望将解决方案、合约和场景放到公共网络上时，就需要建立一个能够开发、测试和生产的私有网络，这样就能够进行全盘掌控。

4. 联盟网络

联盟网络也是一个私有网络，区别在于联盟网络的节点是由不同组织所管理的。实际上，联盟链上也没有哪个组织能够单独地控制网络和数据，而是由全体组织和组织里面具有查看和修改权限的人共同进行控制的。联盟链可以通过互联网或虚拟专用网络接入。

目前存在多种语言（包括 Go、C++、Python、JavaScript、Java 和 Ruby 等）编写的以太坊节点和客户端工具。这些功能不受语言限制，开发者可以选择自己最合适的语言。本书使用采取 Go 语言编写的 geth 方案搭建区块链，可以作为客户端连接到公共的和测试的网络上，也可以在私有网络上运行挖矿和 EVM（交易节点）。geth 可以在 Windows、Linux 和 Mac 环境下安装。

5. 以太坊开发生态系统的工具列表

1）Homebrew：Homebrew 是 MacOS 的软件包安装管理器，它可以帮助安装苹果不提供的软件包之类的东西。

2）Xcode 命令行工具：在安装 Homebrew 之前安装，包括编译器、Homebrew 程序执行活动所需的实用程序。

3）go-ethereum：geth 或 go-ethereum 是一个命令行界面，允许运行和操作 Ethereum 节点。通过 geth 可以执行以下功能：①挖矿；②生成以太币；③创建和管理账户；④部署智能合约并与之交互；⑤转账；⑥检查块历史；⑦连接到公共以太坊网络（Mainnet）或创建你自己的专用网络。

4）Ganache：Ganache 是为了替换 Testrpc 的一个以太坊区块链仿真器，可以用于开发目的。

5）Node. js 和 npm：Node. js 是一个服务器端的 JavaScript 平台，用于创建有助于与以太坊节点通信的应用程序。

6）Truffle：Truffle 是用于编译、测试和部署智能合约的构建框架，它有助于加快开发生命周期。

7）Remix：智能合约编辑器。

6. 在 MacOS 上安装设置以太坊的步骤

（1）第一步：安装 Homebrew

要安装 Homebrew，请打开 https://brew.sh/，复制命令，可进入 Homebrew 官网安装界面，如图 3-1 所示。

图 3-1　Homebrew 官网安装界面

打开终端并粘贴命令：/bin/bash -c "$(curl-fsSL https://raw.githubusercontent.com/Homebrew/install/HEAD/install.sh)"，安装成功后，终端可以看到图 3-2 所示的消息。

```
Password:
==> This script will install:
/usr/local/bin/brew
/usr/local/share/doc/homebrew
/usr/local/share/man/man1/brew.1
/usr/local/share/zsh/site-functions/_brew
/usr/local/etc/bash_completion.d/brew
/usr/local/Homebrew

Press RETURN to continue or any other key to abort
==> /usr/bin/sudo /usr/sbin/chown -R chengmingxi:admin /usr/local/Homebrew
==> Downloading and installing Homebrew...
remote: Enumerating objects: 2400, done.
remote: Counting objects: 100% (2400/2400), done.
remote: Compressing objects: 100% (86/86), done.
remote: Total 6317 (delta 2355), reused 2330 (delta 2310), pack-reused 3917
接收对象中: 100% (6317/6317), 1.96 MiB | 379.00 KiB/s, 完成.
处理 delta 中: 100% (4696/4696), 完成 705 个本地对象.
来自 https://github.com/Homebrew/brew
 * [新分支]          SMillerDev-patch-1                             -> origin/SMillerDev-patch-1
 * [新分支]          dependabot/bundler/Library/Homebrew/sorbet-0.5.6346 -> origin/dependabot/bundler/Library/Homebrew/sorbet-0.5.6346
   2c83ea733..2d3aca706  master                                     -> origin/master
 * [新分支]          update-manpage                                 -> origin/update-manpage
 * [新标签]          2.7.6                                          -> 2.7.6
 * [新标签]          2.7.7                                          -> 2.7.7
 * [新标签]          3.0.0                                          -> 3.0.0
 * [新标签]          3.0.1                                          -> 3.0.1
 * [新标签]          3.0.2                                          -> 3.0.2
 * [新标签]          3.0.3                                          -> 3.0.3
 * [新标签]          3.0.4                                          -> 3.0.4
 * [新标签]          3.0.5                                          -> 3.0.5
 * [新标签]          3.0.6                                          -> 3.0.6
 * [新标签]          3.0.7                                          -> 3.0.7
 * [新标签]          3.0.8                                          -> 3.0.8
HEAD 现在位于 2d3aca706 Merge pull request #10895 from Rylan12/fix-tap-custom-remote-handling


Updated 3 taps (homebrew/core, homebrew/cask and ethereum/ethereum).
==> Installation successful!

==> Homebrew has enabled anonymous aggregate formulae and cask analytics.
Read the analytics documentation (and how to opt-out) here:
  https://docs.brew.sh/Analytics
No analytics data has been sent yet (or will be during this `install` run).

==> Homebrew is run entirely by unpaid volunteers. Please consider donating:
  https://github.com/Homebrew/brew#donations

==> Next steps:
- Run `brew help` to get started
- Further documentation:
    https://docs.brew.sh
chengmingxi@chengmingxideMacBook-Pro ~ %
chengmingxi@chengmingxideMacBook-Pro ~ %
chengmingxi@chengmingxideMacBook-Pro ~ %
```

图 3-2　Homebrew 安装成功后终端显示界面

若要检查安装的 Homebrew 版本，可键入 brew-version，如图 3-3 所示。

```
chengmingxi@chengmingxideMacBook-Pro ~ %
chengmingxi@chengmingxideMacBook-Pro ~ % brew --version
Homebrew 3.0.8
Homebrew/homebrew-core (git revision c36ad78384; last commit 2021-03-23)
Homebrew/homebrew-cask (git revision 03bb520d86; last commit 2021-03-23)
chengmingxi@chengmingxideMacBook-Pro ~ %
```

图 3-3　Homebrew 版本查看

（2）第二步：安装 Xcode

打开 Mac 应用商店并搜索 Xcode，单击列表中的 Xcode 搜索项，然后单击“安装”按钮，如图 3-4 所示。如果它已经安装在你的计算机上，则更新或跳过此步骤。安装后，接受许可条款。

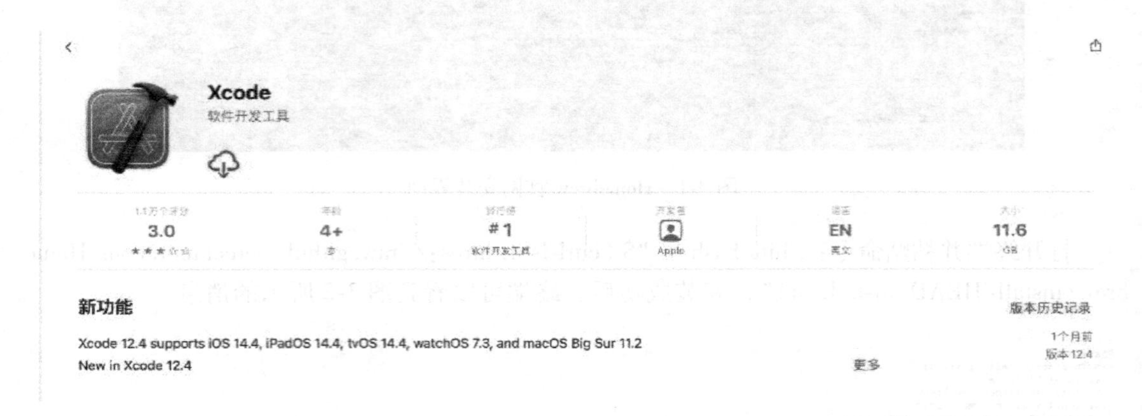

图 3-4　Xcode 安装

在安装完 Xcode 后，还需安装 Xcode 的命令行工具，请运行命令：xcode-select -install。

（3）第三步：安装 go-ethereum

将第一步中安装的 Homebrew 连接到提供 geth 的存储库，即使用命令“brew update”为 Homebrew 更新包目录；在更新 Homebrew 后，使用命令“brew tap ethereum/ethereum”将以太坊包添加到目录；再使用命令“brew install ethereum”安装以太坊。

如果你的计算机上已经安装了以太坊，请使用命令“brew upgrade ethereum”将其升级到最新版本。

（4）第四步：安装 Ganache

请在浏览器中打开链接：http://Truffleframework. com/Ganache/，下载 Ganache for MacOS，下载完成后加载该软件，如图 3-5 所示。

（5）第五步：安装 Node. js 和 npm

如果已经安装了 Node. js 和 npm 的最新版本，则跳过此步骤。如果安装的是旧版本，则将其更新为最新版本。

要安装 Node. js，请使用命令：brew install node。

要检查安装的版本，对于 Node. js，使用命令：node-v；对于 npm，使用命令：npm -v。

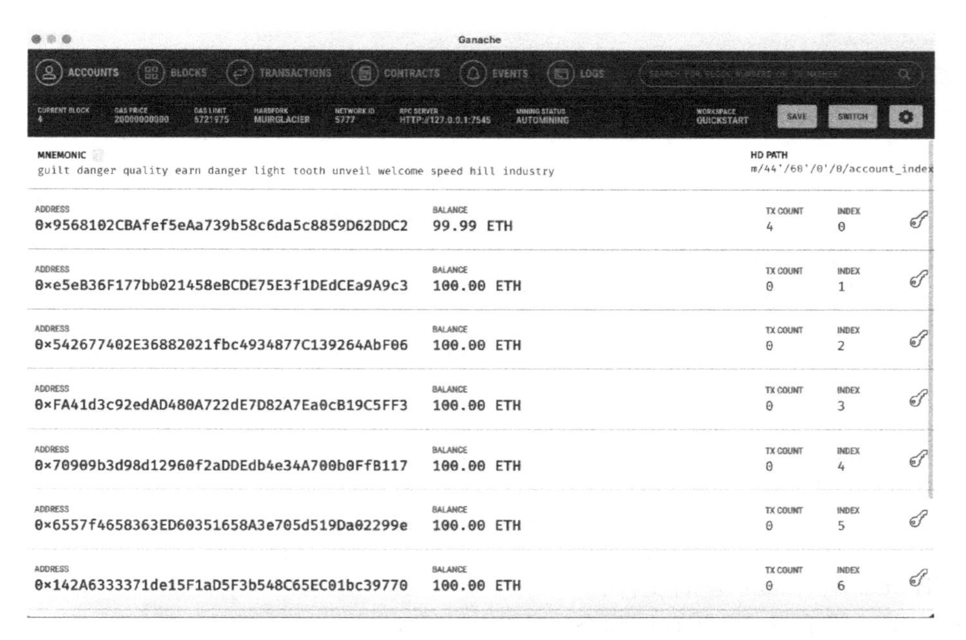

图 3-5 Ganache 客户端界面

（6）第六步：安装 Truffle

安装 Truffle，请使用命令：npm install -f Truffle。

如果已经安装了 Truffle，但不是最新版本，建议删除以避免出现问题。从计算机中删除 Truffle 使用命令：npm uinstall -g Truffle。

（7）第七步：安装 Remix

Remix 是基于浏览器的在线编辑器，官方地址：https://github.com/ethereum/Remix-ide。鉴于网络问题，可能存在登不上去的问题，因此可搭建自己本地的 Remix。

在终端界面输入以下指令：

```
git clone https://github.com/ethereum/Remix-ide.git
cd Remix-ide
npm install
npm run setupRemix # this will clone https://github.com/ethereum/Remix for you and link it to Remix-ide
npm start
```

访问 Remix：http://127.0.0.1:8080，界面如图 3-6 所示。

至此，Remix 本地编辑器基本配置完成。

经过上述七步操作，以太坊设置基本完成。为检验设置是否有效，可进行一些资金转账和检查余额。

打开终端并创建具有任意名称的目录：mkdir<name of directory>，如 mkdir blockchain。

更改目录：cd blockchain。

初始化 Truffle 项目，使用命令：Truffle init。

完成上述语句后，<blockchain>文件将具备以下结构：

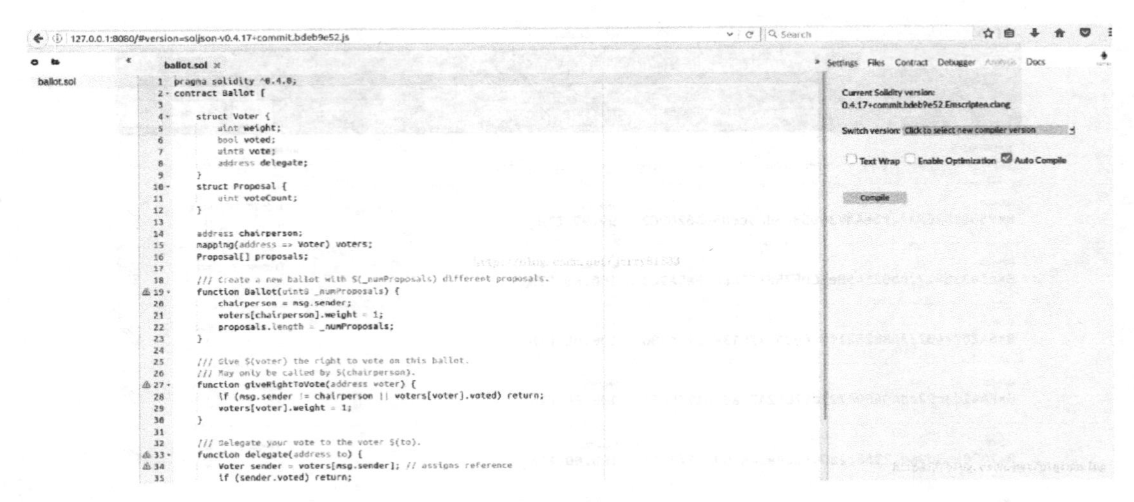

图 3-6　Remix 本地编辑界面

1）Truffle. js：Truffle 配置文件；

2）测试：用于测试应用程序和合约的测试文件目录；

3）迁移：可脚本部署文件的目录；

4）合约：Solidity 合约目录。

要使用开发账户，使用命令：Truffle develop。执行上述命令后，Truffle 将创建 10 个默认账户，初始余额为 100 个以太币，如图 3-7 所示。

```
chengmingxi@chengmingxideMacBook-Pro ~ % truffle develop
Truffle Develop started at http://127.0.0.1:9545/

Accounts:
(0) 0xd0dcfb219e403c64409fc8f0236256c1b5791e41
(1) 0x15622f275623f4131540e33f4e027ba53698d93a
(2) 0x35fe3a49b10b7a3ecf478017c767191c625452dd
(3) 0xcae13e569c36aa36974af6b53dce20d9a6b5c328
(4) 0x9839e4037c44620bb4aeb62d9f9d6b059a9a8f2b
(5) 0xa3324cc12f336f9a0c311ce881cb4d1e1d2fde50
(6) 0x0a4f3eaafb3ffcdd0a5fa0ad8ecd791b64ccf070
(7) 0xb37e546058545de1141fc96657805fbe4f75d35d
(8) 0x61fc24339709dc3a4c433fc4e2ae9f0a7ae1ec0f
(9) 0x7d2a190e375f8dc7a7b48ac6575714558ee86d4d

Private Keys:
(0) 1719da41a7f8c4bceced230e8acd0b58ef0fbef1a0edb6b7e1d4e2ef17d2c4be
(1) e7f9f15baacf57589742cf68f20ed41b398bf9372a226a0fc63f1e9912176a70
(2) 4610f4fc54c2c55fd31212c062b78b26df528d1e963d2ccd79edccdb509fdea0
(3) 47b092df380a326e600c802de299eb8df04ace9b1e2389b4a3bd20cc9d5955c4
(4) de5913e1220ac20cf3e0149905683dfdc04bca90e853458929f6ceceb7c8b109
(5) bd839a7993f9558d9998ded7f53af965352114 6d16146d018f8359a7647d9627
(6) 5ea9b9eeaa03df2ec4cc31a8643f50396f49de7e64ef3a857890b8d0557ace2d
(7) 79fd37104632867df5b5d9d03f40d578f21ce7599a8c1d90d119c3f5019b4664
(8) da9b75b1825b1d837b0554ac15b2e7f013ee59d62e56280c2a52cc3a3162d708
(9) a706b29a8021fba80784396d21d03a9fcc6be3a4ac9ee11a58312772a754f379
```

图 3-7　Truffle 初始账户界面

本节简要介绍了如何使用各种工具（如 geth、Ganache、Truffle）设置以太坊开发环境，这些工具可以帮助用户快速实现开发生命周期。在后续章节中，将利用上述工具实现以太坊私有链搭建和智能合约的开发。

3.2.2 建立以太坊私有链

虽然以太坊是一个公有链系统，但是用户可以通过设置一些参数来运行自己的私有链节点，在自己的私有链上进行开发和测试不需要同步公有链数据，也不需要花钱来买以太币，不但节省存储空间和成本，而且灵活方便。本节介绍使用 geth 客户端搭建私有链的操作步骤，同时会介绍在这个过程中用到的各个命令及选项的含义和作用，最后会介绍 geth 在 JavaScript Console 中的一些常用功能。

1. go-ethereum 客户端安装

利用上一节安装好的 Homebrew 安装 go-ethereum 客户端，终端输入：

brew tap ethereum/ethereum

brew install ethereum

安装完成后在终端输入：geth-help，出现如图 3-8 所示的结果，则表示已经成功安装。

```
chengmingxi@chengmingxideMacBook-Pro ~ % geth --help
NAME:
   geth - the go-ethereum command line interface

   Copyright 2013-2019 The go-ethereum Authors

USAGE:
   geth [options] command [command options] [arguments...]

VERSION:
   1.9.24-stable
```

图 3-8 go-ethereum 客户端成功安装界面

2. 准备创世区块配置文件

以太坊支持自定义创世区块，想要运行私有链，用户需要定义自己的创世区块，创世区块信息写在一个 json 格式的配置文件中。首先将下面内容保存到一个 json 文件中，如 genesis.json，如图 3-9 所示。

```
{
    "config": {
          "chainId": 10,
          "homesteadBlock": 0,
          "eip155Block": 0,
          "eip158Block": 0
     },
    "alloc"      : {},
    "coinbase"   : "0x0000000000000000000000000000000000000000",
    "difficulty" : "0x20000",
    "extraData"  : "",
    "gasLimit"   : "0x2fefd8",
    "nonce"      : "0x0000000000000042",
    "mixhash"    : "0x0000000000000000000000000000000000000000000000000000000000000000",
    "parentHash" : "0x0000000000000000000000000000000000000000000000000000000000000000",
    "timestamp"  : "0x00"
}
~
```

图 3-9 创世区块文件信息

3. 初始化：写入创世区块

准备好创世区块配置文件后，需要初始化区块链，将上面的创世区块信息写入到区块链中。首先要新建一个目录用来存放区块链数据，假设新建的数据目录为~/privatechain/data0，genesis. json 保存在~/privatechain 中，此时文件目录结构如图 3-10 所示。

```
chengmingxi@chengmingxideMacBook-Pro privatechain % tree
.
├── data0
└── genesis.json

1 directory, 1 file
chengmingxi@chengmingxideMacBook-Pro privatechain %
```

图 3-10　privatechain 目录结构

接着进入 privatechain 中，执行私有链初始化命令：geth --datadir data0 init genesis. json。

上面命令的主体是 geth init，表示初始化区块链，命令可以带有选项和参数，其中 --datadir 选项后面跟一个目录名，这里为 data0，表示指定数据存放目录为 data0，genesis. json 是 init 命令的参数。

运行上面的命令，会读取 genesis. json 文件，根据其中的内容，将创世区块写入到区块链中。如果看见图 3-11 所示的输出内容，说明初始化成功。

```
chengmingxi@chengmingxideMacBook-Pro privatechain % geth --datadir data0 init genesis.json
INFO [03-26|20:45:05.559] Maximum peer count                       ETH=50 LES=0 total=50
INFO [03-26|20:45:05.582] Set global gas cap                       cap=25000000
INFO [03-26|20:45:05.582] Allocated cache and file handles         database=/Users/chengmingxi/privatechain/data0/geth/chaindata cache=16.00MiB handles=16
INFO [03-26|20:45:05.658] Writing custom genesis block
INFO [03-26|20:45:05.658] Persisted trie from memory database      nodes=0 size=0.00B time="15.537µs" gcnodes=0 gcsize=0.00B gctime=0s livenodes=1 livesize=0.00B
Fatal: Failed to write genesis block: unsupported fork ordering: eip150Block not enabled, but eip155Block enabled at 0
chengmingxi@chengmingxideMacBook-Pro privatechain % vim genesis.json
chengmingxi@chengmingxideMacBook-Pro privatechain % geth --datadir data0 init genesis.json
INFO [03-26|20:48:49.735] Maximum peer count                       ETH=50 LES=0 total=50
INFO [03-26|20:48:49.750] Set global gas cap                       cap=25000000
INFO [03-26|20:48:49.750] Allocated cache and file handles         database=/Users/chengmingxi/privatechain/data0/geth/chaindata cache=16.00MiB handles=16
INFO [03-26|20:48:49.823] Writing custom genesis block
INFO [03-26|20:48:49.823] Persisted trie from memory database      nodes=0 size=0.00B time="16.38µs" gcnodes=0 gcsize=0.00B gctime=0s livenodes=1 livesize=0.00B
INFO [03-26|20:48:49.826] Successfully wrote genesis state         database=chaindata hash="d3d6bb…c5304a"
INFO [03-26|20:48:49.826] Allocated cache and file handles         database=/Users/chengmingxi/privatechain/data0/geth/lightchaindata cache=16.00MiB handles=16
INFO [03-26|20:48:49.914] Writing custom genesis block
INFO [03-26|20:48:49.914] Persisted trie from memory database      nodes=0 size=0.00B time="3.395µs" gcnodes=0 gcsize=0.00B gctime=0s livenodes=1 livesize=0.00B
INFO [03-26|20:48:49.914] Successfully wrote genesis state         database=lightchaindata hash="d3d6bb…c5304a"
chengmingxi@chengmingxideMacBook-Pro privatechain %
```

图 3-11　创世区块成功运行界面

初始化成功后，会在数据目录 data0 中生成 geth 和 keystore 两个文件夹，此时目录结构如图 3-12 所示。

其中，geth/chaindata 中存放的是区块数据，keystore 中存放的是账户数据。

4. 启动私有链节点

初始化完成后，就有了一条自己的私有链，之后就可以启动自己的私有链节点并做一些操作，在终端中输入以下命令即可启动节点：geth --datadir data0 --networkid 1108 console。

上面命令的主体是 geth console，表示启动节点并进入交互式控制台，--datadir 选项指定使用 data0 作为数据目录，--networkid 选项后面跟一个数字，这里是 1108，表示指定这个私有链的网络 ID 为 1108。网络 ID 在连接到其他节点时会用到，以太坊公网的网络 ID 是 1，为了不与公有链网络冲突，运行私有链节点的时候要指定自己的网络 ID。

运行上面的命令后，就启动了区块链节点并进入了图 3-13 所示的 JavaScript Console 界面。

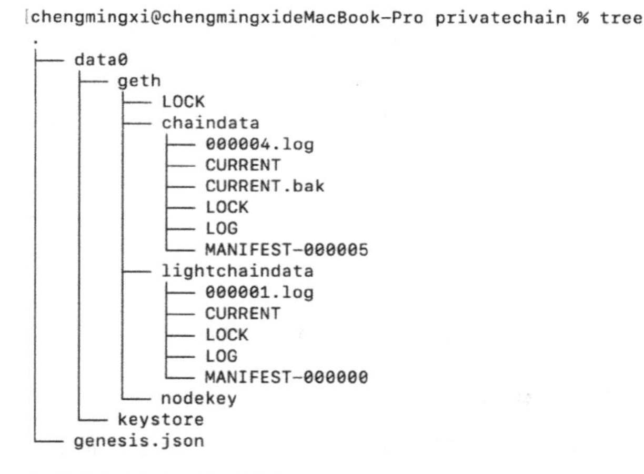

图 3-12　privatechain 文件夹目录结构

```
chengmingxi@chengmingxideMacBook-Pro privatechain % geth --datadir data0 -networkid 1108 console
INFO [03-26|21:09:29.742] Maximum peer count                       ETH=50 LES=0 total=50
INFO [03-26|21:09:29.764] Set global gas cap                       cap=25000000
INFO [03-26|21:09:29.764] Allocated trie memory caches             clean=256.00MiB dirty=256.00MiB
INFO [03-26|21:09:29.765] Allocated cache and file handles         database=/Users/chengmingxi/privatechain/data0/geth/chaindata cache=512.00MiB handles=5120
INFO [03-26|21:09:30.056] Opened ancient database                  database=/Users/chengmingxi/privatechain/data0/geth/chaindata/ancient
INFO [03-26|21:09:30.057] Initialised chain configuration          config="{ChainID: 666 Homestead: 0 DAO: <nil> DAOSupport: false EIP150: 0 EIP155: 0 EIP158: 0 Byzantium: 0 Constantinople: 0 Petersburg
: 0 Istanbul: 0, Muir Glacier: <nil>, YOLO v2: <nil>, Engine: ethash}"
INFO [03-26|21:09:30.057] Disk storage enabled for ethash caches   dir=/Users/chengmingxi/privatechain/data0/geth/ethash count=3
INFO [03-26|21:09:30.057] Disk storage enabled for ethash DAGs     dir=/Users/chengmingxi/Library/Ethash count=2
INFO [03-26|21:09:30.057] Initialising Ethereum protocol           versions="[65 64 63]" network=1108 dbversion=<nil>
WARN [03-26|21:09:30.057] Upgrade blockchain database version      from=<nil> to=8
INFO [03-26|21:09:30.059] Loaded most recent local header          number=0 hash="d3d6bb…c5304a" td=2 age=1y4mo4d
INFO [03-26|21:09:30.059] Loaded most recent local full block      number=0 hash="d3d6bb…c5304a" td=2 age=1y4mo4d
INFO [03-26|21:09:30.059] Loaded most recent local fast block      number=0 hash="d3d6bb…c5304a" td=2 age=1y4mo4d
INFO [03-26|21:09:30.060] Regenerated local transaction journal    transactions=0 accounts=0
INFO [03-26|21:09:30.068] Allocated fast sync bloom                size=512.00MiB
INFO [03-26|21:09:30.068] Initialized fast sync bloom              items=0 errorrate=0.000 elapsed="36.004µs"
INFO [03-26|21:09:30.069] Starting peer-to-peer node               instance=Geth/v1.9.24-stable/darwin-amd64/go1.15.4
INFO [03-26|21:09:30.177] New local node record                    seq=1 id=0c26b4de33713125 ip=127.0.0.1 udp=30303 tcp=30303
INFO [03-26|21:09:30.178] Started P2P networking                   self=enode://094d5414153e737b89ab889dc338a1a086737c2c42524faf4b5f7b23251014fddda317b00825d5692e7e0626e544633e9ae1fe5cef338e6f4ef5407a78
07baa1@127.0.0.1:30303
INFO [03-26|21:09:30.180] IPC endpoint opened                      url=/Users/chengmingxi/privatechain/data0/geth.ipc
WARN [03-26|21:09:30.239] Served eth_coinbase                      reqid=3 t="79.172µs" err="etherbase must be explicitly specified"
Welcome to the Geth JavaScript console!

instance: Geth/v1.9.24-stable/darwin-amd64/go1.15.4
at block: 0 (Thu Nov 28 2019 17:11:26 GMT+0800 (CST))
 datadir: /Users/chengmingxi/privatechain/data0
 modules: admin:1.0 debug:1.0 eth:1.0 ethash:1.0 miner:1.0 net:1.0 personal:1.0 rpc:1.0 txpool:1.0 web3:1.0

To exit, press ctrl-d
>
```

图 3-13　启动私有链节点的 JavaScript Console 界面

这是一个交互式的 JavaScript 执行环境，可以执行 JavaScript 代码，其中“>”是命令提示符。在这个环境里也内置了一些用来操作以太坊的 JavaScript 对象，可以直接使用这些对象。这些对象主要包括：

eth：包含一些跟操作区块链相关的方法；

net：包含一些查看 P2P 网络状态的方法；

adimin：包含一些与管理节点相关的方法；

miner：包含启动与停止挖矿的一些方法；

personal：主要包含一些管理账户的方法；

txpool：包含一些查看交易内存池的方法；

web3：包含了以上对象，还包含一些单位换算的方法。

进入了以太坊 JavaScript Console 后，就可以使用里面的内置对象做一些操作，这些内置对象提供的功能很丰富，如查看区块和交易、创建账户、挖矿、发送交易、部署智能合约等。

5. 常用功能

下面介绍几个常用功能，命令行前面带“>”表示在 JavaScript Console 中执行的命令。

（1）创建账户

前面只是搭建了私有链，并没有自己的账户，可以在 JavaScript Console 中输入 eth. accounts 来验证，如图 3-14 所示。

```
> eth.accounts
[]
>
```

图 3-14　私有链账户情况

创建账户有两种方式，创建命令如下：

1）personal. newAccount（"123456"）：直接为新账户指定密码，然后返回值即为刚刚创建的账户，如图 3-15 所示。

```
> personal.newAccount("123456")
"0xac3dd189eec89c48957bccc5510edb8511479f18"
>
```

图 3-15　创建账户方式

2）personal. newAccount( )：不指定密码，但是接下来会要求你输入两次密码，之后返回给你的账户。

（2）挖矿操作

指令 miner. start( ) 开始挖矿，挖矿奖励的币会默认保存到第一个创建的账户中。输入以下指令即可查看挖矿过程：tail -f eth_output. log。

指令 miner. stop( ) 停止挖矿。

（3）查询余额和交易

获取指定账户的余额，操作如图 3-16 所示。

```
> eth.getBalance(eth.accounts[0])
32000000000000000000
> eth.getBalance("0x99e4f4e83449a3c9b449c2c863f8d6171ec24ec4")
32000000000000000000
```

图 3-16　查询账户余额

值得注意的是，这里余额默认以最小单位 Wei 来显示。

如果是首次交易，需要在发送转账交易之前解锁账户，否则会报错。向某个账户获取交易，如从账户 1 给账户 2 发送 10 个币，操作如图 3-17 所示。

```
>  personal.unlockAccount(eth.accounts[1],"123456")
true
>  eth.sendTransaction({from:eth.accounts[1],to:eth.accounts[2],value:web3.toWei(10,"ether")})
"0x5a5475b8dd83129b446ed170911e9e5283b4ac3a4da9a68ec29c89161d1ad490"
>
```

图 3-17　转账操作

（4）查询区块

查询区块发出转账交易时的详情如图 3-18 所示。

```
[> eth.sendTransaction({from:eth.accounts[1],to:eth.accounts[2],value:web3.toWei(10,"ether")})
"0x5a5475b8dd83129b446ed170911e9e5283b4ac3a4da9a68ec29c89161d1ad490"
[> eth.getTransaction("0x5a5475b8dd83129b446ed170911e9e5283b4ac3a4da9a68ec29c89161d1ad490")
{
  blockHash: null,
  blockNumber: null,
  from: "0xac3dd189eec89c48957bccc5510edb8511479f18",
  gas: 21000,
  gasPrice: 1000000000,
  hash: "0x5a5475b8dd83129b446ed170911e9e5283b4ac3a4da9a68ec29c89161d1ad490",
  input: "0x",
  nonce: 0,
  r: "0x711385ad60e800047bcc1d340022a097c4dd4e5551650c18be508e5d6055ed36",
  s: "0x7c2a5a2845e314b82e0ea3f1e9849a8ff6a8b58597302f7bfb7e92286bd7d99",
  to: "0x9a95457ff29ba77999cc42799488d13c71c0e621",
  transactionIndex: null,
  v: "0x557",
  value: 10000000000000000000
} _
```

图 3-18　转账交易区块详情

更多关于 JavaScript VM 的操作函数，可以通过控制台输入 web3 来查看，也可以查看各个子模块的函数。

3.2.3　以太坊核心原理

本质上以太坊就是一个保存数字交易永久记录的公共数据库，它不需要任何中央权威机构来维持和保护它。相反，以太坊以一个“无信任”的交易系统来运行一个个体在不需要信任任何第三方或对方的情况下进行 P2P 交易的架构。本书依据以太坊黄皮书所提出的核心概念展开叙述，详细介绍以太坊的核心原理。

以太坊的本质就是一个基于交易的状态机（Transaction-based State Machine）。在计算机科学中，一个状态机可以读取一系列的输入，然后根据这些输入会转换成一个新的状态输出，以太坊原理如图 3-19 所示。

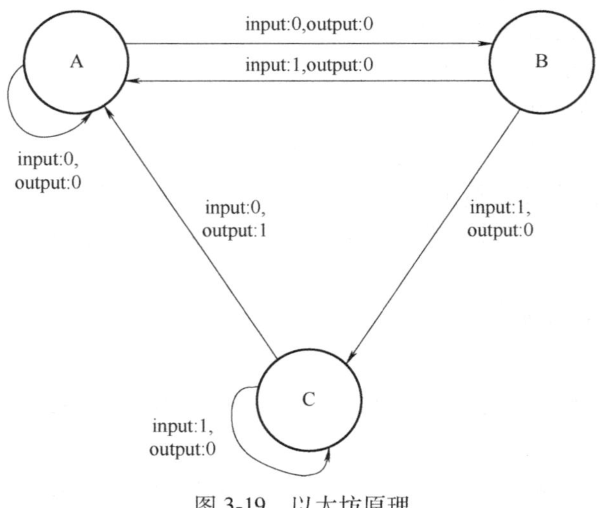

图 3-19　以太坊原理

根据以太坊的状态机，从创世纪状态（Genesis State）开始，该状态网络中还没有任何交易的产生状态。该交易被执行后，这个创世纪状态就会转变成最终状态，如图 3-20 所示。

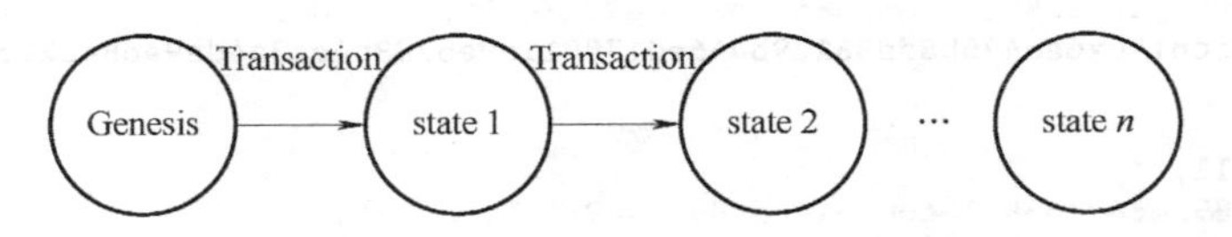

图 3-20　以太坊创世区块状态

以太坊的状态有百万个交易，这些交易被打包到各个区块中，一个区块包含了一系列的交易，每个区块都与它的前一个区块链接起来，如图 3-21 所示。

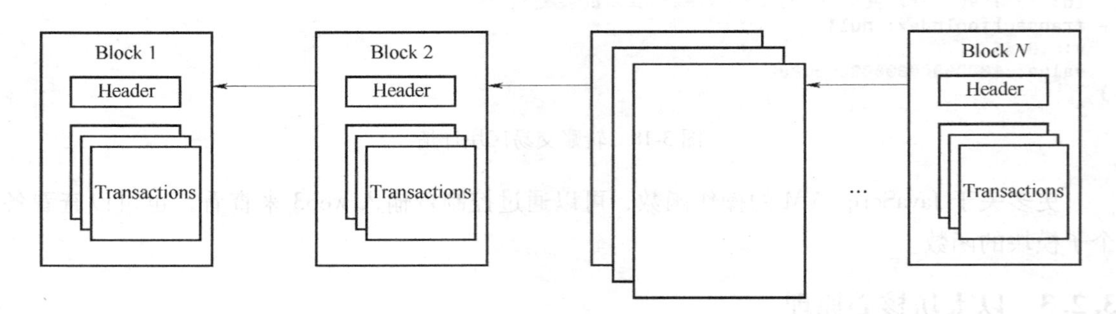

图 3-21　区块链链式结构

区块链设计了挖矿过程验证区块链交易的有效性，所谓挖矿就是一组节点（即计算机）用它们的计算资源来创建一个包含有效交易数据的区块出来。任何在网络上宣称自己是矿工的节点都可以尝试创建和验证区块。同一时间会有很多矿工都在创建和验证区块，每个矿工在提交一个区块到区块链上的时候都会提供一个数学机制的“证明”，这个证明就像一个保证：如果这个证明存在，那么这个区块一定是有效的。为了让一个区块添加到主链上，一个矿工必须要比其他矿工更快地提供出这个“证明”。通过矿工提供的一个数学机制的“证明”来证明每个区块的过程称为 PoW。

证明了一个新区块的矿工会获得以太币的奖励，每个矿工证明了一个新区块，就会产生一个新的以太币并奖励给矿工。正如区块链的定义，区块链是一个具有共享状态的交易单机，这个定义决定了区块链的当前状态是一个单一的全局状态，每个用户必须接受。如果拥有多个状态（或链条）会破坏整个系统，因为人们不可能就哪个状态是正确的状态达成一致意见。多条链的产生称为“分叉”，区块链分叉情况如图 3-22 所示。

为了确定哪个路径是最有效的，并防止分叉的发生，以太坊使用了一个叫作“GHOST 协议”的机制，如图 3-23 所示。简单地说，GHOST 协议就是选择链上做最多计算的路径。确定该路径的一种方法是使用最新区块的数量来表示当前路径中的区块总数（不计算起源块）。块数越多，路径越长，挖矿的难度越大，最终就一定会到达最新区块，使用这个方式让人们对当前区块链状态的唯一版本达成一致。

在得到了对以太坊的宏观认识后，就可更深入地理解以太坊系统的主要组成部分。

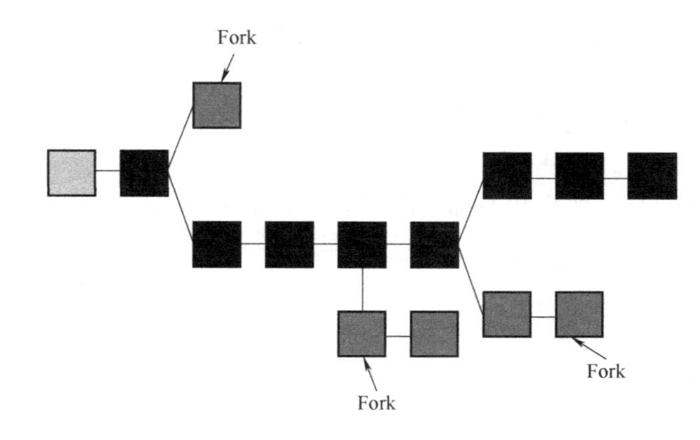

图 3-22　区块链分叉情况

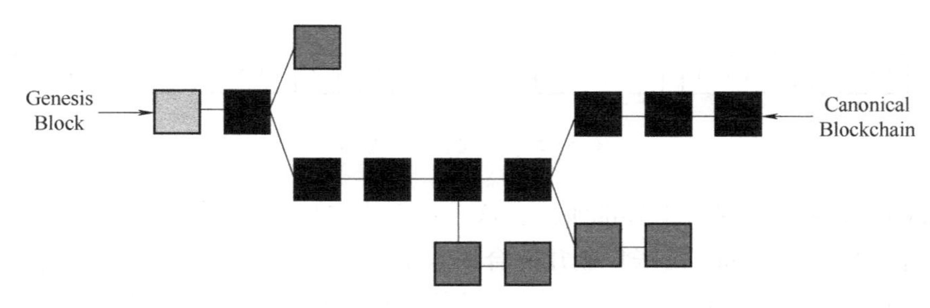

图 3-23　区块链达成一致性原理

1. 以太坊账户

以太坊的全球“共享状态”是由许多账户组成的，它们能够通过一个消息传递框架相互通信。以太坊有两种账户类型：外部账户和合约账户，如图 3-24 所示。每个账户都有一个与它关联的状态和一个 20B 的地址。

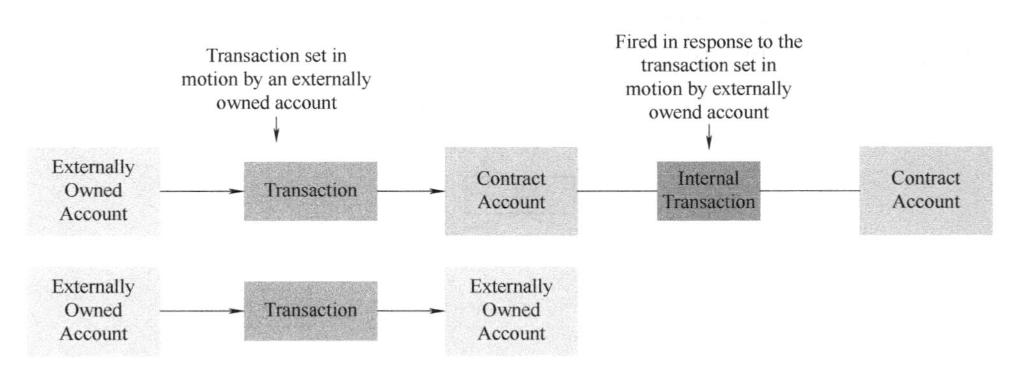

图 3-24　以太坊外部账户和合约账户

外部账户由私人密钥控制，没有与之相关的代码，可以通过创建和使用其私人密钥签署一项交易，向其他外部账户或其他合约账户发送消息。两个外部账户之间的消息只是一种价值转移，但从一个外部账户到一个合约账户的消息会激活合约账户的代码，使它能够执行各种操作（如转移代币、写入内存、生成新的代币、执行一些计算、创建新合约）。与外部账户不同，合约账户不能启动新的交易。相反，合约账户只能根据他们收到的其他交易（从外部账户或从另一个合约账户）进行交易。因此可得结论：在以太坊区块链上发生的任何操作都是由外部账户控制的交易引起的。

2. 账户状态

无论账户是哪种类型，账户状态都是由以下四个部分组成的，如图 3-25 所示。

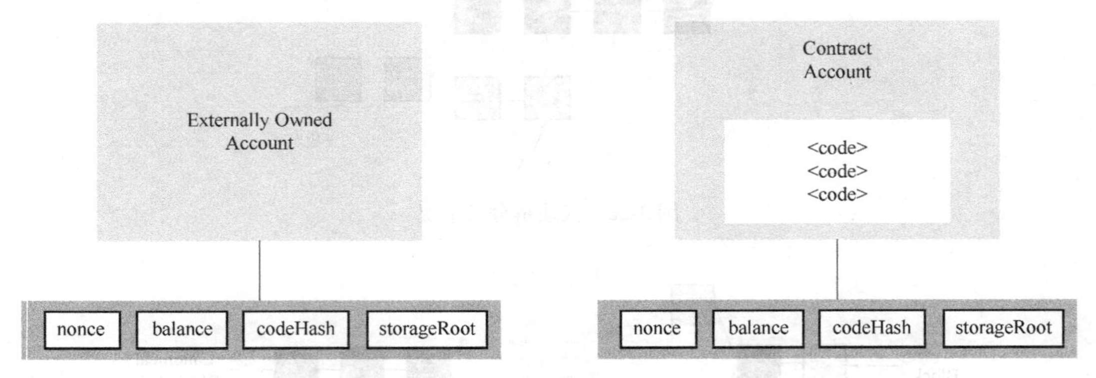

图 3-25 以太坊账户状态

1）nonce：如果账户是一个外部账户，这个数字代表从账户地址发送的交易数量；如果账户是一个合约账户，nonce 是账户创建的合约数量。

2）balance：这个地址拥有的 Wei（以太坊货币单位）数量，每个以太币有 10^{18}Wei。

3）codeHash：EVM 的 Hash 值代码。对于合约账户，这是一个被加密后并存储为 codeHash 形式的代码；对于外部账户，codeHash 字段是空字符串的 Hash。

4）storageRoot：一个 Merkle 树根节点的 Hash，它对账户存储内容的 Hash 值进行编码，并默认为空。

3. 全局状态

以太坊的全局状态包括账户地址和账户状态之间的映射，这个映射存储在一个数据结构中，称为 Merkle Patricia 树，如图 3-26 所示。

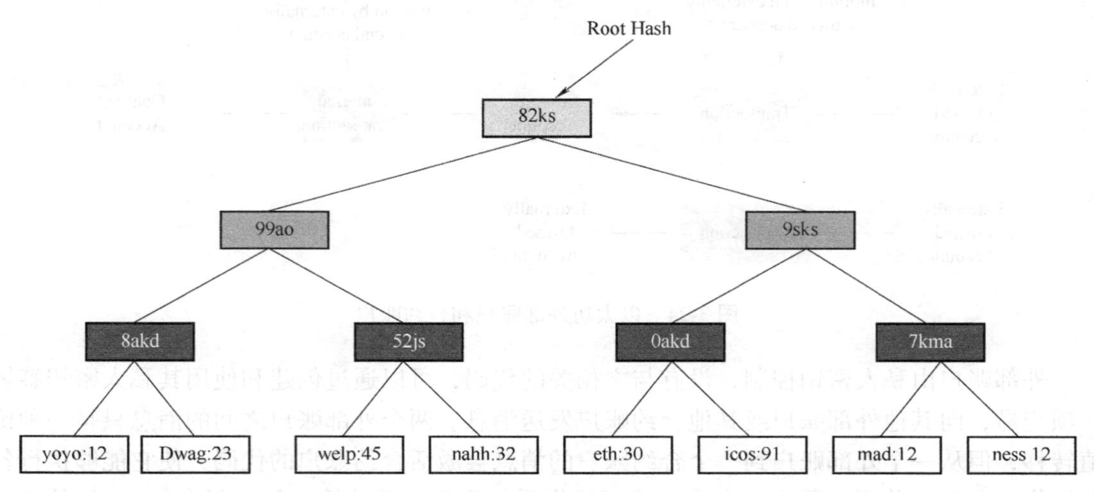

图 3-26 以太坊 Merkle Patricia 树状结构

Merkle Patricia 树是一种由一组树状节点构成的二进制结构，它包括：

1）底层有大量的叶子节点，其中包含了潜在的数据；

2）一组中间节点，其中每个节点是其他两个子节点的 Hash；

3）一个单个的根节点，也是由它的两个子节点的 Hash 形成的，代表树的顶部。

树的底部数据是通过把想要存储的数据分割成块后而生成的，然后将这些数据块分成几个桶，然后对每个桶的数据进行 Hash 迭代，直到剩下的 Hash 总数变为一个根 Hash。

同样的树状结构也用于存储交易和收据。更具体地，每个块都有一个 header，它存储三个不同 Merkle 树状结构根节点的 Hash，包括状态树、交易树和收据树，如图 3-27 所示。

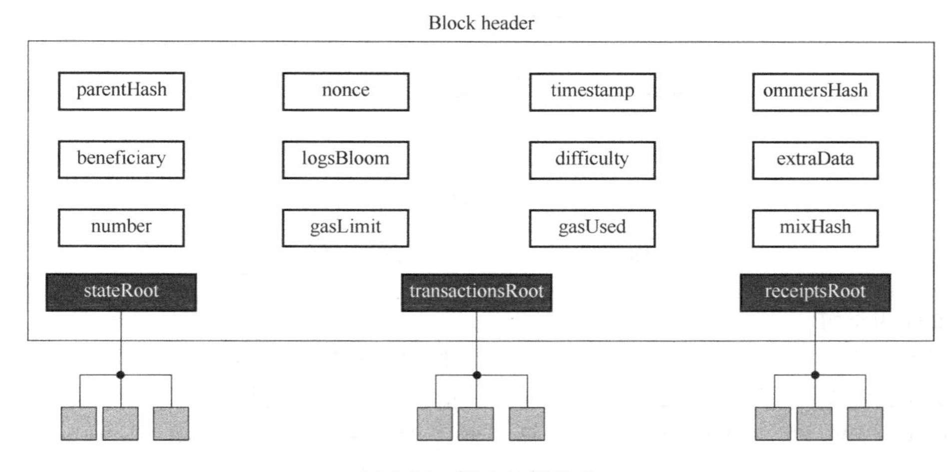

图 3-27　以太坊区块头

区块链的节点有两种：全节点和轻节点。一个完整的节点需要下载完整的链，从创世区块到当前区块，执行所有的交易都包含其中。通常情况下，矿工存储完整的区块链信息，因为它们必须这样做才能完成挖矿的过程。当然，任何全节点用户均可以在不执行交易的情况下下载完整的节点。任何全节点必须包含整条链。

轻节点的概念与全节点相对，除非一个节点需要执行每个交易或查询历史数据，否则就没有必要存储整条链，这就是轻节点的意义所在。轻节点并不下载和存储完整链并执行所有的交易，而是只下载从创世区块到当前区块头的信息，而不执行任何交易或检索任何关联状态。因为轻节点可以访问包含三个树的区块头部 Hash，所以仍然可以很容易地生成和接收关于交易、时间、余额等可验证的结果。

任何想要验证一段数据的节点都可以使用“Merkle 证明”来证明，如图 3-28 所示。一个 Merkle 证明包括：①需要验证的大量数据及其 Hash 值；②树的根 Hash；③所有的参与者 Hash 沿着路径上升，一直到“树根”。

所有读取该证明的用户都可以验证所有的分支是否一致。总之，使用 Merkle 树的好处是该节点的根节点依据树中存储的数据进行加密，因此根节点的 Hash 可以作为该数据的安全证明。由于区块头包括状态、交易和收据树的根 Hash，因此任何节点都可以在不需要存储整个状态的情况下，验证以太坊的一部分状态。

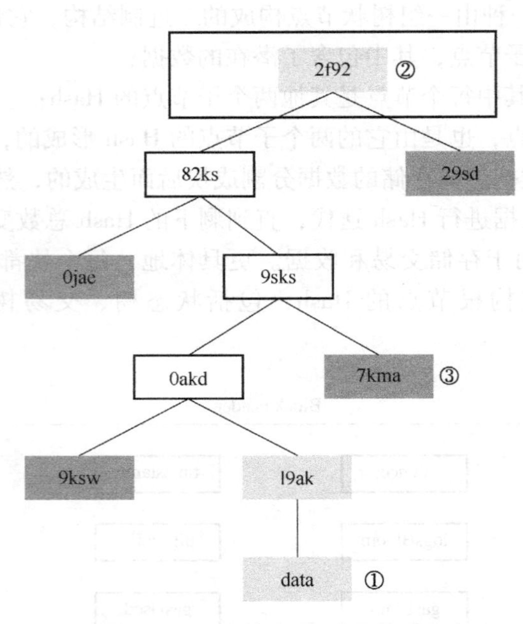

图 3-28　以太坊 Merkle 证明过程

4. gas 和支付

在以太坊中，费用的计算是一个非常重要的概念。在以太坊网络上进行的每一笔交易都会产生费用，这笔费用称为“gas”。gasPrice 是指：你愿意花在每一个单位 gas 上的以太币数量，是用“GWei”来计算的。每次交易，发送方都要设置一个 gasLimit 和 gasPrice，如图 3-29 所示。gasLimit 代表发送方愿意为执行交易支付的最大金额。如果发送方没有提供执行交易所必须的 gas，则该交易运行的结果会是“余额不足”，并被认为无效。在这种情况下，交易处理中止，期间产生的任何状态都会发生逆转，这样就可以在交易发生之前返回到以太坊区块链。此外，交易失败的记录会被记录下来，显示尝试过哪些交易，失败了哪些交易。由于系统已经在 gas 用光之前做完了运算工作，所以逻辑上看，gas 不会被退还给发送方，而是发送到了矿工地址以作为它们努力运行计算和验证交易的奖励。

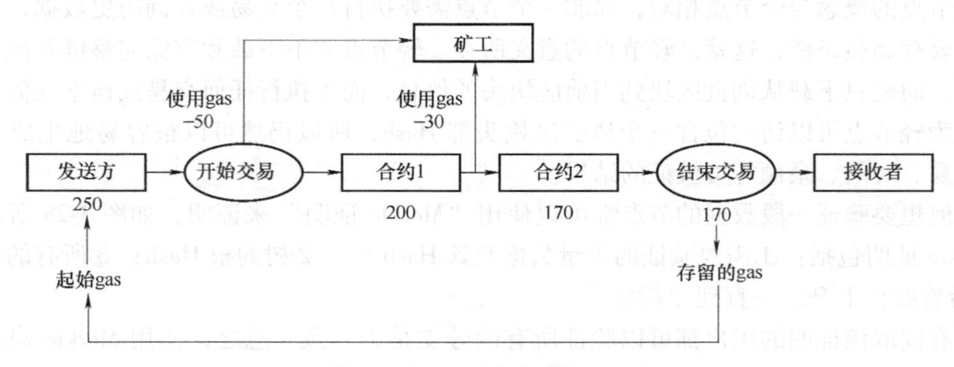

图 3-29　gasLimit 和 gasPrice

通常情况下，发送方愿意支付的 gas 价格越高，矿工从交易中获得的价值就越大，矿工也就越有可能选择这个交易。通过这种方式，矿工可以自由地选择交易。为了给发送者设置gasPrice做参考，矿工可以直接提出它们执行交易所需的最低gasPrice。

5. 存储费用

gas不仅用于支付计算的费用，还用于支付存储的使用费用。存储的总费用与使用的32B的最小倍数成正比。

存储费用与交易费用有一些不同。由于增加的存储量增加了所有节点上以太坊状态数据库的大小，所以存储数据的数量会变小。因此，如果一个交易有一个步骤可以清除存储中的条目，则可以免除执行该操作的存储费用，并且还能因此得到退款。

以太坊工作方式的一个重要方面是，网络执行的每一个操作都同时受到每个完整节点的影响。然而，在以太坊虚拟机上的计算步骤非常昂贵。因此，以太坊智能合约更适合简单的任务，比如运行简单的业务逻辑或验证签名和加密其他对象，而不适合更复杂的用途，比如文件存储、电子邮件或机器学习，这些都会给网络带来压力。收费的目的就是使整个网络不会因用户的不当使用而变得负担过重。

除此之外，以太坊是一种图灵完备语言（图灵机是一种能够模拟任何计算机算法的机器）。这就允许了循环，使得以太坊区块链容易受到暂停问题的影响，因为在这个问题中无法确定一个程序是否会无限运行。如果没有费用，意图不良的人可以通过在交易中执行一个无限循环来扰乱网络，从而产生不良的影响。因此，费用保护了网络免受蓄意攻击。

那么，为什么用户还要支付存储费用呢？就像计算一样，在以太坊网络上的存储也是整个网络必须承担的一个成本。

6. 交易与消息

上面提到，以太坊是一个基于交易的状态机。也就是说，不同的账户之间发生的交易正是以太坊从一个状态转移到另一个状态的原因。因此，交易可以看作是一个由外部拥有的账户生成的序列化加密签名指令，然后提交给区块链。交易可以分为两类：消息调用和合约创建。不管哪一类，所有交易都包含以下组件：

1）nonce：发送方发送的交易数量的计数。

2）gasPrice：发送方愿意支付每单位gas所需执行交易的Wei数量。

3）gasLimit：发送方愿意支付的执行这一交易的gas最大数量，这个数额是预先设定和支付的。

4）to：接收方的地址，在创建合约的交易中，合约账户地址还不存在，因此使用了空值。

5）value：从发送方转移到接收方的金额，在创建合约的交易中，这个value作为新创建合约账户内的起始余额。

6）v、t、s：用于生成识别交易发送方的签名。

7）init（只存在于创建合约的交易中）：用于初始化新合约账户的EVM代码片段，它只运行一次，然后被丢弃。当init第一次运行时，它会返回账户代码的主体，这个代码是与合约账户永久关联的一段代码。

8）data（只存在于消息调用中的可选字段）：消息调用的输入数据（即参数）。例如，如果一个智能合约充当域名注册服务，那么对该合约的调用可能会有诸如域名以及IP地址等输入字段。

交易数据结构如图 3-30 所示。

需要注意的一点是，内部交易或消息不包含 gasLimit。这是因为 gasLimit 是由原始交易的外部创建者（即部分外部账户）来决定的。

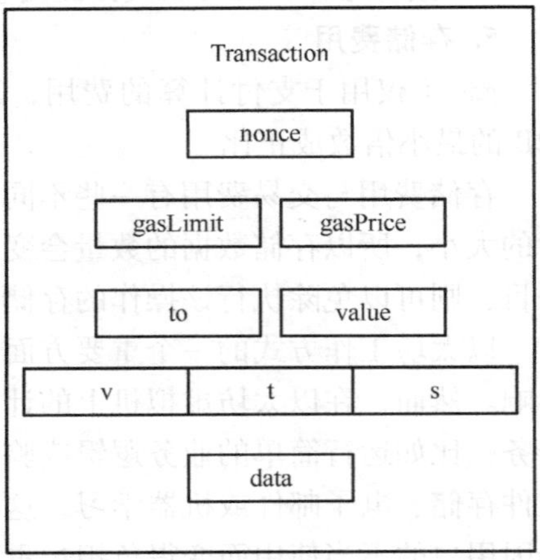

图 3-30 交易数据结构

Transaction
nonce
gasLimit
gasPrice
to
value
v
t
s
data

7. 区块头

区块头是区块的一部分，包括：

1）parentHash：一个父区块头的 Hash（每个区块头包含上一个区块的 Hash 数，这样实现区块数据的链式存储，这也是为什么区块链被称为区块链的原因）；

2）ommersHash：当前区块 ommer 列表的 Hash；

3）beneficiary：收取采矿费用的账户地址；

4）stateRoot：状态树根节点的 Hash；

5）transactionsRoot：包含在当前区块中列出的所有交易树根节点的 Hash；

6）receiptsRoot：包含当前区块中列出的所有交易树根节点的 Hash 的收据；

7）logsBloom：一个由 log 组成的 Bloom 过滤器（数据结构）；

8）difficulty：当前区块的难度水平；

9）number：当前区块的计数（元区块的编号为 0，每个后续区块的编号增加 1）；

10）gasLimit：当前区块的 gas 限制；

11）gasUsed：当前区块交易所使用的总 gas 之和；

12）timestamp：当前区块注入的 UNIX 时间戳；

13）extraData：与当前区块相关的其他数据；

14）mixHash：当与 nonce 结合时，证明当前区块执行了足够计算的 Hash 值；

15）nonce：当与 mixHash 结合时，证明当前区块执行了足够计算的 Hash 值。

8. 日志

以太坊允许日志跟踪各种交易和消息。合约也可以通过定义需要记录的事件来显式生成日志。

一条日志包含：记录器的账户地址；一系列主题，它们表示此交易所进行的各种事件，以及任何与这些事件有关的数据。日志存储在一个布隆过滤器（Bloom Filter）中，它以有效的方式存储海量的日志数据。

9. 交易收据

区块头中存储的日志来自于交易收据中包含的日志信息。就像在商店买东西时收到收据一样，以太坊会为每笔交易生成一张收据。不出所料，每张收据都包含有关交易的某些信息。这样的收据包括以下内容：区块编号、区块 Hash、交易 Hash、当前交易所使用的 gas；在当前交易执行后，当前区块中使用的 gas；执行当前交易时创建的日志。

10. 区块的难度

区块的难度用于在验证区块的时间内来加强一致性。元区块的难度为 131072，并用一个特殊的公式来计算后面每个区块的难度。如果某个区块比前一个区块更快地被验证，那么以太坊协议会增加该区块的难度。

该区块的难度会影响 nonce，这是一个 Hash，必须在挖矿时使用工作量证明算法来计算。找到满足难度阈值的 nonce 的唯一方法是使用工作量证明算法来枚举所有的可能性。寻找解决方案的预期时间与难度成正比，难度越大，找到 nonce 就越困难，因此验证区块的难度就越大，这反过来增加了验证新区块的时间。通过调整区块的难度，协议可以调整验证区块的时长。另一方面，如果验证时间变慢，那么协议就会减小难度。通过这种方式，验证时间可以自我调整，从而保持一个常量——平均每 15s 一个区块。

11. 交易的执行

区块链交易的执行如图 3-31 所示。

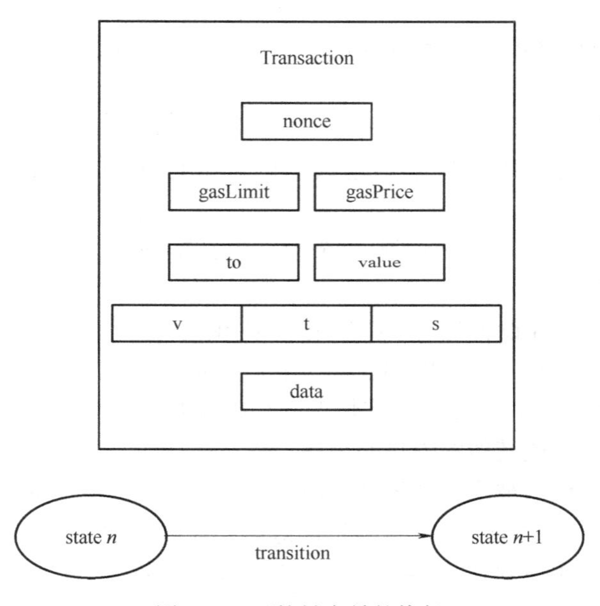

图 3-31　区块链交易的执行

所有交易都必须满足初始的一组需求才能执行。其中包括以下几个部分：

1）交易必须是正确的递归长度前缀（Recursive Length Prefix，RLP）格式，是用于二进制数据编码嵌套数组的数据格式。RLP 是以太坊使用的序列化对象的格式。

2）有效的交易签名。

3）有效的交易 nonce。一个账户的 nonce 是从该账户发送的交易统计，为了有效，交易 nonce 必须与发送方账户的 nonce 相等。

4）交易的 gas 限额必须等于或大于交易所使用的内部 gas。内部 gas 包括：①为执行交易预先确定的费用为 21000gas；②与该交易一起发送的数据 gas 费用（对于每一个等于零的数据或代码的每个字节收取 4gas，每个非零字节的数据或代码为 68gas）；③如果这笔交易是一笔合约创建交易，则额外收取 32000gas。

5）发送方的账户余额必须有足够的以太币来支付前期的 gas 费用。前期 gas 成本的计算很简单：首先，交易的 gasLimit 乘以交易的 gasPrice，以确定最大的 gas 成本；然后，这个最大的成本被算在从发送方转移到接收方的总额中。

如果交易符合上述有效性的所有要求，那么就可以进入下一个步骤。首先，从发送方的余额中扣除执行的前期成本，并将发送方账户的 nonce 加 1，同时计算减去 gasLimit 后剩余的 gas；然后，交易开始执行，在交易的整个执行过程中，以太坊都跟踪“子状态”。子状态记录交易中产生的信息，包含：

1）自毁集合：交易完成后将丢弃的一组账户；

2）日志序列：虚拟机代码执行的存档和可索引的检查点；

3）退款余额：交易完成后退还给发送者账户的余额。

一旦处理完交易中的所有步骤，并假定没有无效状态，则通过确定向发送方退还未使用的 gas 数量来判定最终状态。

12. 合约创建

为了创建一个新的合约账户，首先使用一个特殊的公式来声明新账户的地址，通过以下方式初始化新账户：

1）将 nonce 设置为 0；

2）如果发送方在交易中发送了一定数量的以太币作为价值，则将账户余额设置为该值；

3）从发送方的余额中扣除这个新账户余额的增加部分；

4）将存储设置为空；

5）将合约的 codeHash 设置为空字符串的 Hash 值。

一旦账户完成了初始化，就可以创建账户了，其使用与交易一起发送的 init 代码。在执行这个 init 代码的过程中，可能发生很多情况。根据合约的构造函数，它可能更新账户的存储、创建其他的合约账户或其他的消息调用等。

一旦初始化合约的代码被执行就将开始消耗 gas，交易使用的 gas 不能超出账户的余额，一旦超出，将会出现“gas 耗光”的异常并且退出。如果交易由于 gas 耗光的异常而退出，但是如果发送方在交易中发送了一些以太币，这时合约创建失败也会退还以太币吗？答案是，不会。

如果初始化代码执行成功，则支付最终的合约创建成本。这是一个存储成本，并且与创建合约代码的大小成正比。如果剩余的 gas 不足以支付这笔最终成本，那么这笔交易将再次声明为一个“gas 耗光”异常。如果一切顺利，而且没有遇到任何异常，那么剩余的 gas 都会退还给交易的原始发送方，并允许改变状态继续存在。

13. 消息调用

消息调用的执行类似于合约创建，但有一些不同之处。消息调用的执行不包含任何 init 代码，因为没有创建新的账户。但是，如果这些数据是由交易发送方提供的，它可以包含输入数据。一旦执行，消息调用也有一个额外的组件，其中包含输出数据，如果后续执行需要此数据，则使用这些数据。

如同合约创建一样，如果由于 gas 耗尽或交易无效（如堆栈溢出、无效的跳转目的地或无效指令），则所使用的任何 gas 都不会退还给原来的调用者，取而代之的是，所有剩余的 gas 都会被消耗掉，并且状态被重置到余额转移之前的情况。

14. 区块的完成

最后，来看看多个交易块是如何最终完成的。这里所说的“最终”是指两种不同的情况，这取决于区块是新的还是已经存在的。如果是一个新区块，“最终”指的是挖掘这个区块所需要的过程。如果是一个现有的区块，那么“最终”指的是验证块的过程。在这两种情况下，对于要到“最终”状态的区块有以下四个要求：

1）验证（如果是挖矿，就是判定）ommer：每个区块头中的每个 ommer 区块都必须是一个有效的区块头，并且在当前区块的六代以内。

2）验证（如果是挖矿，就是判定）交易：区块上的 gasUsed 数字必须等于该区块中所列交易所使用 gas 的累积。

3）申请奖励（只限于挖矿的情况）：受益人地址被授予 5 个以太币，用于开采该区块（根据以太坊 EIP-649，这 5 个以太币的报酬将很快减少到 3 个）。此外，对于每一个 ommer，当前区块的受益者将额外获得当前区块奖励的 1/32。最后，ommer 区块的受益人也可以得到一定数额的赔偿。

4）验证（如果是挖矿，计算一个有效的）状态和 nonce：确保应用所有交易和由此产生的状态更改，在区块奖励应用于最终交易的结果状态之后，定义新区块的状态。通过检查这个最终状态来验证存储在区块头中的状态。

15. 以太坊的发展阶段

以太坊的发展可分为四个阶段：

1）前沿（Frontier）：第一阶段，在 2015 年 7 月 30 日发布。

2）家园（Homestead）：第二阶段，这是以太坊发布的第一个正式版本，在 2016 年 3 月 14 日发布。

3）大都会（Metropolis）：第三阶段，引入四大特性，即 zk-Snarks（基于“零知识证明”）、PoS 早起实施、智能合约更灵活和稳定、使用抽象账户。大都会拆分为两个阶段实施（两个硬分叉）：拜占庭（Byzantium）和君士坦丁堡（Constantinople）。

① 拜占庭：拜占庭硬分叉在第 437 万个区块高度发生，时间是 2017 年 10 月 16 日，引入了 zk-Snarks 及抽象账户等。

② 君士坦丁堡：在 2018 年实施，主要特性是平滑处理掉所有由于“拜占庭”所引发的问题，并引入了 PoW 和 PoS 的混合链模式。

4）宁静（Serenity）：第四阶段，有两大主要特性，即深度抽象和 Casper（基于保证金的权益证明算法）。

3.3 以太坊智能合约

智能合约（Smart Contract）是由 Nick Saab 于 1995 年提出的概念——将法律条文写成可执行代码。以太坊创始人 Vitalik Buterin 把它引入到以太坊中，表示以太坊程序能自动执行及无法被干预的特点。现在智能合约已经扩展到所有区块链平台，人们把超级账本、EOS 等区块链平台的程序也称为“智能合约”。

3.3.1 智能合约编译环境

以太坊官方推荐的智能合约开发语言 Solidity，是一种静态的，支持继承、类库和复杂的用户自定义类型等特性的高级语言。Solidity 在设计上借鉴了 Python、JavaScript 等语言，其语法也和 JavaScript 相似。图 3-32 就是一个简单的计数器智能合约。

```
1  pragma solidity >=0.4.22 <0.6.0;
2  contract Counter {
3      uint counter;
4
5      function count() public {
6          count = count + 1;
7      }
8  }
```

图 3-32　计数器智能合约

如果把上述合约中的 contract 改成 class，就和其他语言里定义一个类一样了。Solidity 是一种编译型语言，代码被编译为以太坊虚拟机字节码之后，再部署以太坊网络。以太坊为人们提供了很好的工具来完成这项工作，比如 Remix 就是用来开发、编译、部署智能合约的集成开发环境（Integrated Development Environment，IDE），图 3-33 是 Remix IDE 基于 Web 开发的一个截图。

browser/ballot_test.sol　browser/ballot.sol　browser/Untitled.sol

▾ browser
Untitled.sol
ballot_test.sol
ballot.sol
▸ config

```
1  pragma solidity >=0.4.22 <0.6.0;
2  contract Counter {
3      uint counter;
4
5      function count() public {
6          count = count + 1;
7      }
8  }
```

图 3-33　Remix 开发界面

要想了解更多关于 Solidity 的知识，可以参考以太坊社区翻译的 Solidity 中文文档。

3.3.2　智能合约测试与执行

目前常用的 Solidity 编译器有三个：Remix、Solcjs、Solc。

1. Remix

Remix 是智能合约编程语言 Solidity 的集成开发环境，它集成了调试器和测试环境，是大家最常使用的编译器。Remix 主要提供的功能：开发智能合约（集成了 Solidity 编辑器），静态分析 Solidity 合约代码，部署合约、调试合约。

Remix 是一个基于浏览器的在线 Solidity 集成开发环境，当需要编写比较大的合约或是需要更多的编译选项时，建议使用命令行编译器 Solcjs 或 Solc。

2. Solcjs

Solcjs 是一个简化版的 Solc，它可以使用 npm 来安装：npm install -g Solc。

安装完成后，用以下命令验证安装是否成功：Solcjs -help。Solc 命令行界面如图 3-34 所示。

```
chengmingxi@chengmingxideMacBook-Pro ~ % solc --help
solc, the Solidity commandline compiler.

This program comes with ABSOLUTELY NO WARRANTY. This is free software, and you
are welcome to redistribute it under certain conditions. See 'solc --license'
for details.

Usage: solc [options] [input_file...]
Compiles the given Solidity input files (or the standard input if none given or
"-" is used as a file name) and outputs the components specified in the options
at standard output or in files in the output directory, if specified.
Imports are automatically read from the filesystem, but it is also possible to
remap paths using the context:prefix=path syntax.
Example:
solc --bin -o /tmp/solcoutput dapp-bin=/usr/local/lib/dapp-bin contract.sol

General Information:
  --help                Show help message and exit.
  --version             Show version and exit.
  --license             Show licensing information and exit.

Input Options:
  --base-path path      Use the given path as the root of the source tree
                        instead of the root of the filesystem.
  --allow-paths path(s)
                        Allow a given path for imports. A list of paths can be
                        supplied by separating them with a comma.
  --ignore-missing      Ignore missing files.
  --error-recovery      Enables additional parser error recovery.

Output Options:
  -o [ --output-dir ] path
                        If given, creates one file per component and
                        contract/file at the specified directory.
  --overwrite           Overwrite existing files (used together with -o).
  --evm-version version
                        Select desired EVM version. Either homestead,
                        tangerineWhistle, spuriousDragon, byzantium,
                        constantinople, petersburg, istanbul (default) or
                        berlin.
  --revert-strings debug,default,strip,verboseDebug
                        Strip revert (and require) reason strings or add
                        additional debugging information.
  --stop-after stage    Stop execution after the given compiler stage. Valid
                        options: "parsing".

Alternative Input Modes:
  --standard-json       Switch to Standard JSON input / output mode, ignoring
                        all options. It reads from standard input, if no input
                        file was given, otherwise it reads from the provided
                        input file. The result will be written to standard
                        output.
  --link                Switch to linker mode, ignoring all options apart from
                        --libraries and modify binaries in place.
  --assemble            Switch to assembly mode, ignoring all options except
```

图 3-34　Solc 命令行界面

Solcjs 允许在 Node. js 中以编程的方式来编译 Solidity。

3. Solc

Solc 是一个功能强大的 Solidity 命令行编译器，它提供了很多编译选项。

Mac 平台的安装方式为 brew install Solidity。

Ubuntu 平台的安装方式如下：

sudo add-apt-repository ppa:ethereum/ethereum

sudo add-apt-repository ppa:ethereum/ethereum-dev

sudo apt-get update

sudo apt-get install Solc

合约的源代码被编译为 EVM 字节码和 API 接口说明后，才能够使用 Web3 部署。部署合约其实是一个交易，这个交易没有目标地址，交易的附加数据是编译出来的 EVM 字节码。当处理该交易时，EVM 会将输入的数据作为代码执行，这时一个合约就被创建了。

本章小结

本章首先介绍了以太坊的背景及其主要技术特征，然后介绍了如何搭建以太坊的开发环境，包括 Go 语言环境、Node. js 和 npm 的配置、Solc 编译器安装，以及如何使用以太坊 geth 客户端搭建私有链。本章主要演示了新建账户、查询账户余额、转账、查询交易状态、查询区块等基本功能。此外，本章还讲解了以太坊智能合约的集成开发环境，包括 Remix 在线实时编辑器、Solc 和 Solc. js，根据以上描述，可以方便地创建并测试智能合约。

第 4 章 去中心化的区块链分层可扩展开发及应用

4.1 区块链的可扩展性

从比特币问世以来，区块链行业的发展已超过十年时间，当前处于区块链发展的一个迷茫期，这与区块链技术的突破与落地应用紧密相关。在技术上，区块链的三元悖论是最基本的法则，即区块链系统最多能在去中心化、安全性、可扩展性三属性中取其二，如图 4-1 所示。换句话说，区块链系统在去中心化、安全性、可扩展性三属性中必须有所取舍，划分出优先级，或者达到动态最优。

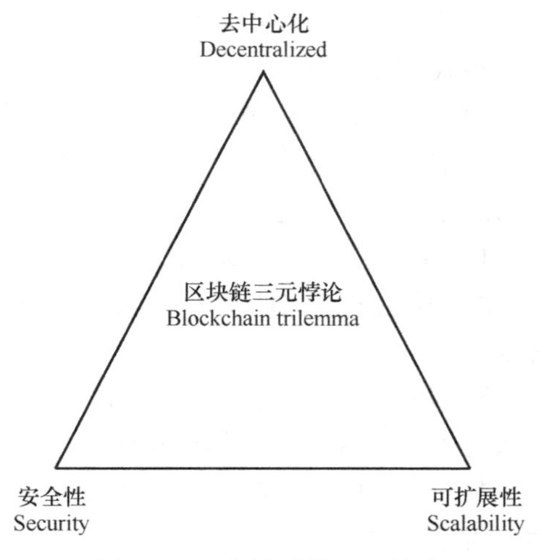

图 4-1 区块链系统三元悖论

正因为区块链的三元悖论，当前区块链技术主要瓶颈就在于公有链项目的可扩展性有限，故区块链公有链项目一般不能满足商业需求。可扩展性直接表征一般采用每秒处理的消息数（Transaction Per Second，TPS）来间接描述。TPS 代表系统每秒能够处理的业务数量，是衡量一个系统吞吐量的核心指标。简单来说，TPS 越高，这个系统的事务处理能力越强，越不容易造成网络拥堵，在高并发的业务领域和商业级应用场景中有很大的优势；TPS 越低，意味着系统每秒能够处理的事务数量越少，如果是在一个支付系统中，交易速度会越慢，对应的交易成本也会越高。TPS 计算公式如下：

$$\text{TPS}=\text{系统并发数}/\text{平均响应时间} \tag{4-1}$$

其中，系统并发数指系统同时处理事务的最大数量，平均响应时间为系统处理一个事务平均花费的时间。

在传统集中式系统中，客户端和服务器端的角色是分离的，即用户所在的客户端负责发起请求，然后中心服务器负责接收、验证、处理等一系列工作，整个系统的数据储存和记录也都由中心服务器负责。所以在集中式系统中，事务处理流程很简单，由客户端发出请求，由服务器处理后更新数据库，即可返回客户端，是一种集中式数据库系统。因此，在传统的集中式系统中，不论是系统的并发量还是事务的平均处理速度都和中心服务器的性能有着直接的关系。中心服务器性能越强，内存越大，则数据库访问速度越快，整个系统的 TPS 就会越高。此外，传输过程中带宽的增大、客户端和服务器端物理距离的缩短也可以使得系统平均响应时间减少，从而增大 TPS。例如，Visa 平均处理的 TPS 是 2000，每日平均峰值可以达到 4000，理论上最高能够支持 5.6 万；而 Paypal 全年处理 490 万交易，TPS 性能可达 10 万；淘宝 2017 年双十一，交易 TPS 创峰值 32.5 万，支付 TPS 峰值 25.6 万。

在区块链中，TPS 可以理解成每秒处理的交易数。众所周知，BTC 平均每 10min 出一个块，每个块大小 1MB，平均每笔交易的大小为 600B，那么每个块平均能够处理 1600 笔交易，则 TPS=1600/(10×60)=2.67，即使是高峰数据统计，比特币的 TPS 也是个位数的，很多资料会以 TPS 达到 5~7 作为 BTC 的 TPS 值。而 ETH 目前仍然是 PoW 的挖矿方式，所以其 TPS 处于 20~30 区间，即不到百位档位。热门的 EOS 一直以并行百万级宣传，主网上线后，研究员们搭载的服务器测试结果并不足 1000，随着 DPoS 的正常运作，最新资料显示已经达到 3000+，在不考虑并行的情况下，相对中心方式的 EOS 最终 TPS 应该也是在千位档。理论上，在相对同等状态下，ETH 的 PoS+Sharding 应该和 EOS 的 DPoS+LMAX 同处于千位档。

区块链的 TPS 和传统集中式系统相比之所以出现如此巨大的差距，是因为在区块链分布式系统中没有一个中心服务器来处理事务，每个节点都是一个中心，所以就必须要解决数据分布式存储的公平性和一致性问题。所谓公平性，就是确保每个节点都能拥有记账的权利，而不会出现某些节点垄断记账。所谓一致性，就是每个节点的数据账本保持同步更新，这就要求每一条数据都需要经过多个节点甚至全网节点的验证和确认。概括地说，在区块链分布式系统中，一笔交易从发出请求到确认需要经历以下步骤：

1）由节点发出交易请求，并且广播至整个网络；

2）其他节点接收交易请求并加以验证，如果验证通过，则放入待记录交易列表（交易池）；

3）各个节点争抢记账权（即抢夺新的区块），成功获得记账权的节点将待记录的交易请求记入新的区块中，然后将区块广播至整个网络；

4）网络中其他节点接收区块并加以验证，如果验证通过，则该节点确认区块的合理性，将该区块记入自己的数据库；

5）当有超过一定数量的节点都记录了该区块，表明整个区块链系统认可了，此时最初的交易请求才算被确认。

即在区块链这种分布式系统中，一个事务的记账权首先需要各个节点基于共识机制进行争抢，这就需要消耗大量时间；其次，一笔事务还需要经过多个甚至全部节点的反复验证和确认才能被写入数据库，这大大减慢了事务的处理速度，如果某个节点的响应速度很慢，整个系统的处理速度都会被拉低。而在传统集中式系统中，事务永远由中心服务器处理，也不需要多个节点的反复验证和确认，所以区块链的 TPS 相较于传统集中式系统的 TPS 普遍要低，如表 4-1 所示，并且无法单纯用强化中心服务器性能的方式来提升整个区块链的 TPS。

表 4-1 区块链项目与其他集中式系统的 TPS 对比

项目	是否区块链	TPS
BTC	是	5~7
ETH	是	20~30
EOS	是	1000

（续）

项目	是否区块链	TPS
Visa	否	56000
Paypal	否	100000
支付宝双十一	否	256000

4.2 区块链技术可扩展方案分层模型

主流的区块链架构包含六个层级：网络层、数据层、共识层、激励层、合约层和应用层。但从结构上分析，区块链技术可扩展方案可以直接从网络层（P2P网络、传播机制和验证机制）、数据层（数据区块和链式结构）以及共识层进行改进达到优化。以太坊社区在区块链可扩展性上曾提出过Layer分层改进的概念：Layer1层改进和Layer2层改进。Layer1层改进是指通过对某条公有链本身的改进来提升它的可扩展性，即链上（On-Chain）改进；Layer2层改进是指不影响该公有链本身，通过其他方式来实现可扩展性的提升，即链下（Off-Chain）改进（此处链下的含义仅仅指脱离该公有链），如侧链、跨链和状态通道等。

在这个基础上，借鉴计算机网络分层管理、各层标准化设计的思想，将区块链与传统互联网OSI模型结合，建立区块链技术可扩展方案分层模型，三个一级层级分别是Layer0层数据传输层、Layer1层On-Chain公有链自身（底层账本）层和Layer2层Off-Chain扩展性（应用扩展）层。

Layer0层数据传输层与传统OSI七层模型对应，优化区块链与传统网络的结合问题。区块链是整个互联网协议层中的最上层，本身还是要依赖于底层的协议为它工作，虽然在比特币P2P网络设计的时候已经考虑了节点之间的发现、节点连接的握手协议、节点间地址广播和数据通信等，鉴于已经有部分项目开始探索P2P网络与传统OSI模型的结合，甚至将改进延伸到数据链路层，本书倾向将P2P网络和传播机制并入到Layer0层和传统OSI模型一起作为一类可扩展方案进行研究。

4.2.1 Layer1层On-Chain公有链自身改进

Layer1层On-Chain公有链自身改进主要思路的出发点是将区块链技术底层账本和上层应用分离，底层账本的重心放在安全性和去中心化上，在性能上有所取舍，只是将需要共识确权的数据上链，从而降低对TPS的需求。从目前技术发展来看，可能千位级别TPS（1000~3000）即可满足。结合前文介绍的区块链架构可以看出，能够提升的地方有共识层的机制改进、数据层的数据区块大小调整、链式结构的优化以及网络层的验证机制改进等。

所以，Layer1层改进的思路是做好一条底层账本公有链，将其他的事情交由Layer2层来互补处理。这里对于隐私加密技术的需求对Layer1层会是一个不错的附加属性，但不属于可扩展方案讨论范畴，在没有很好的处理方案前，在Layer2层考虑也是能接受的选择。

Layer1层上网络层是连接Layer0层OSI网络层的，不难发现，Layer0层的改进有些是贯穿Layer1层网络层的整体改进，有些是通过增加一道协议来支持Layer1层网络层，重点改进Layer0层。除此之外，针对Layer1层的改进还可以从验证机制入手，典型代表就是Sharding

技术。

分片其实是一种传统数据库的技术，它以前用作将大型数据库分成更小、更快、更容易管理的部分，以此增加数据库的操作效率。而在区块链中，分片技术的运用会更为烦琐，不过主要思想都是通过缩小验证规模和大量事务并行处理来达到性能提升的效果，主要难点在于各分片之间数据的一致性和分片内部的防作恶。由于验证规模的大大缩小，所以 PBFT 类共识会是分片内主要使用的共识机制。目前主流的分片技术分为网络分片、交易分片和计算（状态）分片三个层级，其技术难度也随之递增，但是网络分片还是最主要的。

1. 网络分片

通过利用随机性，网络可以随机抽取节点形成分片，达到防止网络攻击（如女巫攻击）和恶意节点串谋作恶的情况。由于诚实节点验证是整个分片网络的安全之本，所以网络分片是其他所有分片的基础。

2. 交易分片

交易分片的思想是将交易进行预处理，将相干的交易分配到同一个分片内进行验证，而将不相干的交易分到其他分片中验证，最终达到并行处理同时又防止了恶意节点重复交易攻击行为（双花攻击）；当然解决思路也有从增加各片之间的通信和确认来进行的。

3. 计算（状态）分片

计算（状态）分片是迄今为止最具挑战性的分片技术提案，它主要用来并行处理智能合约的计算问题，如一些片主要用于矩阵计算，一些片主要用于排序，一些片用于最终结果聚合，每个片独立计算自己的工作，并进行交叉验证来确保最终结果的一致性，其复杂性可以想象。

在分片研究方向上，可以关注以太坊的 Casper 项目、Zilliqa 项目、Radix 项目、Rchain 项目等。

Layer1 层上对数据层的改进是最直接的改进方向之一，下面分别从数据区块、链式结构来看看技术上的研究状况。通过增加数据区块大小来达到扩容效果，最有名的案例就是 BCH 比特现金了，它是比特币于区块高度 478558 的硬分叉产物，旨在将比特币区块的 1MB 大小限制提升到 8MB（2018 年 5 月 15 日提升到 32MB，8 月 nChain 提议再次提升到 128MB)，是一种典型的链上扩容方法，通过区块容量的增加来提升交易处理能力，从而能够保证在交易量非常大的情况下也能快速交易并保持较低的手续费。但是，更大的区块会造成更多孤块产生的风险，影响系统的整体性能和安全性，同时对矿工的带宽也可能提出新的要求，造成加剧中心化的风险等。

隔离见证（SegWit）就是把比特币脚本签名（ScriptSig）信息从基本结构里拿出来，放在一个新的数据结构当中。通过隔离见证，独立出脚本签名，其签名的大小不会计算在交易区块内，因此比特币区块在不改变大小的情况下可以容纳更多的交易，进而达到扩容的效果。传统区块链技术是一种链式数据库结构，每个区块就像铁链一样，环环相扣，块与块之间是完全串行的，如图 4-2 所示，这样的链式结构造成单次只能执行一笔交易，注定了效率的瓶颈。

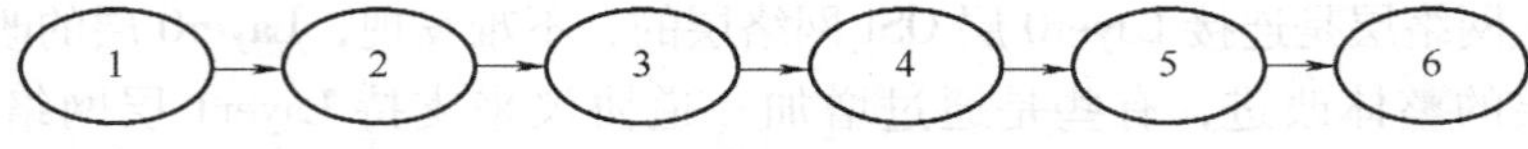

图 4-2　区块链的链式结构

所以很多研究也从并行的角度去思考可扩展方案，如典型的有向无环图（Directed Acyclic Graph，DAG）技术就在一定程度上将链式结构改进成网状结构，达到并行提升效率的作用，如图4-3所示。

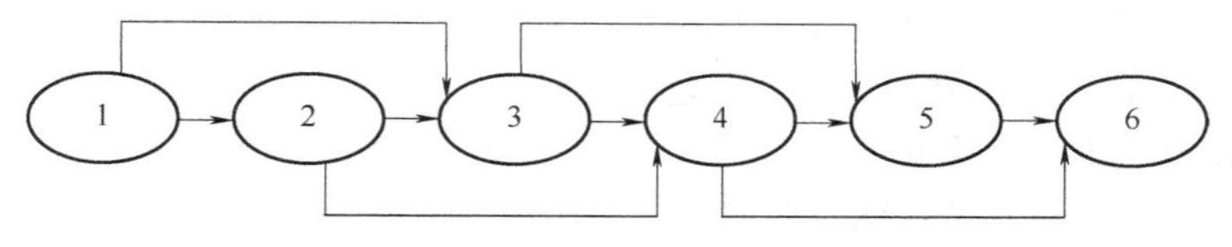

图4-3 DAG的网状结构

当然DAG将最长链共识改成多条链互证共识，它没有区块概念，不是把所有数据打包成区块，再用区块链接区块，而是每个用户都可以提交一个数据单元，这个数据单元里只有交易，数据单元间通过引用关系链接起来，从而形成具有半序关系的DAG。

在DAG技术的基础上，很多研究开始着眼于将DAG和传统区块链结合的思路，进行并行处理并试图增加智能合约的功能，但是DAG最大的问题来自安全，它全网处于一个异步验证的状态，对当前状态的确认是个相当有挑战的工作，所以主流DAG项目都借鉴了中心化的方式来协助处理。一些关于DAG的情况可以参考货币研究院《超越白皮书3》中DAG技术解析与实测，以及IOTA、Byteball、Hashgraph、Conflux的研究。

Layer1层上对共识层的改进也是大家比较熟悉的一块，主要是针对共识机制的改进，从早期比特币PoW共识机制衍生出PoS共识机制，到如今各种类型的共识机制层出不穷。其主要可以分成两大类：一类是中本聪共识，如PoW、PoS、dPoW、DPoS、PoA、PoWeight、PoR、PoET、PoC/PoSpace、PoI、Ouroboros等；另一类是BFT类共识，如PBFT、SBFT/Chain、Ring、Zyzzyva、Zyzzva5、CheapBFT、MinBFT、OBFT等。共识机制改进的本质是在保证安全的前提下，在提升出块效率和去中心化程度两方面进行取舍来提升性能。

4.2.2 Layer2层Off-Chain扩展性改进

Layer2层Off-Chain扩展性改进是基于区块链底层账本技术上的应用型扩展，可以是基于区块链技术的应用，也可以是与去中心化的应用相结合，它的重心放在性能和安全上，对去中心化有所取舍，最终关键数据传输给Layer1层上链，本身利用高性能处理大量数据，达到现实世界对性能的需求。该类型的改进有跨链（基于区块链技术的多链生态扩展）、状态通道（链下数据处理来提升性能）、Plasma（通过一系列的智能合约来构建多种应用场景达到多链并行的结果）、Truebit（一种帮助以太坊在链下进行繁重或者复杂运算的技术）等。

所以，Layer2层作为Layer1层的互补来解决现实世界的需求，并将必要的数据上链到Layer1层。分析完Layer1层可扩展方案，不难发现，Layer1层上能够改进的方向已经很明确而且比较有限了。所以，更多的注意力将区块链的扩展方案放在了Layer2层上，跨链就是Layer2层上有前景的一个方向。

在2016年9月，以太坊创始人Vitalik Buterin为银行联盟链R3写了关于跨链互操作的报告，提到三种跨链方式，基本上覆盖了当前主流跨链技术：公证人机制、侧链/中继和Hash锁定。随着大家对三种技术认识的不断深入，当前很多跨链项目已经采用混合模式，相互取长补短，也衍生出改进思路，如分布式密钥控制技术。其中，公证人技术引入了可信第三方，作为跨链过程中的资产保管人；侧链/中继技术利用 SPV 证明、中继链等技术，实现了不同区块链之间的可信互通；基于 Hash 锁定利用 Hash 原像脚本，实现了公平的跨链资产交换；分布式密钥控制技术利用分布式密钥生成算法，使得跨链过程中的资产保管人角色由全网节点承担，而不是少数第三方。通过跨链技术，不同链之间可以实现四种场景：

1）A 链和 B 链的资产交互；

2）A 链资产支付和 B 链智能合约调用；

3）A 链智能合约调用和 B 链资产支付；

4）A 链智能合约和 B 链智能合约相互调用。

跨链技术主要包括以下几类技术：

1）公证人机制（Notary Schemes）：中心化或多重签名的见证人模式。见证人是链 A 的合法用户，负责监听链 B 的事件和状态，进而操作链 A。本质特点是完全不用关注所跨链的结构和共识特性等。假设 A 和 B 是不能进行互相信任的，那就引入 A 和 B 都能够共同信任的第三方充当公证人作为中介。这样，A 和 B 就间接可以互相信任了。具有代表性的方案是 Interledger，它本身不是一个账本，不寻求任何的共识。相反，它提供了一个顶层加密托管系统，称为“连接者”，在这个中介机构的帮助下，让资金在各账本间流动。

2）侧链/中继（Sidechains/Relays）：区块链系统本身可以读取链 B 的事件和状态，即支持简单支付验证（Simple Payment Verificaiton，SPV），能够验证块上 Header、Merkle Tree 的信息，本质特点是必须关注所跨链的结构和共识特性等。一般来说，主链不知道侧链的存在，而侧链必须要知道主链的存在；双链也不知道中继的存在，而中继必须要知道两条链。

3）Hash 锁定（Hash-locking）：在链 A、B 间设定相互操作的触发器，通常是待披露明文随机数的 Hash 值。本质特点是散列时间锁合约（Hashed Time Lock Contract，HTLC），即通过锁定一段时间猜 Hash 原值来兑换支付的机制。Hash 锁定起源于比特币闪电网络，闪电网络本身是一种小额的快速支付手段，后来它的关键技术 HTLC 被应用到跨链技术上。虽然 Hash 锁定实现了跨链资产的交换，但是没有实现跨链资产的转移，更不能实现跨链合约，所以它的应用场景是相对比较受限的。

4）分布式密钥：本质上属于公证人机制的升级版，采用分布式私钥生成和控制技术来生成原链的锁定账户，然后将相应资产映射到自己的链上。其利用密码学中的分布式密钥生成算法和门限签名技术保证了跨链过程中资产锁定和解锁，由系统参与共识的所有节点决定是否确认交易并且在此过程系统中的任何节点或者少数节点联合都无法拥有资产的使用权。大致过程可分为两个阶段：锁定资产阶段和解锁资产阶段。

4.3 区块链技术分层可扩展架构

通过对 Layer0、Layer1 和 Layer2 一层层可扩展方案的分析和典型项目原理描述，不难发现区块链技术可扩展方案分层模型基本可以按照图 4-4 和图 4-5 所示的架构来分步考虑。

如果跳出可扩展方案的框架去思考这三个层级：Layer0 层解决的是区块链与传统网络的结合问题；Layer1 层解决的是底层账本问题，也可以理解成一直说的公有链问题；Layer2 层解决的才是扩展性延伸和链上链下打通的问题，也可以理解成广义的应用问题。从分层的角度去设计一个区块链项目，可以有效地规避区块链的三元悖论问题：Layer1 层主要负责安全，妥协性能，注重于记账功能；Layer2 层主要负责性能，妥协去中心化，注重于计算功能。Layer1 层底层设计时就充分考虑好 Layer2 层的交互问题，这种架构设计等于将前文介绍的以太坊和 Plasma 进行重新设计，从底层设计就提供一致性和可交互性，如图 4-4 所示。

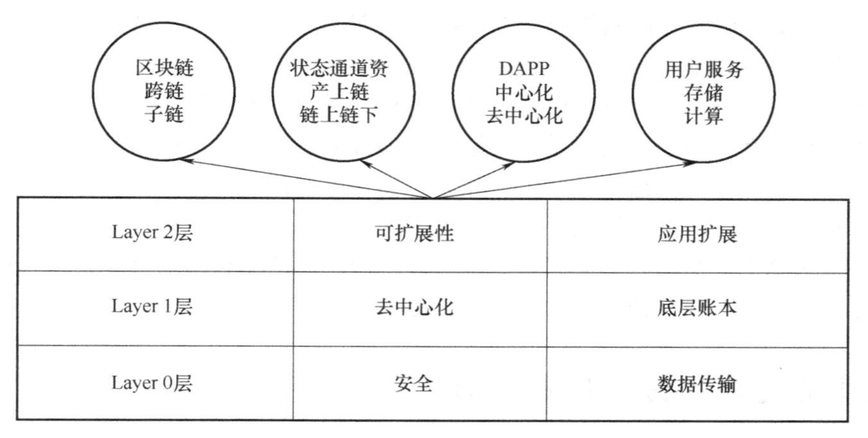

图 4-4　Layer 三层架构构想

经上述分析，就能理解所谓 TPS 破万、十万、甚至百万的项目是如何实现的，基本上都是 Layer1 层和 Layer2 层组合实现的方式，如母子链、多链并行的模式，或者是直接牺牲去中心化来实现。Vitalik 也提到借助 Sharding 和 Plasma 能使以太坊的 TPS 实现百万，也有部分极客在中心化的模式下将以太坊的 TPS 实现 150 万的测试，所以应该更加理性地去认识以高 TPS 作为主打亮点的项目。正如前文所述，从当前技术发展来看，Layer1 层最乐观的可能落地的最大 TPS 在千位级别（1000～3000)，进一步扩展的空间就交由 Layer2 层去创造了。基于上述分析，设计一套分层可扩展的项目开发流程，如图 4-5 所示。

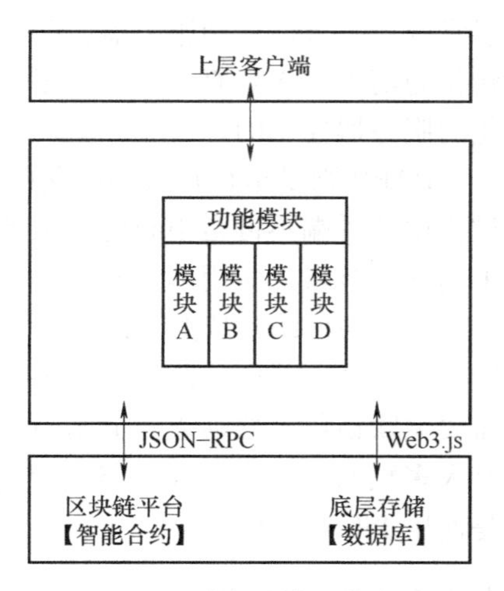

图 4-5　分层可扩展架构

该架构主要分为三层：

1）底层存储：底层使用区块链保证交易的安全性和不可篡改性。平台可以是以太坊 Ethereum、超级账本 Hyperledger、趣链 Hyperchain 等主流的区块链平台，核心的业务逻辑全部使用智能合约实现，并把智能合约部署到区块链上运行。在底层存储中使用数据库是为了对区块链数据做一个完整的备份，实现数据的灾难备援。同时，因为目前行业内还没有很好的区块数据可视化解决方案，所以加入数据库可以间接查看区块链的数据。在实际开发中，可以进行区块链和数据库的双写，以实现数据的同步。

2）后端系统：中间层作为上层应用和底层区块链的网络桥接，后端系统可以使用多种不同接口和区块链进行交互，常见的有 JSON-RPC 接口和 Web3. js 接口。如果使用 Java 作为后端，则可以选择 JSON-RPC；如果使用 Node. js 作为后端，则可以选择 Web3. js。由于关键的合约逻辑都已经在智能合约中实现，所以后台实现的主要功能就是数据的编码、解码和转发，以及为上层提供 RESTful 接口调用。

3）上层客户端：客户端直接面对用户提供服务，可以广义理解为浏览器网页、PC 客户端、移动客户端等。这些客户端都可以使用中间层提供的 RESTful 接口来和区块链实现交互。中间层服务和底层区块链对用户是透明的，并且是一种轻客户端的设计，不需要把太多和区块链相关的加密解密、解码编码等复杂操作放在客户端来实现，客户端一般只需要处理 RESTful 返回的 JSON 数据。

这种分层的可扩展项目开发流程符合软件工程的思想，不同的层次可以让不同的开发人员进行设计实现。重要的是，这也是高内聚、低耦合的设计方法。内聚是指一个模块内各个元素彼此结合的紧密程度，意味着重用和独立；耦合是指该软件系统内不同模块之间的互联程度。设计原则符合高内聚、低耦合可以让更多的独立模块复用，方便代码优化和扩展。采用分层可扩展的模式，不同的平台仅使用接口进行调用，使耦合程度降到最低。同时，系统在开发中可以进行多人并行开发，对接容易，提高了开发速度。

4.4 去中心化应用核心技术架构

现在的互联网应用通常都有相应的中心化服务器，在应用端（前端）展现内容的时候，通常发送一个请求到服务器，服务器返回相应的内容给应用端。在应用端的动作也是一样会转化为请求发送到服务器端，服务器处理之后返回数据到应用端。整个应用实际上是由中心化的服务器控制的。

DAPP 则是运行在去中心化的网络节点上的，应用端其实和现有的互联网应用一样，不过应用的后端不再是中心化的服务器，而是去中心化的网络中的节点。这个节点可以是网络中的任意节点，应用端发给节点请求，节点接收到交易请求之后，会把请求广播到整个网络，交易在网络达成共识之后，才算是真正的执行。在去中心化应用中，发送给节点的请求通常称为“交易”。交易和普通的请求有很大的不同，交易的数据经过用户个人签名（因此需要关联钱包）之后发送到节点；普通的请求大多数都是同步的（能及时拿到结果），而交易大多数都是异步的（网络共识比较耗时）；另外，交易不是使用普通 HTTP JSON 请求，而是使用 JSON-RPC 请求。

4.4.1 Truffle 框架

Truffle 是一套针对基于以太坊的 Solidity 语言的开发框架，本身基于 JavaScript。Truffle 为以太坊提供了开发环境、测试框架和资产管道，旨在使以太坊开发更容易。Truffle 可以提供：

1）内置智能合约编译、链接、部署和二进制字节码管理；

2）针对快读迭代开发的自动化合约测试；

3）可脚本化，可扩展部署和迁移框架；

4）网络管理，用于部署到任意数量的公共网络和私有网络；

5）使用 EthPM 和 npm 进行包安装管理；

6）用于直接与合约通信的交互式控制台；

7）支持持续集成可配置构建管道；

8）外部脚本运行程序可以在 Truffle 环境中执行脚本；

9）合约抽象接口，可以在 JavaScript 中直接操作对应的合约函数，其原理是使用了基于 Web3. js 封装的 Ether Pudding 工具包；

10）控制台，使用框架构建后，可以直接在命令行调用输出结果，可极大地方便开发和调试。

当开发基于 Truffle 的应用时，可以使用 EthereumJS TestRPC。它是一个完整的运行在内存中的区块链，仅存在于开发设备上。它在执行交易时是实时返回的，而不用等待默认的出块时间，可以快速验证新写的代码。TestRPC 还是一个支持自动化测试的功能强大的客户端，Truffle 充分利用它的特性，能将测速提升 90%。最好使用 TestRPC 客户端进行充分测试后，再使用 geth、Parity、ruby-ethereum 等以太坊。这些是完整的客户端实现，包括挖矿、网络、区块及交易的处理，基于 Truffle 开发的应用可以在不需要额外配置的情况下发布到这些客户端。

4.4.2 Web3 中间库

Web3. js 是以太坊官方提供的和节点交互的 JavaScript SDK，可以帮助智能合约开发者使用 HTTP 或者 IPC 与本地的或者远程的以太坊节点进行交互。Web3. js 是使用 JSON-RPC 和节点进行通信的（Web3 是对 JSON-RPC 请求的封装），不过 Web3. js 提供了更友好的接口，实际上 Web3. js 是一个库的集合，主要包括下面几个库：

1）web3-eth，用来与以太坊区块链和智能合约交互；

2）web3-shh，用来控制 Whisper 协议与 P2P 通信以及广播；

3）web3-bzz，用来与 Swarm 协议交互；

4）web3-utils，包含了一些 DAPP 开发应用的功能。

4.4.3 MetaMask 电子钱包

MetaMask 是一款在谷歌浏览器 Chrome 上使用的插件类型的以太坊钱包，该钱包不需要下载，只需要在谷歌浏览器添加对应的扩展程序即可，非常轻量级，使用起来也非常方便。

1. Chrome 安装

既然是一款运行在谷歌浏览器 Chrome 上的插件，当然需要先安装 Chrome，读者可以进入官网 https://www. google. com/chrome/下载安装，进入后网站自动跳转到页面：

https://www. google. com/chrome/browser/desktop/index. html

单击页面上的下载按钮即可。从官网下载的 Chrome 安装文件其实是一个下载安装器，运行这个下载安装器之后，安装器再下载安装完整版的 Chrome。

2. MetaMask 插件安装

MetaMask 插件的官方地址为 https://metamask. io/，进入后，如图 4-6 所示。然后，会给出一个开始使用界面，如图 4-7 所示。

之后出现的界面会让用户选择导入钱包还是创建钱包，如图 4-8 所示。如果选择新建一个钱包，单击图 4-8 右侧的“创建钱包”按钮；如果要导入一个已有的钱包，则选择“导入钱包”按钮。

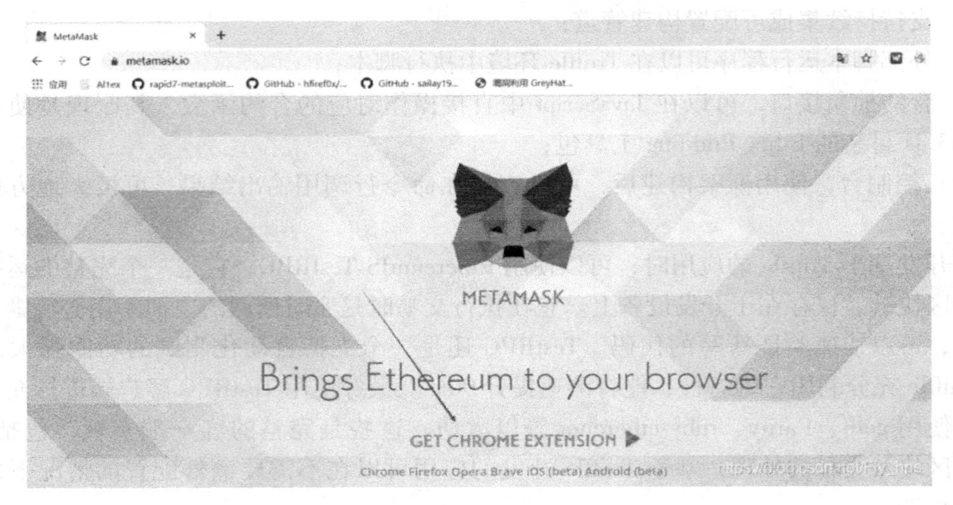

图 4-6　MetaMask 官网

图 4-7　MetaMask 开始使用界面

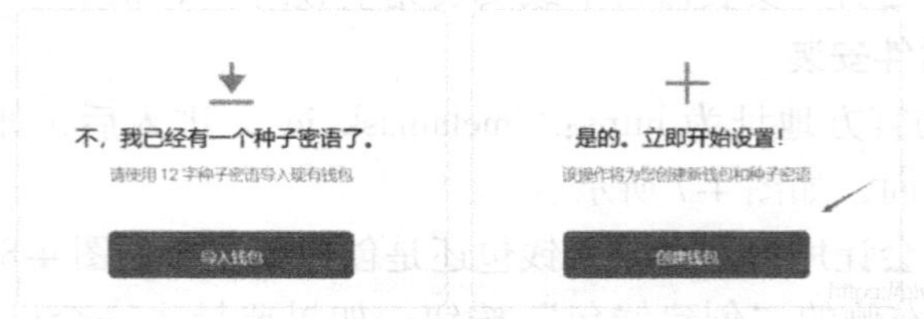

图 4-8　创建钱包界面

当接入 Ropsten 测试网络时，可以获取一些虚拟的测试 ETH 进行试验，具体如图 4-9 所示。

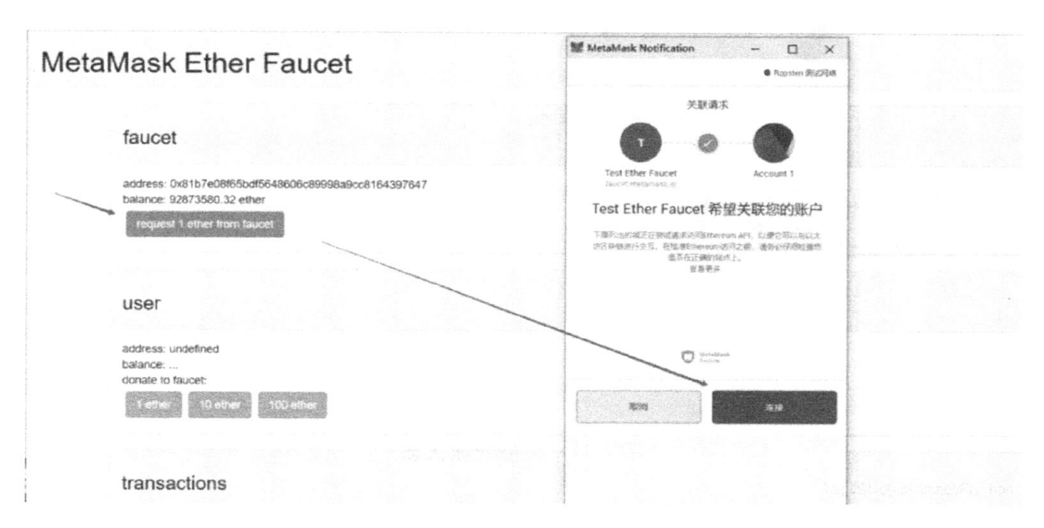

图 4-9　Ropsten 获得测试 ETH 的流程

之后会给出交易记录信息，如图 4-10 所示。

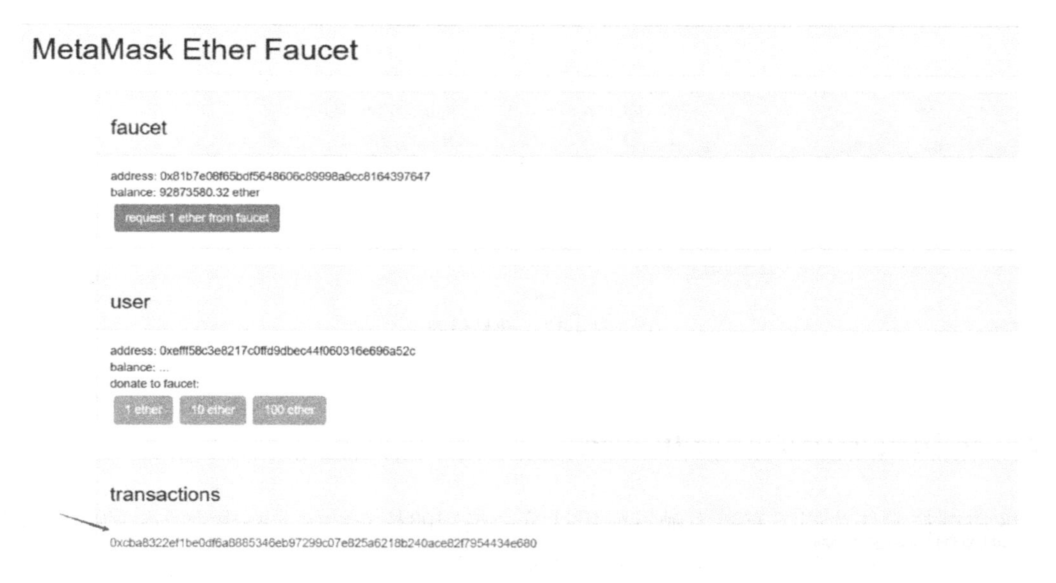

图 4-10　MetaMask 交易记录

之后交易进入处理状态，如图 4-11 所示。

交易信息如图 4-12 所示。

以上列举了 MetaMask 的简单应用，后期可结合 Remix 发布测试合约并对合约的功能性进行安全测试。

图 4-11　交易处理状态

图 4-12　交易信息

4.5　区块链去中心化应用实例

区块链技术作为当下有潜力触发颠覆性革命浪潮的核心技术，在电力交易的应用将有可能改变常规的交易流程和记录保存方式，从而大幅降低交易成本，提升效率。由于区块链安全、透明及不可篡改的特性，电力主体间的信任模式不再依赖中介，很多业务都将“去中心化”，实现实时数字化的交易。以太坊是知名的图灵完备的开源区块链平台，基于以太坊智能合约可以实现所有可计算的逻辑操作，众多区块链创新应用和初创公司的创新产品基于以太坊平台开发。前面的章节已经对以太坊的核心原理和开发实践进行了详细梳理，本节将更加贴近实战，介绍一个直接在区块链实际应用的项目案例：电力绿证交易系统。绿证交易系统直接在以太坊底层平台上开发 DAPP，用以太坊提供的 Web3. js 接口，直接调用智能合约，发送交易或读取数据，并在网页上展示给用户。

综合能源系统内可再生能源发电消纳率低和财政补贴压力大仍是制约其发展的主要问题。为缓解可再生能源面临的困境，可再生能源配额制度和可交易绿色证书制度相继提出。配额制按省级行政区确定可再生能源电力消纳责任权重，且市场有义务承担可再生能源消纳责任，其售电量（或用电量）应与其省级行政区的可再生能源电力最低消纳比重相对应，绿色证书制度可以看作配额制度的补充。本绿证交易系统提供发行、交易、出清、结算绿色证书等服务。以太坊是目前最为流行的底层区块链平台之一，已有大量的项目基于以太坊来进行开发，把以太坊平台与绿证交易系统进行结合具有重要的实际意义。

4.5.1 项目简介

区块链作为一种不可篡改的分布式数据库账本技术，其存储的数据分布于网络的每一个节点，从而决定了其安全性。每一个区块链上的用户都将拥有自己的私钥，每一笔交易都是通过私钥签名的，经过全网节点认证后方可存入区块链，并且一经存储将不得修改，保证流通过程中的安全性，使得绿色证书设计不再“鸡肋”，大大改善了用户体验，增加了用户黏性。

本项目的核心业务为绿色证书的流通，简要流程为新能源发电商、综合能源系统、绿证交易平台和行政监管部门通过区块链绿证交易链码联合运行。

1. 数据交互方面

含可再生能源发电的综合能源系统通过资格审查后，将消纳的可再生能源发电量按1MW=1本（不足1MW的次日计入）的单位换算为绿证数量上报至行政监管部门，同时写入合约，行政监管部门审查后颁发绿色证书。因配额制的存在，行政监管部门对综合能源系统侧进行配额量核查，消纳量不足配额的综合能源系统，将小于配额量的部分换算为绿证数量写入合约，绿证交易平台将绿证供需方信息Hash在绿证交易中继链上公示。

2. 价值流通方面

绿证交易平台将绿证供需信息展示在区块链上，绿色证书供需量将在绿证交易中继链上形成一段新的链码，链码信息包括供/需侧信息、日期、绿证编号和价格。相应地，新能源发电区块链、综合能源系统区块链上各形成一个新的区块来记录各自信息。综合能源系统侧需要购买绿色证书时，交易条件被触发，绿色证书供、需双方确定交易数量及金额，确定交易后将资金提交给卖方，资金传输通过中继链来完成，绿色证书则通过绿证交易平台递交至买方。交易完成后，绿证交易中继链自动将交易双方的链码组合，并附上交易时间，另外两条链上各自对应的区块记录买（卖）方信息。区块信息和链群结构如图4-13所示。

从图4-13中可以看出，绿证交易双方为综合能源系统和新能源发电商，各自对应综合能源系统区块链和新能源发电区块链，其中绿证交易中心为绿证交易中继链，协调另外两条链信息与资金交互。三条链只针对参与绿证交易市场的成员开放，为参与者的信息安全提供保证。智能合约是具有图灵完备的程序代码构成的合约化程序，链码技术则是智能合约的进一步发展。每条区块链均由区块头和区块体构成：

1）区块头：时间戳（timestamp），用来记录区块的生成时间；nonce，用于工作量证明，网络节点用求解数学难题来竞争记账权，计算过程称为挖矿；Hash算法，一种重要的加密函数，它能将任意长度的字符串映射为长度固定的值，并且不同的字符串很难映射为相

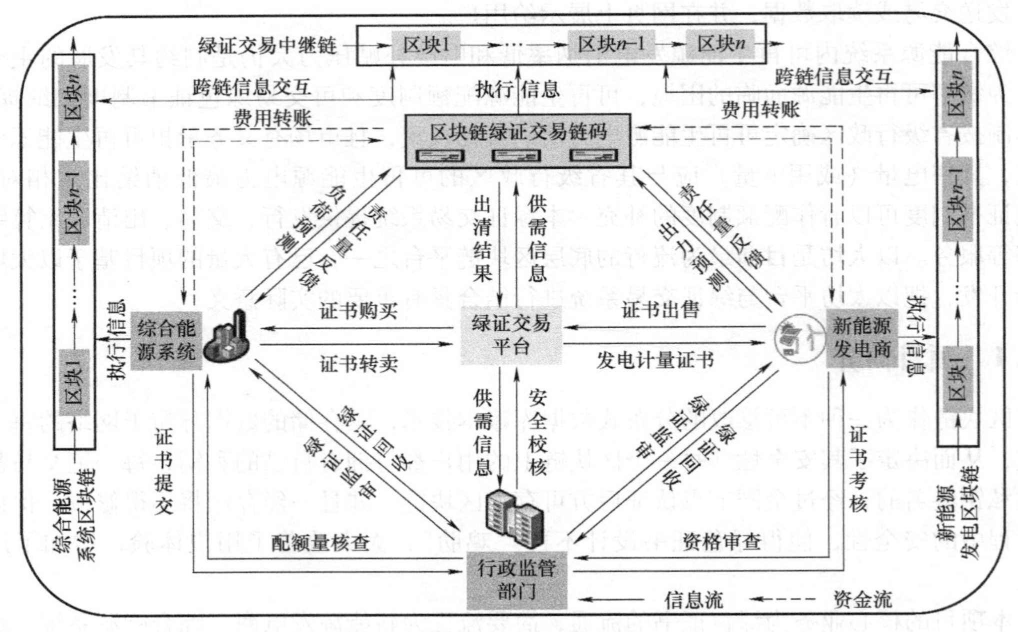

图 4-13　绿色证书交易流程框架

同的 Hash 值。此外，区块头还包括 Merkle 根节点，MerkleHash 树是一种基于 Hash 值的二叉树，其中叶子节点通常为数据块的 Hash 值。三条链均是采用 Merkle 二叉树结构，根节点和叶子节点上均记录 Hash 值。

2）区块体：节点以下部分属于区块体，新能源发电区块链和综合能源系统区块链的区块体记录各自的发电量和绿证供需量。绿证交易中，中继链记录绿证交易市场的交易信息。以上数据均通过 Hash 函数加密，任意数据的改变将会导致子节点 Hash 值变化，该数据结构保证了绿证交易市场数据的不可篡改性。

本系统主要涉及三类用户：用户（综合能源系统厂商）、商户（新能源发电商）和绿证交易中心。绿证交易中心可以直接和新能源发电商进行交互，绿证交易中心可以进行绿色证书的发行，新能源发电商可以向绿证交易中心发起绿证清算；综合能源系统厂商也可以直接和新能源发电商进行绿证的流通。不同的用户都可以进行常见的查询操作，各个用户的具体需求分别如表 4-2~表 4-4 所示。

表 4-2　综合能源系统厂商需求要点

用户	需求要点	备注
综合能源系统厂商	注册	厂商入链注册账户
	登录	厂商登录系统
	查询绿证余额	厂商查询绿证余额
	转让绿证	厂商转让绿证给其他用户
	绿证兑换	厂商兑换绿证获益
	查询收益	厂商查询绿证获益

表 4-3　新能源发电商需求要点

用户	需求要点	备注
新能源发电商	注册	发电商入链注册账户
	登录	发电商登录系统
	查询绿证余额	发电商查询绿证余额
	发起清算	发电商与绿证交易中心发起清算
	生成绿证	发电商由绿证交易中心生成绿证
	绿证兑换	发电商兑换绿证获益
	查询收益	发电商查询绿证获益

表 4-4　绿证交易中心需求要点

用户	需求要点	备注
绿证交易中心	注册	管理员注册账户
	登录	管理员登录系统
	发行绿证	管理员给用户发行绿证
	查询已发行绿证	查询已发行的绿证总额
	查询已清算绿证	查询已清算的绿证总额

本案例的总体设计主要包括方案选型和总体架构设计。方案选型包括以太坊客户端的选型、开发框架的选型和以太坊接口的选型；总体架构设计主要是底层区块链平台和上层业务之间的设计。良好的系统总体设计能为后续的智能合约设计和系统实现提供保障。

4.5.2　方案选型

方案选型包括以太坊客户端、开发框架和接口类型的选择。

1. 以太坊客户端

在目前开发的 DAPP 中，TestRPC 和 geth 这两种以太坊客户端使用较为普遍，本案例可以同时运行部署在 TestRPC 和 geth 中。但在测试开发中，推荐使用 TestRPC。TestRPC 是基于 Node. js 开发的以太坊客户端，整个区块链的数据驻留在内存，发送给 TestRPC 的交易会被马上处理而不需要等待挖矿时间。TestRPC 可以在启动时创建一堆存有资金的测试账户，它的运行速度也更快，因此更适合开发和测试。打开 TestRPC 的命令行界面，如图 4-14 所示。

2. 开发框架

本案例使用 Truffle 开发工具。Truffle 是基于以太坊的智能合约开发工具，支持对合约代码的单元测试，非常适合测试驱动开发；同时内置了智能合约编译器，只要使用脚本命令就可以完成合约的编译、部署、测试等工作，大大简化了合约的开发生命周期。

3. 以太坊接口

目前以太坊提供有 JSON-RPC 和 Web3. js 两种接口。如果使用了 Truffle 框架，就默认使用了 Web3. js 接口，因为 Truffle 包装了 Web3. js 的一个 JavaScript Promise 框架 ether-pudding，可以非常方便地使用 JavaScript 代码异步调用智能合约中的方法。

```
chengmingxi@chengmingxideMacBook-Pro ~ % testrpc
EthereumJS TestRPC v6.0.3 (ganache-core: 2.0.2)

Available Accounts
==================
(0) 0xf711d8aa1791282eee656727f3f1a6a609846819
(1) 0xfc91d56ce5294d68081e6edc8c056979c0bf618a
(2) 0x10af42ec41a57b5be17fb4cf97ad9310ed9505aa
(3) 0x0ebcc14818e63d3b94d544d31a60bb346a954772
(4) 0xfcaf6592216bf8bb2997aaf51964530826e60726
(5) 0x3e6657e0b43869f38a9f4dbbdcba75844dcd9cf9
(6) 0xdcad041c56b6993edf96b994b459554f027f36df
(7) 0xedefb53b3f338a5e6235187abf51fcab8d602e20
(8) 0x25af88218f07aee12ec606eea84f3b74e3212582
(9) 0x0e7595e4818439c957020c34ce6a829ba0fbea72

Private Keys
==================
(0) 2aa310ab8bb9893de7b08bed29e752e93830dd7923e627c7523771a49ac2fa69
(1) c3c4f9c8210269b0437e440b6c5d6f3153bf59d380379fd33870da3c1c62474a
(2) c31e74be3830e131cdf6c2c3a421b1b7f244bb92aff8220e5bcbad159f68d98c
(3) 46fbf3fa4d48c032ccfc70f80c3a7e987e9b16c833e9c0ae8ba4ef13aa188561
(4) 00adeee056373bbddbe5055c1778304c6e977eea65c292cd5ff2dc78b5e45b5a
(5) 1b427c63fcd1e4fb8de4354d95d301168a540a693748abf33b1a9d0130bec348
(6) 18ebeb8c61cb44383fc9a23220b98fb42016c1cd9594034174d85239da8c1f70
(7) e3a2005723e406f7438408f3ce64e90e131ee3503e50ad806c31508abfafc07e
(8) 1c0e08262f2a215d15ea3f4db399a16c6f8796fa4512fbe5641b4e689915e412
(9) 88a36c244e94be3a506b55ebd08e375217835ee649fe356d2e7727fd56e51a2a

HD Wallet
==================
Mnemonic:      again fuel scheme dutch empty magic bargain depart they own flame choice
Base HD Path:  m/44'/60'/0'/0/{account_index}

Listening on localhost:8545
```

图 4-14　TestRPC 命令行界面

4.5.3　整体规划

本案例的系统架构如图 4-15 所示，底层使用以太坊区块链，本地使用 TestRPC 来开启以太坊，通过 Truffle 工具，把智能合约部署在以太坊上。绿证交易系统使用 Web3. js 来调用智能合约中的方法，用户可以使用前端页面非常方便地运用交易系统的功能。

1. 智能合约设计

以太坊智能合约可以使用多种语言来编写，如 Solidity、Serpent、LLL 等，目前官方推荐使用 Solidity。智能合约设计一般有两种方案：第一种方案就是项目中的一个实体对应一个合约，这样项目中可能会有多个合约，比如对用户实体、商户实体、绿地交易中心实体分别各设计一个合约，这样比较符合面向对象的思想；第二种方案是只设计一个合约，不同对象通过结构体和映射的方式存储在一个合约中。相对来说，第二种方案较为容易理解，测试较为简单，后续的扩展维护也较为方便，因此本案例使用第二种方案。

（1）工具合约

在本案例中，因为合约不断与前端页面交互，涉及数据类型转换，前端传进来的常常是 string 类型，而在合约中使用 bytes32 类型较多，所以要在合约中处理 string 类型和 bytes32 类型的相互转换。这里建立一个工具类合约，其后的工具方法可以直接加入该合约，然后让真正的主合约继承这个工具类合约即可，如图 4-16 所示。

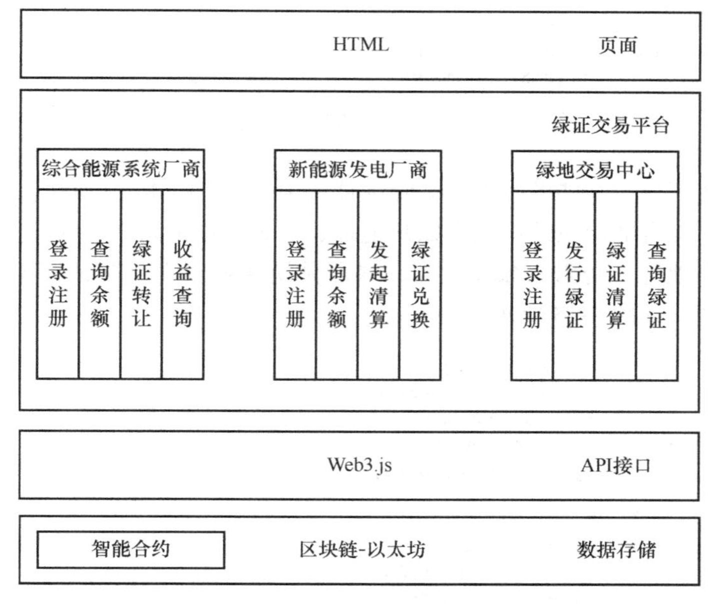

图 4-15　系统架构图

```
contract Utils{
    //String类型转化为bytes32类型
    function stringToBytes32(string memory source) constant
    internal returns (bytes32 result) {
        assembly {
            result := mload(add(source, 32))
        }
        //bytes32类型转化为string类型
    function bytes32ToString(bytes32 x)constant internal returns
    (string) {
        bytes memory bytesString = new bytes(32);
        uint chaCount = 0;
        for(uint j = 0; j < 32; j++){
            byte char = byte(bytes32(uint(x) * 2 ** (8 * j)));
            if(char != 0){
                bytesString[charCount] = char;
                charCount++;
            }
        }
        bytes memory bytesStringTrimmed = new bytes(charCount);
        for(j = 0; j < charCount; j++){
            bytesStringTrimmed[j] = bytesString[j];
        }
        return string(bytesStringTrimmed);
    }
}
```

图 4-16　工具类合约代码

（2）合约状态设计

目前合约中的对象有综合能源系统厂商、新能源发电商、绿证交易中心和绿证。由于只有一个主合约，可以把管理员作为该主合约的“拥有者”，把管理员的状态作为这个合约的公共状态，如图 4-17 所示。

```
1 address owener; //合约的拥有者:绿证交易中心
2 uint issuedScoredAmount; //绿证交易中心已经发行的绿证总数
3 uint settledScoreAmount; //绿证交易中心已经清算的绿证总数
```

图 4-17 合约状态代码

综合能源系统厂商、新能源发电商和绿证使用 struct 结构体进行封装，把这些对象的属性加入结构体中，综合能源系统厂商有账户地址、密码、绿证余额、收益查询 4 种属性，新能源发电商有账户地址、密码、绿证余额、绿证兑换 4 种属性，绿证有 ID、价格、所属的用户地址 3 种属性，如图 4-18 所示。

```
6  struct Customer {
7      address customerAddr; //综合能源系统厂商address
8      bytes32 password; //综合能源系统厂商密码
9      uint scoreAmount; //绿证余额
10     bytes32[] buyGoods; //购买的绿证数组
11
12 }
13 struct Merchant {
14     address merchantAddr; //新能源发电商address
15     bytes32 password; //新能源发电商密码
16     uint scoreAmount; //绿证余额
17     bytes32[] sellGoods; //发布的绿证数组
18
19 }
20 struct Good {
21     bytes32 goodID; //绿证ID
22     uint price; //价格
23     address belong; //绿证属于哪个用户address
24 }
```

图 4-18 综合能源系统厂商及新能源发电商账户合约代码

合约中应该建立一种映射，通过账户地址可以查找到综合能源系统厂商和新能源发电商，或者通过 ID 找到商品。Solidity 提供了这种映射的键值对的查找方式，如图 4-19 所示。

```
1 mapping (address=>Customer) customer; //根据综合能源系统的address查找某客户
2 mapping(address=>Merchant) Merchant; //根据新能源厂商的address查找某个商户
3 mapping(bytes32=>Good) good; //根据绿证ID查找该绿证
4
```

图 4-19 合约映射代码

同时，建立综合能源系统厂商、新能源发电商和绿证数组，存储已注册或已添加的对象，如图 4-20 所示。

```
5 address[] customers; //已注册的综合能源系统厂商数组
6 address[] merchants;//已注册的新能源厂商数组
7 bytes32[] goods; //已发行的绿证
```

图 4-20 账户数组

2. 合约方法设计

合约方法设计主要是针对每个功能模块中对外提供的方法进行设计，包括综合能源系统厂商/新能源发电商方法、判断是否注册的方法、登录方法、转让绿证方法等。

（1）构造方法

每个合约都会有一个默认的构造函数，构造函数会在合约被初始化的时候调用。也可以重写构造方法，对参数做初始化操作，本案例把合约的调用者作为交易中心管理员的账户地址，重写构造方法如图4-21所示。

```
9  //构造函数
10 function Score() {
11     owner = msg.sender;
12 }
13
```

图4-21　重写构造方法代码

（2）注册综合能源系统厂商/新能源发电商

智能合约中的两类方法：交易方法和constant方法。交易方法会对区块链上的状态变量进行修改，会在区块上产生一次真正的交易记录。constant方法一般用作获取变量的操作，不会对变量进行修改，也不会在区块上产生交易记录，一般get方法都是constant方法。注册用户的方法应该是一个交易方法，并使用event事件把值返回。在使用Web3.js接口时，交易方法无法直接使用return返回值，默认的返回值是交易Hash，所以只能使用event发送事件的方式返回值。与此相反，constant方法可以使用return直接返回数据，所以constant方法一般不写event事件。综合能源系统厂商/新能源发电商注册实现如图4-22所示。

```
68 //注册一个综合能源系统厂商
69 event NewCustomer (address sender, bool isSuccess, string message);
70 function newCustomer(address _customerAddr, string _password){
71     //判断是否注册
72     if(!isCustomerAlreadyRegister(address _customerAddr, string _password)) {
73         //还未注册
74         customer[_customerAddr].customerAddr = _customerAddr;
75         customer[_customerAddr].password = stringToBytes32(_password);
76         customers.push(_customerAddr);
77         NewCustomer(msg.sender, true,"注册成功");
78         return;
79     }else {
80         NewCustomer(msg.sender, false, "该账户已经注册");
81         return;
82     }
83 }
84 //注册一个新能源发电商
85 event NewMerchant(address sender, bool isSuccess, string message);
86 function newMerchant(address _merchantAddr, string _password) {
87         //判断是否已经注册
88     if(!isMerchantALreadyRegister(address _merchantAddr, string _password)) {
89         //还未注册
90         merchant[_merchantAddr].merchantAddr = _merchantAddr;
91         merchant[_merchantAddr].password = stringToBytes32(_password);
92         merchant.push(_merchantAddr);
93         NewMerchant(msg.sender, true,"注册成功");
94         return;
95     }else {
96         NewMerchantr(msg.sender, false, "该账户已经注册");
97         return;
98     }
99 }
```

图4-22　综合能源系统厂商/新能源发电商注册实现代码

（3）判断综合能源系统厂商/新能源发电商是否注册

有些方法只需要在合约内部调用，对外部接口是不可见的，可以使用internal关键字修饰类方法。由于要防止综合能源系统厂商/新能源发电商的同一账号重复注册，应该在每一次注册之前进行判断，判断是否注册的方法如图 4-23 所示。

```
101 //判断综合能源系统厂商是否注册
102 function isCustomerAlreadyRegister(address _customerAddr)
103 internal returns(bool){
104     for(uint i =0; i < customers.length; i++){
105         if(customers[i] == _customerAddr){
106             return true;
107         }
108     }
109     return false;
110 }
111 //判断新能源发电商是否注册
112 function isMerchantALreadyRegister(address _merchantAddr)
113 internal returns(bool){
114     for(uint i = 0; i < merchants.length; i++){
115         if(merchants[i] == _merchantAddr){
116             return true;
117         }
118     }
119     return false;
120 }
```

图 4-23　判断用户是否注册的方法

（4）综合能源系统厂商/新能源发电商登录

在该合约案例中，使用智能合约方法登录对象的密码，判断是否登录成功的逻辑在 JavaScript 代码中进行，Solidity 方法中可以直接使用 return 返回多个值。在合约中获得登录者密码的方法如图 4-24 所示。

```
122 //查询综合能源系统厂商密码
123 function getCustomerPassword(address _customerAddr)constant
124 returns(bool, bytes32){
125     //先判断该用户是否注册
126     if(isCustomerAlreadyRegister(_customerAddr)){
127         return (true, customer[_customerAddr].password);
128     }else {
129         return(false,"");
130     }
131 }
132 //查询新能源发电商密码
133 function getMerchantPassword(address _merchantAddr)constant
134 returns(bool, bytes32){
135     //先判断该用户是否注册
136     if(isMerchantALreadyRegister(_merchantAddr)){
137         return (true, merchant[_merchantAddr].password);
138     }else {
139         return(false,"");
140     }
141 }
```

图 4-24　合约中获得登录者密码方法

（5）发行绿证

在本案例中，交易中心管理员可以向任何一位用户发行绿证，已发行的绿证数额记录在合约的 issuedScoreAmount 变量中，用户绿证增长相应的数额，方法实现如图 4-25 所示。

（6）转让绿证

绿证可以在任意两个账户之间实现转让，这里用同一个合约方法实现。由于需要判断调用者是综合能源系统厂商/新能源发电商，参数_senderType = 0 表示绿证发送者是综合能源系统厂商，_senderType = 1 表示绿证发送者是新能源发电商，方法实现如图 4-26 所示。

```
143  //交易中心发送绿证给用户，只能被交易中心调用，且只能发送给用户
144  event SendScoreToCustomer(address sender, string message);
145  function SendScoreToCustomer(address _receiver, uint _amount){
146      if(isCustomerAlreadyRegister(_receiver)){
147          //已经注册
148          issuedScoredAmount += _amount;
149          customer[_receiver].scoreAmount += _amount;
150          SendScoreToCustomer(msg.sender,"发行绿证成功");
151          return;
152
153      }else {
154          //还没注册
155          SendScoreToCustomer(msg.sender, "该账户未注册，发行绿证失败");
156          return;
157      }
158  }
```

图 4-25　发行绿证方法

```
160  //两个账户转让绿证，任意两个账户之间都可以转让，所有用户都可以调用该方法
161  //senderType表示调用者类型，0表示综合能源系统厂商，1表示新能源发电商
162  event TransferScoreToAonther(address sender, string message);
163  function TransferScoreToAonther(uint _senderType, address _sender, address _receiver, uint _amount){
164      string memory message;
165      if(!isCustomerAlreadyRegister(_receiver)&& !isMerchantALreadyRegister(_receiver)){
166          //目的账户不存在
167          TransferScoreToAonther(msg.sender,"目的账户不存在，请确认后再转让！");
168          return;
169      }
170      if(_senderType == 0){
171          //综合能源系统厂商转让
172          if(customer[_sender].scoreAmount >= _amount){
173              customer[_sender].scoreAmount -= _amount;
174              if(isCustomerAlreadyRegister(_receiver)){
175                  //目的地址是综合能源系统厂商
176                  customer[_receiver].scoreAmount += _amount;
177              }else {
178                  merchant[_receiver].scoreAmount += _amount;
179              }
180              TransferScoreToAnother(msg.sender,"绿证转让成功!");
181              return;
182          }else{
183              TransferScoreToAnother(msg.sender,"你的绿证余额不足，转让失败！");
184              return;
185          }
186      }else {
187          //新能源发电商转让
188          if(merchant[_sender].scoreAmount >= _amount){
189              merchant[_sender].scoreAmount -= _amount;
190              if(isCustomerAlreadyRegister(_receiver)){
191                  //目的地址是客户
192                  customer[_receiver].scoreAmount += _amount;
193              }else {
194                  merchant[_receiver].scoreAmount += +amount;
195              }
196              TransferScoreToAnother(msg.sender,"绿证转让成功！");
197              return;
198          }else {
199              TransferScoreToAnother(msg.sender,"你的绿证余额不足，转让失败！");
200              return;
201          }
202      }
203  }
```

图 4-26　转让绿证方法

(7) 购买绿证

客户可以输入绿证 ID 来购买一件绿证，如果拥有的余额大于等于绿证所需的余额，则购买绿证成功，否则购买失败。购买成功后，会把绿证 ID 加入到 buyGoods 数组中，方法实现如图 4-27 所示。

```
205 //用户用余额购买一个绿证
206 event BuyGood(address sender, bool isSuccess, string message);
207 function buyGood(address _customerAddr, string _goodId) {
208     //首先判断输入的绿证ID是否存在
209     bytes32 tempId = stringToBytes32(_goodId);
210     if(isGoodAlreadyAdd(tempId)){
211         //该绿证已经添加，可以购买
212         if(customer[_customerAddr].scoreAmount < good[tempId].price){
213             BuyGood(msg.sender, false, "余额不足，购买绿证失败");
214             return;
215         }else{
216             //对这里的方法抽取
217             customer[_customerAddr].scoreAmount -= good[tempId].price;
218             merchant[good[tempId].belong].scoreAmount += good[tempId].price;
219             customer[_customerAddr].buyGoods.push(tempId);
220             BuyGood(msg.sender, true,"购买绿证成功");
221             return;
222         }
223     }else {
224         //没有这个ID的绿证
225         BuyGood(msg.sender, false, "输入绿证ID不存在，请确定后购买");
226         return;
227     }
228 
229 }
```

图 4-27　购买绿证方法

4.5.4　系统实现

以上进行了总体设计和智能合约设计，下面将进行系统实现。本案例项目主要是用 Truffle 来进行构建，详细实现是在合约方法设计之后，使用 Web3. js 接口实现与合约方法对接，这与设计方案中的方法接口一一对应。

1. 创建项目

本案例项目是使用 Truffle 框架来构建的，首先需要新建一个文件夹，然后使用终端命令进入该文件夹，执行 Truffle init 命令，此时就会自动创建一个基于 Truffle 的以太坊去中心化应用，如图 4-28 所示。

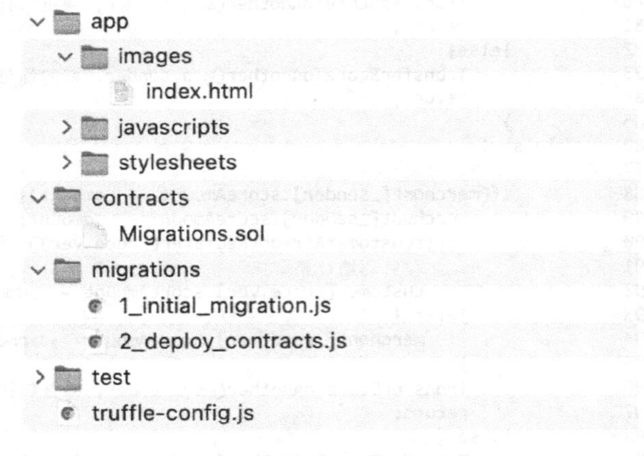

图 4-28　项目创建目录结构

app 文件夹中主要包含前端页面和 javascript 代码，其实现的主要代码都会在 javascripts 文件夹中；contracts 文件夹包含了智能合约，Truffle 默认会生成 3 个合约，本案例实现的合约也会放入这个文件夹；migrations 文件夹是关于合约部署配置的，在把合约部署到以太坊之前需要修改里面的 2_deploy_contracts. js 文件；test 文件夹用于写智能合约的测试代码；truffle-config. js

是整个项目的配置文件，如果需要增加 JavaScript 文件或者 HTML 页面，则需要修改 truffle-config. js 文件。

2. 详细实现

详细实现需要编写的 JavaScript 代码包括连接以太坊、综合能源系统厂商/新能源发电商注册接口、综合能源系统厂商/新能源发电商登录接口、转让绿证接口等功能模块。

（1）连接以太坊

应用需要在页面启动的时候获得部署在以太坊上的合约实例，然后才能去调用合约内的方法。由于 Truffle 已经默认集成了 Web3. js 接口，所以可以直接使用 web3. eth 下的所有方法。首先在 window. omload 方法中获取当前以太坊上可用的账户和合约实例，在 app. js 中实现如图 4-29 所示。

```
1   window.omload = function() {
2       web3.eth.getAccounts(function(err, accs){
3       if(err != null) {
4           //如果没有开启以太坊客户端（TestRPC、geth私有链），则无法获取账号
5           alert("无法连接到以太坊客户端……");
6           return;
7           }
8       if(accs.length == 0){
9           //没有以太坊账号
10          alert("获得账号为空");
11          return;
12          }
13          accounts = accs;
14          account = account[0];//以第一个默认账号作为调用合约的账号
15          contratcAddr = Score.deployed();//获得合约地址
16          console.log("合约地址："+contractAddr.address);
17      });
18  }
```

图 4-29　连接以太坊方法

（2）综合能源系统厂商/新能源发电商注册

注册页面在主页面 index. html 中，用户可以输入合法的以太坊账户地址和密码来注册一个账户。注册的前端 HTML 代码实现如图 4-30 所示。

```
1   <! --客户注册-->
2   <meta http-equiv="Content-Type" content="text/html; charset=utf-8" />
3   <br><br><br><label for="customerAddress">综合能源系统厂商地址:
4   </label><input type = "text"id="customerAddress" placeholder="e.g.,0x93e66d9baea28c17d9fc393b53e3fbdd76899dae">
5   <br><label for="customerPassword">密码:
6   </label><input type = "text" id="customerPassword" placeholder = "e.g., ******"><br><button id="newCustomer" onclick="newCustomer()">客户注册
7   </button>
8   ~
9   |
```

图 4-30　综合能源系统厂商/新能源发电商注册前端代码

在 app. js 文件中进行逻辑代码的实现如图 4-31 所示。

（3）综合能源系统厂商/新能源发电商登录

登录操作同样在 index. html 主页面中进行，已注册的客户/商户输入正确的账户密码即可以成功登录，并跳转到用户页面。登录的前端 HTML 代码实现如图 4-32 所示。

在 app. js 中进行逻辑代码的实现，根据输入的账户地址去区块链上查找指定账户的密

```
1  //注册一个综合能源系统厂商：需要指定gas，默认gas值会出现out of gas
2  function newCustmoer(){
3      var address = document.getElementById("customerAddress").value;
4      var password = documnent.getElementById("customerPassword").value;
5      contractAddr.newCustomer(address, password,{from: account, gas: 1000000}).then(function(){
6          var eventNewCustomer = contractAddr.NewCustomer();
7          eventNewCustomer.watch(function (error, event){
8              console.log(event.args.message);
9              alert(event.args.message);
10             eventNewCustomer.stopWatching();//一定要停止监听
11         });
12     });
13
14 };
```

图 4-31　用户注册逻辑代码

```
1  <!-- 客户登录-->
2  <meta http-equiv="Content-Type" content="text/html; charset=utf-8" />
3  <br><br><br><label for="customerLoginAddr">客户地址：</label>
4  <input type="text" id="customerLoginAddr" placeholder="e.g.,0x93e66d9baea28c17d9fc393b53e3fbdd76899dae">
5  <br><label for="customerLoginPwd">密码：</label>
6  <input type = "text" id="customerLoginPwd" placeholder="e.g., ********">
7  <br><button id ="customerLogin" onclick="customerLogin()">客户登录</button>
```

图 4-32　用户登录前端代码

码，并与输入密码对比是否匹配，如图 4-33 所示。

```
//综合能源系统厂商登录
function customerLogin() {
    var address = document.getElementById("customerLoginAddr").value;
    var password = document.getElementById("customerLoginPwd").value;
    contractAddr.getCustomerPassword(address, {from: account}).then(function(result){
        console.log(password);
        console.log(hexCharCodeToStr(result[1]));
        if(result[0]){
            //查询密码成功
            if(password.localeCompare(hexCharCodeToStr(result[1])) === 0){
                console.log("登录成功");
                //跳转到用户界面
                location.href = "customer.html?account= " + address;
            }else{
                console.log("密码错误，登录失败");
                alert("密码错误，登录失败");
            }
        }else{
            //查询密码失败
            console.log("该用户不存在，请确定账号后再登录!");
            alert("该用户不存在，请确定账号后再登录!");
        }
    });
}
```

图 4-33　密码匹配代码

（4）发行绿证

在本案例中，管理员可以直接使用合约调用者的地址进行登录。如图 4-34 所示，命令行界面显示的第一个地址就是调用当前合约的账户，也是该案例默认的管理员账户。每次开启 TestRPC 时产生的测试账户都是不同的，可以直接使用该账号登录到管理员页面。

```
chengmingxi@chengmingxideMacBook-Pro demo % testrpc
EthereumJS TestRPC v6.0.3 (ganache-core: 2.0.2)

Available Accounts
==================
(0) 0x464d833c9e4b11aa0e5fd0a105a3f3544d8bb6d5
```

图 4-34 管理员账户登录

管理员登录后会跳转到管理员页面，需要新建一个 bank. js 和 bank. html，然后每次新建 JavaScript 或 HTML 文件，都需要按图 4-35 所示的步骤修改 truffle. js 文件。

```
module.exports = {

  build: {
    "index.html": "index.html",
    "banl.html": "bank.html",
    "app.js":[
      "javascripts/app.js",
      "javascripts/bank.js"
    ],
    "app.css": [
      "stylesheets/app.css"
    ],
    "images/": "images/"
  },
  rpc:{
    hots:"localhost",
    port:8545
  },
```

图 4-35 Truffle 界面

bank. html 发行绿证代码如图 4-36 所示。

```
1   <meta http-equiv="Content-Type" content="text/html; charset=utf-8" />
2   <br><br><br><label for="customerAddress">客户地址: </label>
3   <input type= "text" id="customerAddress" placeholder="e.g., 0x93e66d9baea28c17d9fc393b53e3fbdd76899dae">
4   <br><label for="scoreAomunt">绿证数量: </label>
5   <input type="text" id="scoreAmount" palceholder="e.g., *******">
6   <br><button id="sendScoretoCustomer" onclick="sendScoretoCustomer()">发行绿证</button>
7
```

图 4-36 发行绿证代码

bank. js 发行绿证方法实现如图 4-37 所示。

```
1    function sendScoreToCustomer() {
2        var address = document.getElementById("customerAddress").value;
3        var score = document.getElementById("scoreAmount").value;
4        contractAddr.sendScoreToCustomer(address, score, {from: account});
5        var eventSendScoreToCustomer = contractAddr.sendScoreToCustomer();
6        eventSendScoreToCustomer.watch(function (error, event){
7            console.log(event.args.message);
8            alert(event.args.message);
9            eventSendScoreToCustomer.stopWatching();
10       });
11   }
```

图 4-37 发行绿证方法

（5）转让绿证

登录成功后，用户可以在自己的余额额度内转让绿证，如果要转让的绿证数量超过已有的额度，则转让失败。综合能源系统厂商-综合能源系统厂商、综合能源系统厂商-新能源发电商、新能源发电商-新能源发电商，两两之间都可以进行该操作。这里以在综合能源系统厂商中的实现为例，新建 ies. js 和 ies. html。ies. html 实现如图 4-38 所示。

```
1  <br><br><br><label for="anotherAddress">转让绿证地址: </label>
2  <input type="text" id="anotherAddress" placeholder="e.g., 0x93e66d9baea28c17d9fc393b53e3fbdd76899dae">
3  <br><label for="scoreAmount">绿证数量: </label>
4  <input type="text" id="scoreAmount" placeholder="e.g.,********">
5  <br><button id="transferScoreToAnotherFromCustomer"
6  onclick="transferScoreToAnotherFromCustomer()">转让绿证</button>
```

图 4-38　转让绿证 HTML 代码

转让绿证页面与交易中心发行绿证页面基本相同。ies. js 转让绿证方法实现如图 4-39 所示。

```
1   function transferScoreToAnotherFromCustomer(){
2       var receivedAddr = doucment.getElementById("anotherAddress").value;
3       var amount = parseInt(document.getElementById("scoreAmount").value);
4       contractAddr.sendScoreToCustomer(address, score, {from: account});
5       var eventSendScoreToCustomer = contractAddr.SenScoreToCustomer();
6       eventSendScoreToCustomer.watch(function(error, event){
7           console.log(event.args.message);
8           alert(event.args.message);
9           eventSendScoreToCustomer.stopWatching();
10      });
11  }
```

图 4-39　转让绿证 JavaScript 代码

图 4-40 和图 4-41 分别展示了绿证交易中心端登录界面和综合能源系统厂商某时刻输入/输出结果显示界面。

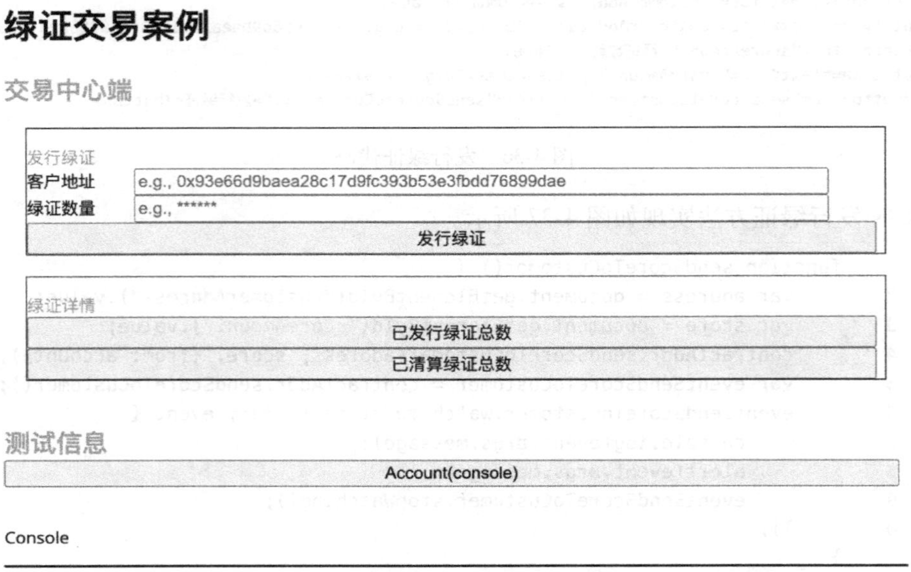

绿证交易案例

交易中心端

发行绿证

客户地址　e.g., 0x93e66d9baea28c17d9fc393b53e3fbdd76899dae

绿证数量　e.g., ******

发行绿证

绿证详情

已发行绿证总数

已清算绿证总数

测试信息

Account(console)

Console

图 4-40　绿证交易中心管理员登录界面

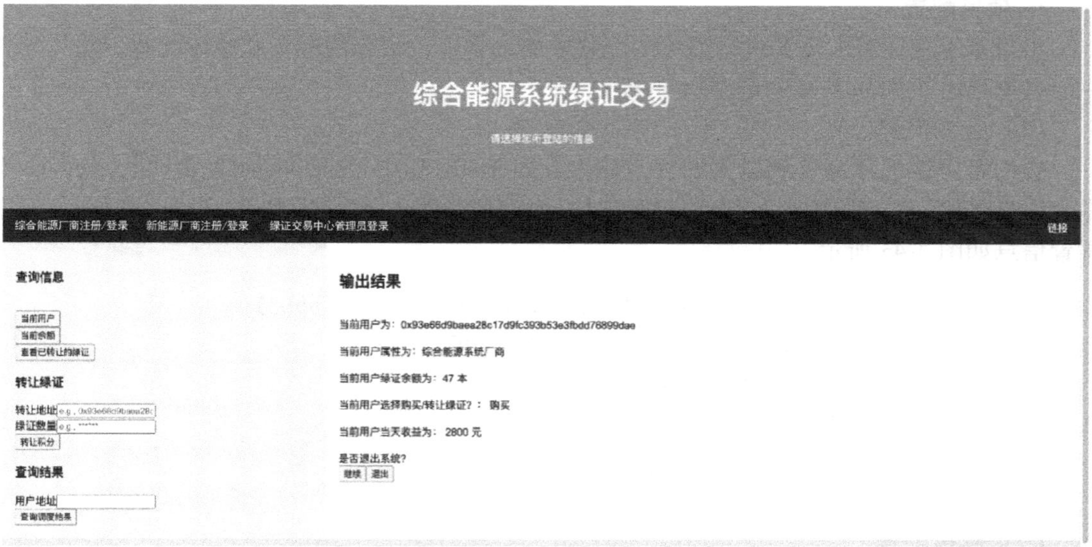

图 4-41　综合能源系统厂商某时刻输入/输出界面

4.5.5　系统部署

前面使用 Truffle init 命令初始化项目后，会自动生成一些不需要的示例代码，可以手动删除，如 contracts 文件夹下的 ConvertLib. sol 和 Migrations. sol 两个文件，migrations 文件夹下的 1_initial_migrations. js 文件。把所有的 HTML 文件直接放入 app 文件夹，把所有的 JavaScript 文件放入 app/javascripts 文件夹，把写好的智能合约保存成后缀 sol 格式放入 contracts 文件夹。完成本案例后的目录如图 4-42 所示。

图 4-42　本项目目录结构

1. 项目配置

项目基本完成后，需要进行简单的配置才能部署，包括合约配置和整体配置，整体配置主要是 HTML 页面和 JavaScript 脚本的配置。

（1）合约配置

合约需要被编译部署到以太坊客户端上，如 TestRPC 中。migrations/2_deploy_contracts. js 是合约的部署文件，需要把目标合约配置进去（已经删除默认合约的代码），2_deploy_contracts. js 配置信息如图 4-43 所示。

```
var Score = artifacts.require("./Score.sol");
module.exports = function(deployer) {
  deployer.deploy(Score);
};
```

图 4-43　合约配置方法

（2）整体配置

由于创建了多个 HTML 文件和 JavaScript 文件，因此需要在项目根目录的 truffle. js 中把这些文件注册进去。所使用的 TestRPC 客户端默认使用 8545 端口，根据不同的需求和以太坊客户端的配置也可以修改端口号。truffle. js 实现如图 4-44 所示。

```
require('babel-register')

module.exports = {
  networks: {
    truffle: {
      host: '127.0.0.1',
      port: 8545,
      network_id: '*' // Match any network id
    },
    develop: {
      host: '127.0.0.1',
      port: 8545,
      network_id: '*' // Match any network id
    },
    geth: {
      host: '127.0.0.1',
      port: 8545,
      network_id: '*' // Match any network id
    }
  }
}
```

图 4-44　整体配置方法

2. 项目部署

Truffle 项目只需要使用简单的命令行就可以完成合约的编译，合约部署到以太坊，并把整个项目部署到本地服务器，然后使用前端页面就可以实现和区块链的交互。在部署项目之前，必须要在一个终端命令行先开启 TestRPC 服务，然后在另一个终端命令行进入项目根目录，分别执行以下命令：

1）Truffle compile：编译智能合约，如果合约存在语法错误，编译将失败，并提示错误信息。如果只修改一个合约，但是项目有多个合约，想要修改后同时编译所有合约，可以执行 Trufflecompile-compile-all 命令。

2）Truffle migrate：部署智能合约，把编译完成的合约部署到以太坊客户端 TestRPC 中。如果该命令由于异常执行失败，可以执行 Truffle migrate-reset 命令。

3）Truffle serve：开启 Truffle 本地服务器，默认使用 8080 端口，并把项目自动部署到 Truffle 服务器。

同时，在另一个开启 TestRPC 的终端中，会打印出区块链日志，日志包括被调用的方法、交易 Hash、区块号、花费的 gas 值等信息。TestRPC 打印的命令行日志如图 4-45 所示。

```
Mnemonic:      amused foam letter lyrics jealous popular crime cart fuel damage
fringe make
Base HD Path:  m/44'/60'/0'/0/{account_index}

Listening on localhost:8545
```

图 4-45　命令行日志

执行完以上步骤后，在浏览器中输入 http://localhost:8080/index.html 就可以访问交易系统了。

本 章 小 结

本章介绍了区块链去中心化应用分层可扩展开发思路与具体流程，同时介绍了区块链技术在综合能源系统绿色证书方面的应用，包括绿证交易与区块链的匹配度分析、智能合约应用于绿证市场结算的解决方案以及关键技术与方法。通过实际项目仿真，设计了一种新型的基于区块链技术的去中心化绿证交易客户端，保证了不同电力主体之间的互联互通，促进智慧能源价值互联。

第 5 章 区块链技术在能源互联网中的应用初探

5.1 背景与现状

5.1.1 能源互联网发展背景

随着经济快速发展，人类社会面临着日益严重的能源枯竭危机和环境污染问题。一方面，一次能源的不可再生性需要加快发展新能源，提高用能效率；另一方面，仅对电、气、热等单一能源孤立管理的传统能源系统大大限制了能源综合协调利用，不利于用能效率的提升。针对上述问题，美国经济学家 Rifkin 等提出了基于互联网技术的未来能源体系——能源互联网（Energy Internet，EI），其在发、输层面经由洲内互联、跨洲互联、全球互联逐步构建广域能源互联网，在配、用层面则表现为区域能源互联网（Regional Energy Internet，REI）。

国内外政府和机构根据自身需求相继制定了多能协同建设战略。欧洲最早提出和实施综合能源系统；美国能源部 2001 年提出综合能源系统发展计划以推进电-热-气多能源集成技术的进步和应用；日本作为最早开展多能协同研究的亚洲国家，2009 年提出构建综合能源系统，优化能源结构以达成减排目标。中国在 2015 年《国务院关于推进“互联网+”行动的指导意见》中强调多能耦合协调是构建能源互联网的重要基础，并于 2017 年批准建设和推动首批 23 个“多能互补集成优化示范工程”。

在区域能源互联网背景下，除了上述网络层面的多能耦合外，源与荷同样具有多能特性，能够以能量枢纽形式进行描述和表示。同时，随着分布式电源（Distributed Generation，DG）及主动负荷的大量接入，系统“源-网-荷”互动特性更加明显。因此，有必要研究新背景下新的负荷特性，基于能量枢纽进行多能“源-网-荷”协同规划。

5.1.2 区块链技术在能源互联网应用现状

作为我国能源供给侧改革和产业结构调整的重要内容，能源互联网的建设已经起步，大量的能源互联网相关示范工程已经开始投入运行。能源互联网的建设和电力体制改革的推进对能源系统的拓扑结构以及商业模式产生了根本性的影响，参与能量交易的角色趋于多样化，相应的交易模式也更加丰富和复杂，亟需引入新技术支撑能源互联网的建设。

作为一种新兴技术，区块链的发展已经得到了全社会的广泛关注，并在金融领域得到实际应用。区块链在能源领域应用的探索已经初步展开，主要的理论成果可以分为以下两个方面：

1）能源领域区块链技术特征分析方面：参考文献［27］提出了能源系统中区块链的基本概念，简要叙述了区块链在能源领域的研究现状，并从 P2P 交易、电动汽车充电、物理信息安全和能源互联网的商业模式等方面对区块链的未来应用进行了初步展望；参考文献［28］阐述了区块链技术和能源互联网之间的特征匹配情况，提出了区块链在能源互联网建设中典型的应用场景；参考文献［29］结合区块链的典型特征，对区块链在能源互联网中的应用前景进行了初步展望，提出区块链对于构建“互联网+”和物联网去中心化价值新体系，重构商业生态圈具有重要意义；参考文献［30］分析了区块链在能源领域中发、输、配、用、储等环节的应用场景和业务模式，提出了我国在发展能源区块链时面临的问题和解决这些问题的建议；参考文献［31］在介绍区块链技术的基本原理和典型特征的基础上，从功能、主体、属性 3 个维度对区块链技术在能源互联网中的应用进行了归纳和分析，从能量、信息以及价值的角度，阐述了区块链技术对能源互联网中源、网、荷、储等不同主体在计量认证、市场交易、协同组织、能源金融不同环节中发挥的作用，对区块链技术在我国能源转型中的典型应用进行了初探和展望。

2）能源领域区块链应用模式分析方面：参考文献［32］提出了一种区块链技术在辅助服务中的应用，并从共识记账、智能合约、业务交互等方面对区块链技术应用方式进行了分析，归纳了当前区块链技术在电力市场辅助服务领域应用的局限性；参考文献［33］提出了一种利用区块链技术实现能源互联网系统分布式决策和协同自治运行的机制框架，从区块链和能源互联网角度分别提出了区块链框架下能源互联网发展的关键技术。

5.2 能源互联网概述

5.2.1 能源互联网的基本概念

能源互联网根据分布范围分为广域能源互联网和区域能源互联网。前者主要由跨省市的大型输电、气等骨干网架组成，承担能源远距离传输和连接各省市大型能源基地的作用。后者范围相对较小，主要由智能配电网、中低压天然气网、供热/冷网、交通网等系统组成，承担能源近距离传输、分配和转换的作用，主要表现为集成电、气、冷、热等多种能量需求、各类可再生能源、电动汽车及充放电设施的城市以及经济开发区或工业园区等。面向区域能源互联网的“源-网-荷”协同规划整体架构如图 5-1 所示。

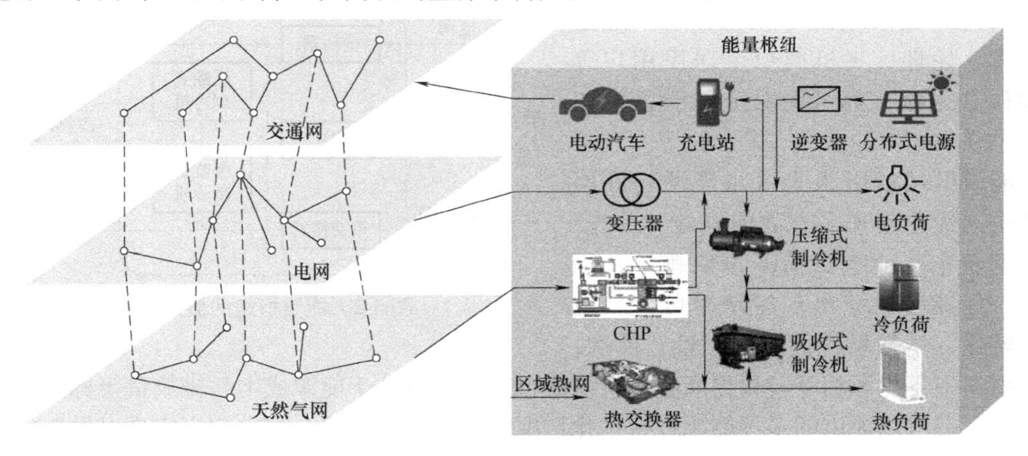

图 5-1 基于“源-网-荷”架构的能源互联网协同规划图

5.2.2　能源互联网的形态演化及特征

1. 由单一能源向以电为核心的多能协调互补的演化

传统电力系统对电能进行单一调度，区域能源互联网中，含电能在内的多种能源通过能源转换装置协调互补，提高了整体的用能效率。其中，电能由于其清洁、高效、易传输等优势，作为各种能源相互转化的枢纽，成为区域能源互联网的核心。

2. 由传统“源-网-荷”运营模式向广义“源-网-荷”协同的多端能流互动的演化

传统的电力系统“源-网-荷”运营模式主要包含源-源互补、源-网协调和网-荷互动3方面。区域能源互联网下，源、网、荷演化为包含多种能源资源、多种能源网络、多种能源需求的更广的含义，形成以横向多源互补和纵向“源-网-荷”协调为主要方式的多端能流互动协调运营模式。

3. 基于分布式的高效自治自律特性

区域能源互联网是能源互联网的基础，可实现基于分布式的高效内部自治。利用区域内海量分布式能源、主动负荷与能量转换装置构建自给自足的能源体系，利用大规模分布式储能实现能源供用灵活转换，并结合分布式优化调度算法，实现区域能源互联网的高效自治自律。

4. 利益驱动下的多向集成互动特性

区域能源互联网是能源互联网的构成单元。不同区域能源互联网因其能源特性与地理位置不同而具有不同的能源利用场景，通过能源与信息技术的深度融合，与骨干网架保持双向可控的能源与信息流动，并进一步与其他区域能源互联网产生能源与信息的多向联系，形成利益驱动下的能源组织，进而发挥集成优势并提供多元能源服务，最终实现全网协调、区域自治的能源互联网体系。

5.2.3　能源互联网的源-网-荷模型

瑞士苏黎世联邦理工学院 Martin Geidl 等于 2007 年提出能量枢纽（Energy Hub，EH）的高度抽象概念，可有效模拟区域能源互联网中各源、荷节点的多能输入输出特性，如图5-2所示。无论是工业工厂、大型建筑群、农村和城市地区等较大系统，还是如火车、轮船、飞机或单个居民用户等小型孤立系统，都可用对应的能量枢纽来表示。

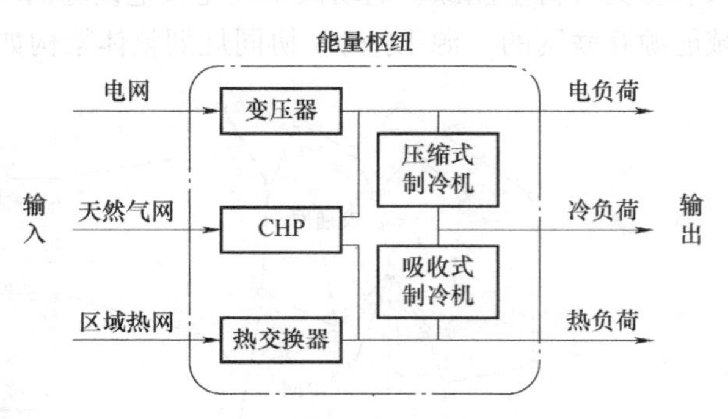

图5-2　能量枢纽的概念模型

能量枢纽的引入为区域能源互联网多能协同优化带来多方面的好处。首先，能量枢纽中各能量负荷不再依赖单一网络，一种能量供应出现短缺时可由其他能源转化，增强系统供能可靠性；其次，能量枢纽中各能源相互转化提高了系统供能自由度，可基于能源成本、排放量等标准对能量枢纽输入端口处提供的多种能源进行优化调度输入，或结合综合需求响应实现对供能的响应调度；最后，借助能量枢纽可实现多能源系统的优势互补，如可充分发挥电力系统适于远距离传输的特性以及天然气系统和热力系统的能量存储特性，实现整个区域能源互联网络的性能优化。

5.2.4 多供能网络的联合规划

1. 多供能网络耦合元件

以燃气轮机为核心的冷热电联供（Combined Cooling Heating and Power，CCHP）技术可以通过图5-3所示原理实现电力-天然气-热网的多网耦合。

（1）配气网络的P2G技术

电转气（Power to Gas，P2G）技术可将电能转化为氢气或天然气，与燃气轮机共同实现电-气网络双向能量交互，同时对电-气协同优化产生双向影响。一方面，对气网的影响在于，在离终端较远处安置大型P2G设备将改变气体网流传输模式，氢气的引入将降低管道气体高热值，增加满足相同负荷所需气体体积；另一方面，对电网的影响在于，P2G技术使多余出力得以储存运输，可降低网络拥塞程度，节约运行成本，增加可调容量，提高系统灵活性。

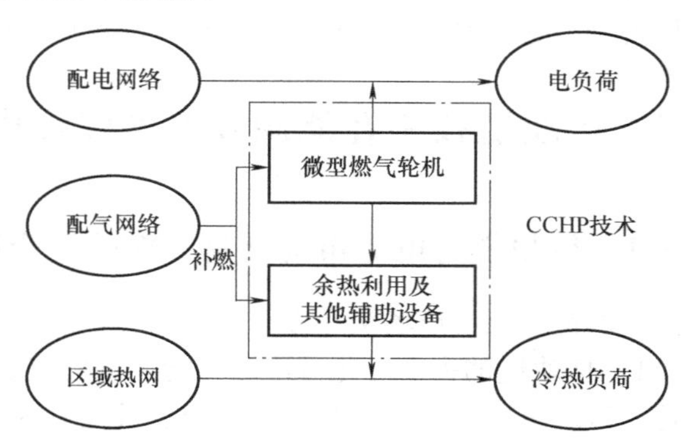

图5-3　CCHP技术实现电-气-热耦合

（2）区域热网中的电锅炉和蓄热装置

电锅炉利用电磁感应发热或电阻发热，通过锅炉换热部位将热载体加热输出，实现电能向热能的转化。电能蓄热装置在电力负荷低谷期，利用电作为能源加热蓄热介质，将多余出力以热能形式储蓄起来，提升系统的经济性；在用电高峰期则将蓄热装置中的热能释放出来，满足供热需要，减轻供电压力。

（3）电负荷V2G技术

车辆到电网（Vehicle to Grid，V2G）技术描述了电动汽车与电网的关系。电动汽车的行驶特点和充电行为与充电站的分布特性和供电行为是电-交通耦合的关键要素，二者交互使得交通网的道路潮流分配和配电网的电力潮流分配产生互相影响。电动汽车在缓解能源环境压力、平抑电网负荷波动的同时，也由于其充电行为的随机性和间歇性可能给电网的安全稳定带来负面影响，需要通过电力网与交通网的协同规划予以解决。

2. 规划不确定性分析

对规划中各类不确定性因素的建模分析是多网联合规划研究的重要课题，不确定性来源于源、网、荷等多层面。首先，规划不确定性来源于各网络终端需求的不确定。不同于运行优化，系统规划过程通常会经历较长的时间段，各类负荷都有可能出现一定程度的增长或下降，对规划方案产生影响，因此有必要在规划中对需求不确定性加以考虑，如设置不同的负荷场景，采用多阶段滚动优化方案等。其次，耦合配网中DG的引入也给系统带来不确定性，如风电、光伏等间歇性电源出力的随机性和波动性对规划产生影响。国内外学者针对DG建模分析和含DG配电网规划已展开大量研究，然而大多未考虑天然气网和热网约束及影响，需要通过联合规划加以改进，如综合考虑电、气网络运行约束和分布式光伏出力约束，对分布式光伏与气电混合容量进行联合规划。此外，由于变电站、储气站等大型厂站选址要求的特殊性，规划时也需考虑地理条件的不确定性，可将耦合配网规划与地理信息系统（Geographic Information System，GIS）结合起来，使规划方案更具实践性和适用性。

面向区域能源互联网的“源-网-荷”协同规划问题将加强多能流耦合，增强源网荷互动，提高分布式可再生能源渗透率，增加系统不确定性因素，进一步推动能源市场化改革。目前针对多供能网络联合规划的研究较为广泛、深入，而对于综合需求响应的策略制定和影响机理的考虑则相对浅显。在多网联合规划的基础上，进一步结合能量枢纽考虑“源-网-荷”协同规划，这一研究方向具有较为广阔的发展空间。

5.3 区块链技术在能源互联网建设中的应用前景

5.3.1 区块链与电力市场交易方面的契合度分析

区块链与电力市场交易方面的契合度分析如下：

1）区块链的去中心化可以增强能源市场交易的信任机制，降低交易成本，提高市场有效性。区块链中的每一个节点都备份了系统中的全部数据，交易记录无法篡改、公开监督，保证了交易系统的安全可靠，降低了信任成本。产消者通过签署智能合约达成电力交易意向，在条件达成后强制自动执行，保障了合约的执行力与可靠性，有利于交易市场的公平可靠。

2）区块链能为能源辅助服务提供开放式记账平台，为结算与认定提供便利。采用基于区块链的调度系统能够实时共享电力系统各节点的电力供需信息以及实时价格，各机组根据区块链的共享信息自主确定发电量，能够实现生态化的调度运行。区块链能够为电力辅助服务提供开放公平的记账交易平台，完成自动能源精确计量与按需结算。

3）区块链利用分布式网络优化用户的电能资源配置，能为用户提供定制化的能源服务。随着区块链售电市场逐步建立，用户从接受电网单一垄断价格变为自主选择售电公司供电，另外用户还可以调节自身用电量，参与到不同的能源市场。区块链分布式储能能够自行决定不同时段提供多少服务，实现储能的自调度，促进分布式能源的协同工作。

4）利用区块链的智能合约，能将原有的烦琐、耗时长、业务手续繁杂的清算用计算机代码的方式保存在区块链上，从而实现了自动触发执行，使得结算过程变得简单、结构化，能够减少清算过程中的摩擦。同时，将原有的电子表格存储方式以及手动记录的操作方式变为分布式、不对称加密的账本，通过自动共享不可篡改的交易记录提高透明度和可审计性。表5-1统计了区块链对现有电力结算系统的革新。

表5-1 区块链对现有电力结算系统的革新

传统电力市场结算方案	区块链电力结算方案
清算烦琐、耗时长、业务手续繁杂	通过智能合约将清算业务结构化，减少清算过程中的摩擦
存储主要通过电子表格	分布式、不对称加密的账本，提高了透明度
手动记录的操作过程容易造成人为错误	自动共享、不可篡改的记录保管，存储数据不需要复杂的手续

5.3.2 区块链和能源互联网耦合存在的问题

从能源互联网、区块链技术、能源互联网和区块链技术的耦合三个方面对当前区块链和能源互联网耦合存在的问题进行定性总结：

1）当前，能源互联网的概念还存在一定的分歧，其发展路径还不确定，存在较大的技术壁垒和产业限制，能源互联网本身的物理拓扑结构和信息通信平台的建设也存在一定的不确定性，因此相应的交易体系和价值流控更加难以形成固定的可借鉴的模式。

2）区块链技术的广泛应用还存在一定技术瓶颈，在计算效率、去中心化、隐私和安全等方面还存在需要解决的技术问题。例如，目前区块链的计算能力及响应速度还不能满足应用领域实时计算的要求；此外，区块链的交易记录和相关信息需要所有参与角色进行同步存储，这需要大容量存储系统（硬件和软件）进行支撑。

3）区块链技术在能源领域的应用还处于起步阶段，能源系统是世界上最复杂的系统，其优化运行涉及能源之间的同步优化和实时转化。当前基于区块链的能源系统典型应用场景的描述都是基于理想的状态，缺乏实际的验证和示范工程的运行经验支撑。

5.3.3 区块链在能源系统中应用需关注的问题

尽管区块链技术在能源互联网中的应用在多数发达国家都已经起步，但是需关注以下四个方面：

1）区块链技术和区域能源系统的耦合应基于能源系统本身的物理模型。区块链技术侧重于区域能源系统中信息平台的金融应用，因此其应用不能脱离其本身的物理模型，尤其是当前以电力系统为核心的分布式能源系统物理模型还比较薄弱，不能盲目地夸大区块链技术在分布式能源交易层面的应用，而忽略了分布式能源系统本身的物理模型建设。

2）区块链技术在区域能源系统中的全面应用需要较长的时间跨度。在开始阶段，其应用不是全覆盖的，要从区块链技术体系中的某一个典型特征入手，分析区块链的某一项技术和区域能源系统某一个方面的结合，切实解决区域能源系统中存在的问题。

3）区块链技术本身需要不断完善和提升。当前国内教育界、企业界、金融界都在宣传区块链技术的广泛应用前景，事实上区块链技术本身也有一个不断完善和成熟的过程。当前，区块链在计算效率方面难以满足能源系统产销实时性的要求。此外，区块链技术差异化网络容错能力分析还存在一定的技术缺陷。

4）区块链技术必须要与大数据技术、云计算技术进行融合。当前能源系统的信息化和自动化水平以及对数据的分析处理能力，还不能满足实时的要求，这就需要区块链技术和大数据技术、云计算技术、信息通信技术等先进技术进行深度融合和协调发展。

为深入分析区块链在能源系统中的应用前景，对区块链和能源系统耦合的关键环节进行了系统分析，列出以下四个主要特征：

1）基于智能合约的能源系统：能源系统的物理模型及其能源生产和消费的功率平衡（平衡市场、微电网、虚拟电厂、储能设备等）均包含在智能化合约中。

2）分布式存储的交易记录：交易信息采用分布式存储机制，并基于公钥和私钥的数字验证，可用于能量存储的结算、分布式能源的追溯、电动汽车充放电管理和能量的交易。

3）可追溯性的交易记录：可用于排放物的配额追溯、分布式能源的绿色电力可追溯认证以及资产管理。

4）特殊的加密交易货币：为能源系统的能量流计量和价值流计费提供了一种新的方式和途径，使得交易更加便捷和安全。

5.3.4 区块链在能源系统中的应用现状

目前，区块链在能源领域应用已经开始初见端倪，部分欧美发达国家及少数高科技公司已经开始尝试将区块链技术应用到能源领域，相关的研究成果和典型案例如下：

1. 区块链和能源转型

目前，区块链的概念和建设模式已经较为成熟，在能源领域的应用也取得了一定的成果。研究者指出，区块链在能源交易领域的应用应该围绕建立分布式交易和供应体系展开，具体的应用前景分析如图 5-4 所示。

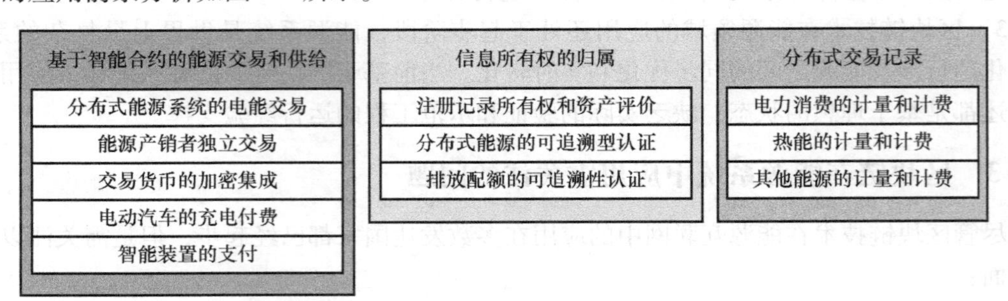

图 5-4　区块链技术在能源交易领域的可利用场景

对区块链技术在能源交易中的应用进行了以下方面的前景展望：

1）在 2020 场景中：能源系统还处于转型的过程中，区块链相当于一个信息通道，涉及能源交易的所有角色都包含在其中。每一个角色都是一个节点，相当于构建一个“许可区块链”。区块链节点之间横向联系表示为信息的同步，区块链节点和交易系统之间纵向联系表征了两者之间的融合性。

2）在 2030 场景中：能源系统的转型已经基本完成，各种分布式电源的成本将会大幅度降低；另一方面，随着区块链技术的提高，基于区块链的能量交易平台已经非常完善。参考文献［48］对区块链在能源交易中的前景进行了较为详细的分析展望，提出表征区块链交易货币的 Enercoin 可以代替欧元进行能源的交易，并对负荷和分布式电源变化引起的 Enercoin 需求变化及其对欧盟中央银行的货币调整政策的影响进行了定性描述。

2. 区块链和电动汽车充放电管理

当前制约电动汽车大规模发展的主要因素有电动汽车充电设施数量较少、充电协议和计量模式多样、充放电互动性较差、充电过程不透明、充电协议不灵活等。针对存在的典型问题，RWE 和 Slock 合作提出利用区块链技术解决电动汽车充电的一系列问题，其核心思想是基 Slcok 提供的智能合约和分布式账本技术实现公用充电桩计费的透明化和信任化。所需的主要步骤如下：①在电动汽车上安装智能充电插头；②在手机上安装充电 APP；③基于区块链的全自动支付系统。为了实现多样化电动汽车和充电模式的统一性交易，RWE 公司采用 BigchainDB（巨链数据库），其基本的工作原理是将区块链技术和大数据技术进行整合，建立分布式大容量数据库。容量可扩展意味着具有法律约束力的合同及证书都可存储在区块链上，权限控制系统意味着私人企业的区块链数据库以及公开的区块链数据库都可共存。公用电动汽车充电网络和 BigchainDB 在基础特征方面存在较多的融合点，因此电动汽车充电是区块链技术在能源系统中最早进行广泛应用的领域之一。

3. 区块链和比利时 NRGcoin

基于智能电网的物理结构和信息模型，比利时的区块链专家 Mike Mihaylov 在提出去中心化方式来促进 P2P 交易模式的同时，进一步提出了利用 NRGcoin 货币进行微电网的电力交易，主要的理念如图 5-5 所示。

由图 5-5 可以看出，Mike Mihaylov 提出的基于 NRGcoin 的交易流程和核心内容如下：①电能生产者 P 发出电量注入到配电网的物理模型中，并用 x 表示相关信息传输共享到全网络中；②根据分布式合约，电能生产者 P 用 f(x) 生成 NRGcoin，并更新公用记录；③变电站 S 计量电能生产者 P 的发电量 tp 和整个系统的用电量 tc，同时用 g(x, tp, tc) 从配电运营商传输 NRGcoin 到电能生产者，g(·) 是由配电运营商生成的价格函数，很显然电能生产者通过 f(x) 和 g(x) 得到 NRGcoin；④电能生产者 P 出售 mNRGcoin 给市场交易方，并转化为欧元，同时电能消费者 C 利用欧元从市场交易方购买 nNRGcoin；⑤电能消费者 C 利用 h(y, tp, tc) NRGcoin 支付从变电站 S 获得 y 数据表征的能量，且 h(·) 也为配电运营商生成的价格函数；⑥进行分布式对账，交易完成，并完整记录到区块链中。

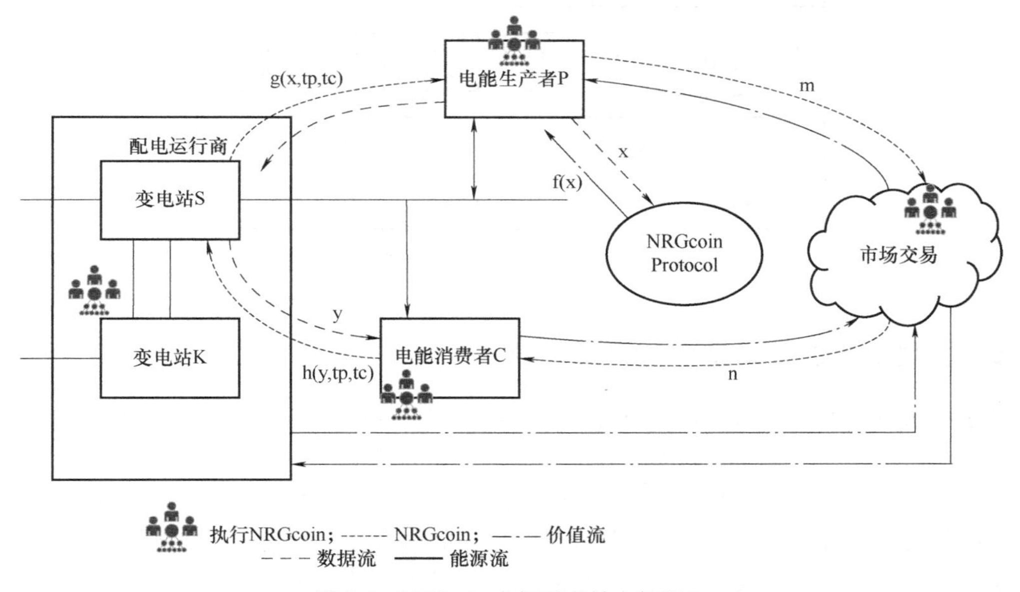

图 5-5 NRGcoin 在能源交易中的理念

通过以上分析可知，利用 NRGcoin 的能源交易系统具有 3 个典型的优点：①交易方式灵活简单，无需人工干预，能够激励能源生产消费者进入市场；②能源交易价格由市场参与角色共同决定，能源价格控制在合理的范围内，不会使得市场价格过于混乱（1kW·h 绿色电力等于 1 个 NRGcoin）；③采用分布式货币代替欧元交易，各个参与角色不需要实质意义上的金钱交易，具有高度的信任化。

4. 能源区块链和中国

自 2016 年 5 月，成立全世界第一家能源区块链实验室以来，国内的专家学者对区块链技术在我国能源领域的应用已取得了较为丰硕的研究成果。

1）学术研究领域：在对区块链和能源互联网典型特征进行匹配分析的基础上，对区块链技术在能源互联网领域的应用模式进行了探索，提出了区块链在需求侧管理、电能计量和市场交易、电力市场辅助服务等领域的应用场景。

2）研究团队建设方面：部分企业和科研院所已经建立了区块链在能源领域应用的研究机构，如北京能链众合科技有限责任公司建立的能源区块链实验室、大同市政府投资建立的北京大同区块链技术研究院、浙江省电力公司电力科学研究院创立的能源区块链研究团队等。

目前，区块链在我国能源互联网建设的核心宗旨是：在泛能源的物理网络和泛能源信息应用网络之间架构起一个透明、广泛参与和全面信任的金融交易体系，通过这一交易体系为绿色补贴、绿色运营和绿色金融做一个系统级的解决方案，让产业和金融之间实现无缝的数据纽带，实现能源的物理模型、互联网的信息模型和区块链的金融体系之间的立体化融合。目前国内专家学者提出的基于区块链能源互联网的简要示意图如图 5-6 所示。

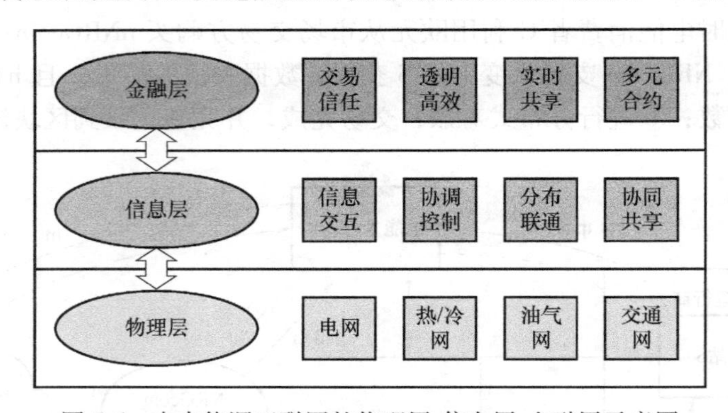

图 5-6　未来能源互联网的物理层-信息层-金融层示意图

5.3.5　区块链在能源系统中的应用前景

基于区块链技术在能源互联网中的发展现状，结合区块链技术的完善和能源互联网建设的趋势，对区块链在能源互联网中的应用前景总结如下：

1）在能源供给领域：分布式和集中式的结合是未来能源供给领域的典型模式，区块链的去中心化与分布式电源之间的物理特性具有较强的耦合性，而基于区块链技术的实时更新有助于实现集中式和分布式之间的实时信息共享，避免多种能源的重复建设，减小能源供给系统的浪费，可应用的场景包括基于私有链的分布式能源多能互补之间的计量、基于联盟链的大型能源基地之间的打捆模式等。

2）在能源输送领域：参与能源输送的角色众多，且存在广义的博弈竞争，区块链技术能够实现多个角色之间的强制信任和角色之间交易的透明化，能够实现多种能源之间的协调和优化传输，提高系统的效率，典型的应用场景包括基于私有链的能源传输系统的阻塞管理和损耗分摊计算、基于联盟链的能源传输系统的实时监测和协调控制等。

3）在能源分配领域：分布式能源的广泛接入改变了能源分配系统的拓扑结构，多种能源之间的交叉转化和时空耦合对能源系统的计量提出了新的要求。基于区块链技术的自动执行和广泛共享将会显著提升能源分配的合理性，典型的应用场景包括基于联盟链区域能源系统的自动计量、基于联盟链的储能系统的规划运行一体化分析等。

4）在能源消费领域：基于分布式账本和智能化合约的区块链技术的应用，将会极大地提升能源消费侧和能源供给侧的透明度，从而改变区域能源系统的用能需求曲线，实现多种能源之间的合理利用和泛在交互，典型的应用场景包括基于私有链的需求侧管理、家庭能量管理、电动汽车充放电智能支付系统等。

5）在能源交易领域：结合国内外现状的分析，区块链将会率先在能源交易领域得到应用，典型的场景包括基于私有链的电费结算、基于联盟链的微电网中多元化角色的内部交易、基于公有链的分布式能源系统内部各种多样化能源之间的交易、基于公有链的国家之间的能源交易体系和商业模式等。

通过以上的分析可以得出，区块链在能源互联网中的应用路径框架，如图 5-7 所示。

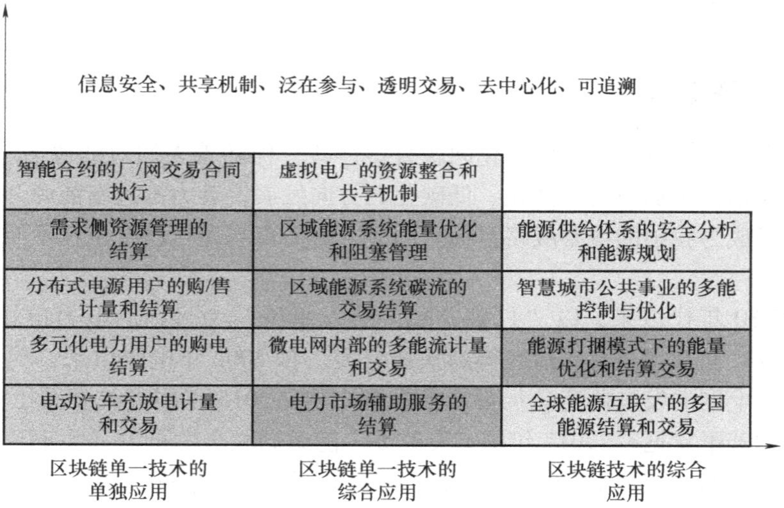

信息安全、共享机制、泛在参与、透明交易、去中心化、可追溯

区块链单一技术的单独应用	区块链单一技术的综合应用	区块链技术的综合应用
智能合约的厂/网交易合同执行	虚拟电厂的资源整合和共享机制	
需求侧资源管理的结算	区域能源系统能量优化和阻塞管理	能源供给体系的安全分析和能源规划
分布式电源用户的购/售计量和结算	区域能源系统碳流的交易结算	智慧城市公共事业的多能控制与优化
多元化电力用户的购电结算	微电网内部的多能流计量和交易	能源打捆模式下的能量优化和结算交易
电动汽车充放电计量和交易	电力市场辅助服务的结算	全球能源互联下的多国能源结算和交易

图 5-7　区块链在能源互联网中的应用路径示意图

本章小结

本章首先对能源互联网的基本概念进行了阐述，详细解释了能源互联网形态演化及特征，并对能源互联网“源-网-荷”模型进行了抽象，定义了能量枢纽的概念，以此说明多供能网络下联合规划的研究现状；然后介绍了能源互联网背景下区块链的相关知识，并综合梳理了区块链在能源领域的应用前景；最后针对现有区块链在能源互联网领域的研究，重点表述了区块链技术应用的优势及其在能源系统中需要关注的问题。

第 6 章

区块链技术下配电侧电力市场交易平台研究

6.1 背景与现状

6.1.1 电力市场交易

近年来，全球能源危机与气候变化问题日益严峻，伴随着人们对能源需求的日益增长，能源体系与产业结构正加快向清洁化、低碳化的方向发展，着力推进新能源开发利用、促进节能减排，已经成为我国的重要战略目标。同时，电力市场运行制度也在不断变革中谋求与时俱进的发展。

自 20 世纪 80 年代以来，以“打破垄断，引入竞争”为目标的电力市场改革在英国、美国、澳大利亚、北欧等国家和地区得到快速发展。自 2002 年电改以来，我国基本实现了厂网分离、竞价上网的发电侧竞争局面。而在配电侧，2015 年国务院发布了《进一步深化电力体制改革的若干意见》，2017 年国家发改委、能源局联合发布了《关于开展分布式发电市场化交易试点的通知》，标志着新一轮电力市场体制正有序推进。

与此同时，高比例可再生能源发电已成为全球广泛关注的未来电力系统场景。美国、欧盟、我国拟在 2060 年分别实现 100%、80%和 60%可再生能源发电比重的目标。因此，随着多元化能源渗透率的提高与电力市场售电侧的逐步开放，极大促进和提高了分布式电源发电在配电侧的接入比例，电力市场竞争中将出现更多类型的交易实体，如分布式发电、分布式储能、智能用电设备、第三方负荷聚合商等，开展配电侧多元化市场主体的电力交易是大势所趋。

因此，以新能源技术与互联网技术为支持的能源互联网应运而生。国家发改委、能源局和工信部于 2016 年 2 月联合发布了《关于推进“互联网+”智慧能源发展的指导意见》，试图建立“一种互联网与能源生产、传输、存储、消费以及能源市场深度融合的能源产业发展新形态”，实现“设备智能、多能协调、信息对称、供需分散、系统扁平、交易开放”的目标。能源互联网高度融合了新能源发电、低碳交通和信息技术，是多元市场结合的价值互联网与“互联网+”的应用平台，已成为推动能源供给侧改革与产业结构调整的重要措施。

在光伏发电、电动汽车以及家用类储能设备拥有率不断提升的背景下，越来越多的市场主体从单一能源消耗者或生产者转型为具有独立决策能力的电能产消者，具备新能源发电、响应电力需求以及参与主动配网的能力，以一种更加灵活多样的方式参与到电力市场竞争中，为多种能源的规模化利用与灵活接入提供了切实的解决策略。

然而，在此新形势下，电力市场交易结算更加多样化，对交易合同、交易品种、信息安全、通信保障等方面提出了新的高要求，电能产消者之间的交易需要一个安全、透明、低成本以及确保主体地位的交易机制和交易实现途径。从当前电力交易机制来看，电能交易均由电力调度中心统一调度，会存在以下问题：

1. 中心化资源分配机制，导致交易成本较高

能源交易一般在交易所内进行统一规划和管理，除了需支付一定费用给第三方（如评级、信托和融资公司等机构）来保障交易安全外，中心数据库的日常维护以及清算信息在跨部门间的反复校对也需要一定成本，高昂的成本大大降低了能源交易效率。中心化的机制面临高额的征信成本，无法高效满足各市场主体间灵活的分布式交易，会导致各市场主体间信息不对称，造成不透明、不公正的结果。

2. 信息系统易遭受外部攻击，数据安全存在隐患

从信息安全的角度说，需要掌握市场的所有交易信息的中心机构，一方面中心机构容易受到内、外部攻击，致使数据丢失或被篡改；另一方面，中心机构掌握了全局信息，用户隐私难以保障，且交易信息的不对称也加大了市场失效的可能性。一旦中心机构遭受攻击或出现故障，极易造成用户隐私泄露、交易数据被篡改的安全问题。

3. 不同能源行业相对封闭，可再生能源的消纳程度难以提升

传统能源系统中，不同能源行业相对封闭，互联程度有限，同时不同能源系统也大都孤立规划和运行，造成了能效不高和可再生能源消纳程度难以提升的困境。而能源互联网将打破不同能源系统间的壁垒，同时大量接入风能、太阳能、潮汐能、地热能、生物能等多种分布式可再生能源，利用包括新型发电技术和储能技术等在内的多种先进技术，实现多种能源综合利用，形成开放互联的综合能源系统。但能源系统离不开频繁的能源交易，而要在能源互联网这样庞大的系统中实现多方主体自动、可信、准确、平衡、实时交易，推动大范围的资源动态平衡，满足供需双方快速、高效、安全的能源交易是一项巨大的挑战，为此期望出现一种新的模式，使得供需双方能够直接沟通并确定交易意向，然后借此进行灵活的能源交易，且无须中心机构介入。

综上，在能源互联网的大背景下，电力市场交易亟需引入新技术，构建合理、安全、高效的配电侧电力交易平台。

6.1.2 区块链在配电侧电力交易中的研究现状

区块链技术在电力交易研究的初期，主要聚焦于区块链技术原理及其在能源系统下的应用框架和前景。有研究者从区块链与能源互联网理念的契合度入手展开研究，从能量、信息和价值的角度阐述区块链技术在源、网、荷、储等不同环节中发挥的具体作用；有研究者基于区块链技术架构与网络交易过程，从国内外不同技术产业的角度充分阐述区块链在能源互联网中的应用前景与值得探讨的问题。

基于相应的研究框架，针对具体的交易机制，国网四川省电力公司的马天男等将蚁群寻优算法与区块链交易原理相结合，以一种契合区块链的思想构建了多主体的微电网博弈竞争模型；国网江西省电力公司的朱文广等基于配电网信息结构与电力现货市场特征，设计了区块链下配电网电力交易具体流程，并引入合理的安全算法完善整体交易机制；英国剑桥大学的 Sikorski 等在面向工业产销的电力市场中引入区块链机制，实现 P2P 分布式交易。

随着区块链技术与电力交易机制的进一步结合，为不同的应用场景提供多样化的模型、流程和算法成为国内外的研究热点。在需求响应领域，华北电力大学的武赓等在充分分析区块链应用特征的基础上，构建了较完善的自动需求响应资源交易应用模型，并对其进行技术上的展望；美国洛桑联邦理工学院的 Van 等利用区块链技术提出了一种分散协作的需求响应框架来管理智能建筑内的能量交换。在数据管理领域，东北电力大学的崔金栋等基于智能电网数据信息与区块链技术特征的契合点，在传统电网数据管理框架中嵌入区块链联盟链技术；韩国仁荷大学的 Liang 等利用区块链技术的思路，解决电力管理中数据安全与网络安全问题，充分保障数据有效性。此外，还有一些文献探索了在电网阻塞管理、虚拟电厂运营中区块链的应用模式。

以太坊作为区块链应用开发平台，具有很好的可扩展性，近年来也广泛应用于电力市场电力交易中。上海交通大学的平健等基于以太坊平台，提出智能合约下配电网去中心化交易机制，实现多边竞价交易，最小化电能偏差成本；罗马尼亚克卢日·纳波卡技术大学的 Pop 等将分布式账本与智能合约相结合，保证能源管理上的供需平衡，并基于以太坊平台验证需求响应的高效性；韩国西江大学的 Pee 等为解决电力交易中的安全性问题，利用以太坊平台构建了智能合约下的 P2P 交易系统，提高交易的透明性与稳定性。

除了理论上的可行性研究与应用场景的探索，在实际落地的应用中，美国布鲁克林的 Trans Active Grid 项目已在家庭用户群中实现初步试点，通过智能仪表采集数据和 P2P 电力交易方式，实现无第三方交易平台的太阳能购售电机制；欧盟的 Scanergy 项目基于以太坊的智能合约平台，引入 NRGcoin 作为支付媒介，实现可再生能源在购售电方的自由流通，交易简单且可信任，推动绿色能源交易的创新性发展。在国内的落地应用中，浙江电力营销合同管理应用项目利用区块链技术，对电子合同信息的保全、签订流程的可信、法律认证等方面进行了技术研究；能源科技碳票项目建立了基于区块链技术的碳资产开发和管理平台，为业主、碳交易部门、监管部门等提供完善的碳资产交易方案。

6.2 区块链下去中心化电力交易概述

6.2.1 电力交易框架

随着新能源广泛生产与应用，光伏、风电、生物质能等新能源以微电网形式高渗透率地接入配电网中，配电网的能源结构发生了深刻变化。配电网可能向微电网的负荷提供电能，也可能从微电网的新能源中接收电能，配电网由原先的单向潮流变为双向潮流，能源结构更加复杂。同时，风能和光伏受地理、气候等客观因素影响，发电具有随机性、间歇性和波动性的特点，配电网的能源分布具有更大的不确定性，在促进能源结构调整的同时必将产生新的市场主体（如负荷聚合商）。配电网能源供应侧接入大量分散的新能源，从能源利用的角度，希望新能源能最大程度发电，避免当前困扰新能源发展的弃风、弃光等现象，这有赖于良好的新能源交易和管理机制，以充分实现分布式能源的有效消纳。

新形势下的电力市场主体不再局限于传统的单一售电或购电，而是以多元化的电力服务机制达到利益最优，既是能源生产者也是消费者，同时电价制定的规则与能源交易的方式也将面临重大变革。配电侧电力市场多元化的交易在遵循"统一、开发、竞争、有序"的基本要求下，更应尊重各主体的自主性与选择性。在鼓励竞争与开放式交易的同时保障各主体交易的安全、公平、透明等要求，避免电力市场主体之间、电力市场主体与电力调度交易机构之间因电力市场交易发生矛盾。

我们以微电网运营商、负荷聚合商和电力大用户为例组成配电侧电力市场结构，基于区块链和智能合约不同层次上的技术架构，构建区块链技术下配电侧电力市场交易平台，如图 6-1 所示。上层框架以智能合约的形式为 P2P 交易网络提供灵活多样的业务逻辑，将各市场主体间的竞争博弈关系以逻辑代码的形式共享在区块链系统中。平台依据各市场主体自主选择的需求、约束等要求实现区块链网络中的资源匹配，以利益最优为响应机制驱动合约的达成。整个交易过程无中心化的数据管理机构，依靠智能合约自动化的可编程脚本约束各方行为、提升信任度。

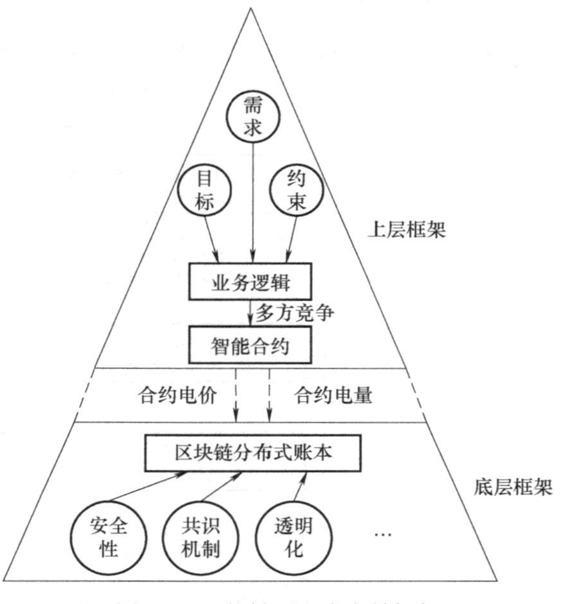

图 6-1　区块链下电力交易框架

底层框架充分发挥区块链作为分布式账本的优势，将上层智能合约所达成的交易信息广播至全网，通过共识机制确认交易信息的合法性，并写入区块链账本中。区块数据本质上是一段时间内的交易输入、输出的列表，包含合约电价、合约电量、售电主体、购电主体等账单详情，作为区块体保存在区块链的数据结构中。区块头作为区块间连接的信息纽带，包含序号、时间戳、Hash 值等。区块整体结构如图 6-2 所示。整个区块链记账过程无第三方中介机构，实现自动化运行，满足电力市场中交易账单的公平性、安全性和透明化等要求。

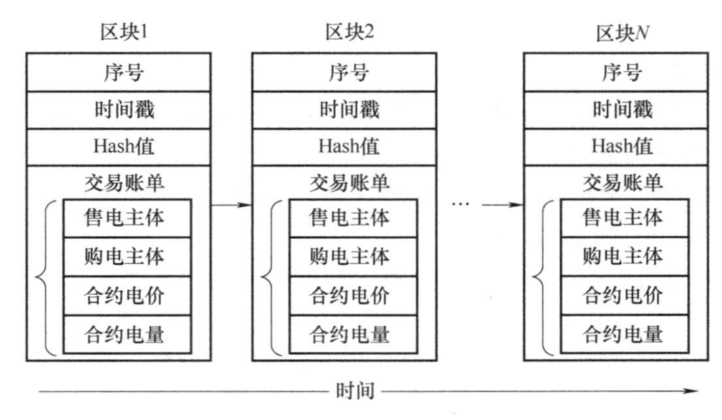

图 6-2　区块链下电力交易区块整体结构

上下框架整体上可形成公开透明、安全加密、交易可追溯的去中心化电力交易平台网络，为各市场主体之间的灵活选择与自主交易提供P2P分布式框架，在无第三方数据库或管理机构的前提下保障安全与信任，积极调动更多市场主体的参与，共同维护交易网络的可靠与稳定。

6.2.2 电力交易流程

针对每个市场主体，参与区块链下配电侧电力交易流程如图6-3所示。

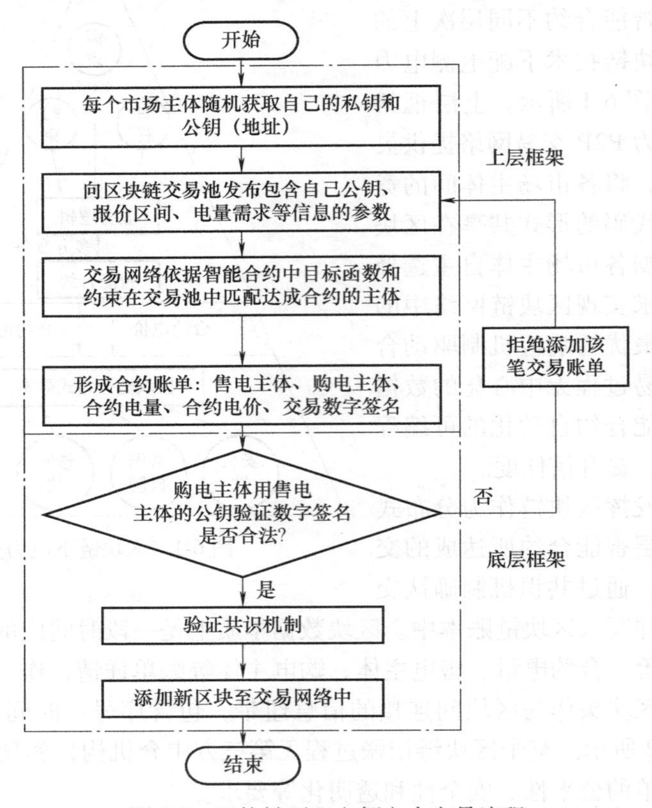

图6-3　区块链下配电侧电力交易流程

1. 上层框架流程

1）每个市场主体首先向交易网络注册区块链账户，包含唯一的网络节点IP和一对公钥和私钥，作为自身的交易地址和密码技术媒介。

2）市场主体根据自身实际情况制定报价区间、电量需求等需求合约，并用各自私钥进行数字签名，以确保加密信息的有效性。

3）市场主体以各自利益最大化为目标制定智能合约的自动触发条件，发布至区块链合约交易池中。

4）合约通过P2P的形式在交易网络中不断传播并尝试匹配，一旦达成智能合约的触发条件即实现各市场主体的利益最优，则自动形成合约账单，包括购售电主体地址、合约电量和电价信息，以及该次账单的数字签名。

2. 底层框架流程

对于达成的合约交易，购电主体通过售电主体的公钥和数字签名解密获得该笔账单的摘要，判断解密后与加密前的信息是否一致，如果非法则交易网拒绝此次合约交易信息的写入；否则，交易网络将其广播至全部区块链网络，在获得其他所有区块的共识之后形成新区块添加至区块链分布式账本中。至此完成整个配电侧电力市场交易流程。

完整的电力市场交易模型如图 6-4 所示。市场主体在区块链上可以自由地制定交易智能合约，在合约中写入购售电交易的结算、结算规则；利用会员制身份管理判断交易双方的市场身份，并匹配对应的智能合约；用户通过区块链平台自定义智能合约，实现高效率的电费清算、结算。

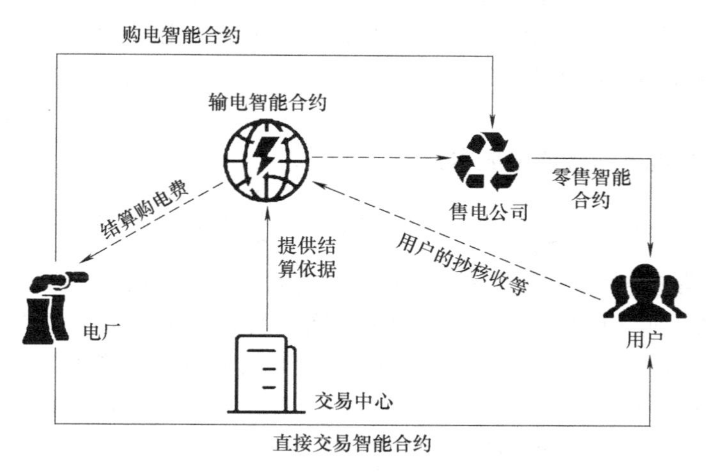

图 6-4　基于智能合约的电力市场交易模型

将购售电交易费用结算模型用计算机代码表示为智能合约，并事先写入到区块链的分布式网络体系中；当合约中的某一事项发生时，智能合约就会被触发并自动执行相应的合约条款；会员制服务负责管理网络上的身份识别、隐私与机密。在合约发生前，会员制身份管理首先识别交易双方的市场身份、交易模式、交易内容等机密信息。

6.3　区块链智能合约设计

区块链底层框架为整个电力交易网络提供了一套安全有效的交易协议与平台，在此技术支持下的智能合约可为各方市场主体之间电力交易的博弈与竞争提供灵活多样的逻辑关系。各市场主体在交易网络中以 P2P 交易的形式实现智能合约的达成，彼此之间需求独立，均希望以自身利益最大为合约触发的条件，竞争获得市场合约电价和电量。假设微电网运营商不仅能生产和售卖电能，还能在缺电时从其他主体购电；负荷聚合商通过集合分散的资源获取购售电差额利润；电力大用户为主要的电力消费者，不考虑售电行为。这三者的具体分析如下。

6.3.1　市场主体需求合约

1. 微电网运营商需求合约

微电网是指在一定区域范围内依靠分布式电源、储能装置、监控和保护系统等能源结构实现能量自治管理与控制的小型电力系统。它既可作为独立主体参与配电侧电力市场交易，也可与大电网并网运行，具有供电可靠、运行方式灵活、环境友好等优势，可适用于区块链和智能合约交易体系。

微电网运营商所制定的独立智能合约主要取决于自身的电力负荷预测、可再生能源出力以及可控分布式能源的可调度范围。由于微电网内部含有一定的间歇性能源（如光伏、风力发电等），且自身调度能力有限，预测的负荷值与实际可调度值会产生一定程度的偏差。在负荷需求高峰期，微电网运营商对外呈现电量缺额，可从负荷聚合商购电来参与调峰，降低峰期高额的机组运行、起停机等成本；在负荷需求低谷时，微电网运营商对外呈现电量富余，可向负荷聚合商和电力大用户售电来实现资源利用最大化。整体上，微电网运营商基于自身需求变化不断地调整购售电策略，达成自身利益最大化的智能合约。具体需求合约设计如下：

1）电量缺额情况下对外购电成本：

$$C_{\mathrm{buy}}^{\mathrm{M}_i}(t)=\sum_{j=1,j\neq i}^{N_1-1}P_{\mathrm{buy}}^{\mathrm{M}_j\mathrm{toM}_i}(t)Q_{\mathrm{buy}}^{\mathrm{M}_j\mathrm{toM}_i}(t)+\sum_{n=1}^{N_2}P_{\mathrm{buy}}^{\mathrm{A}_n\mathrm{toM}_i}(t)Q_{\mathrm{buy}}^{\mathrm{A}_n\mathrm{toM}_i}(t) \tag{6-1}$$

式中，$C_{\mathrm{buy}}^{\mathrm{M}_i}(t)$ 是第 i 个微电网运营商在时间 t 内的购电成本；$P_{\mathrm{buy}}^{\mathrm{M}_j\mathrm{toM}_i}(t)$ 与 $P_{\mathrm{buy}}^{\mathrm{A}_n\mathrm{toM}_i}(t)$ 是第 i 个微电网运营商在时间 t 内从第 j 个微电网运营商与第 n 个负荷聚合商购电的合约购电价；$Q_{\mathrm{buy}}^{\mathrm{M}_j\mathrm{toM}_i}(t)$ 与 $Q_{\mathrm{buy}}^{\mathrm{A}_n\mathrm{toM}_i}(t)$ 是第 i 个微电网运营商在时间 t 内从第 j 个微电运营商与第 n 个负荷聚合商购电的合约购电量；N_1是微电网运营商的个数；N_2是负荷聚合商的个数。

2）电量富余情况下对外售电收益：

$$R_{\mathrm{sell}}^{\mathrm{M}_i}(t)=\sum_{j=1,j\neq i}^{N_1-1}P_{\mathrm{sell}}^{\mathrm{M}_i\mathrm{toM}_j}(t)Q_{\mathrm{sell}}^{\mathrm{M}_i\mathrm{toM}_j}(t)+\sum_{k=1}^{N_2}P_{\mathrm{sell}}^{\mathrm{M}_i\mathrm{toA}_k}(t)Q_{\mathrm{sell}}^{\mathrm{M}_i\mathrm{toA}_k}(t)+\sum_{m=1}^{N_3}P_{\mathrm{sell}}^{\mathrm{M}_i\mathrm{toU}_m}(t)Q_{\mathrm{sell}}^{\mathrm{M}_i\mathrm{toU}_m}(t) \tag{6-2}$$

式中，$R_{\mathrm{sell}}^{\mathrm{M}_i}(t)$ 是第 i 个微电网运营商在时间 t 内的售电收益；$P_{\mathrm{sell}}^{\mathrm{M}_i\mathrm{toM}_j}(t)$、$P_{\mathrm{sell}}^{\mathrm{M}_i\mathrm{toA}_k}(t)$ 与 $P_{\mathrm{sell}}^{\mathrm{M}_i\mathrm{toU}_m}(t)$ 是第 i 个微电网运营商在时间 t 内向第 j 个微电网运营商、第 k 个负荷聚合商与第 m 个电力大用户售电的合约售电价；$Q_{\mathrm{sell}}^{\mathrm{M}_i\mathrm{toM}_j}(t)$、$Q_{\mathrm{sell}}^{\mathrm{M}_i\mathrm{toA}_k}(t)$ 与 $Q_{\mathrm{sell}}^{\mathrm{M}_i\mathrm{toU}_m}(t)$ 是第 i 个微电网运营商在时间 t 内向第 j 个微电运营商、第 k 个负荷聚合商与第 m 个电力大用户售电的合约售电量；N_3是电力大用户的个数。

2. 负荷聚合商需求合约

在电改的背景下，需求响应将是配电侧电力市场管理中的关键一环。需求侧中，大量电动汽车、空调、热水器等用户侧可控负荷具有极高的调度控制潜在价值。然而，单个可控负荷资源较小、庞大而分散、随机性高，难以直接被系统调用参与电力市场。如果能够在合适的时间内快速有效地调度用户侧需求，且在不影响设备的性能与用户满意度的前提下，充分利用需求侧响应的资源，将具有良好的社会和经济效益潜力。

因此，负荷聚合技术逐渐发展起来，根据外界需求或调度目的，采取一定的技术操作将庞大的需求侧资源整合为一个可控且简单的聚合体。负荷聚合商收集和存储可转移、可中断、可平移负荷等具有一定调节能力的电力负荷，通过负荷聚合技术集中交易分布式能源，参与到配电侧电力市场交易中。负荷聚合商可以通过需求响应资源向微电网运营商提供备用电源，也可以将多余的资源出售给其他市场主体，主要以购售电差价的形式来实现利润最大化。具体需求合约设计如下：

1）对外购电成本：

$$C_{\rm buy}^{{\rm A}_k}(t)=\sum_{i=1}^{N_1}P_{\rm buy}^{{\rm M}_i{\rm toA}_k}(t)Q_{\rm buy}^{{\rm M}_i{\rm toA}_k}(t)+\sum_{l=1,l\neq k}^{N_2-1}P_{\rm buy}^{{\rm A}_l{\rm toA}_k}(t)Q_{\rm buy}^{{\rm A}_l{\rm toA}_k}(t) \tag{6-3}$$

式中，$C_{\rm buy}^{{\rm A}_k}(t)$ 是第 k 个负荷聚合商在时间 t 内的购电成本；$P_{\rm buy}^{{\rm M}_i{\rm toA}_k}(t)$ 与 $P_{\rm buy}^{{\rm A}_l{\rm toA}_k}(t)$ 是第 k 个负荷聚合商在时间 t 内从第 i 个微电网运营商与第 l 个负荷聚合商购电的合约购电价；$Q_{\rm buy}^{{\rm M}_i{\rm toA}_k}(t)$ 与 $Q_{\rm buy}^{{\rm A}_l{\rm toA}_k}(t)$ 是第 k 个负荷聚合商在时间 t 内从第 i 个微电网运营商与第 l 个负荷聚合商购电的合约购电量。

2）对外售电收益：

$$R_{\rm sell}^{{\rm A}_k}(t)=\sum_{i=1}^{N_1}P_{\rm sell}^{{\rm A}_k{\rm toM}_i}(t)Q_{\rm sell}^{{\rm A}_k{\rm toM}_i}(t)+\sum_{m=1}^{N_3}P_{\rm sell}^{{\rm A}_k{\rm toU}_m}(t)Q_{\rm sell}^{{\rm A}_k{\rm toU}_m}(t)+\sum_{l=1}^{N_2-1}P_{\rm sell}^{{\rm A}_k{\rm toA}_l}(t)Q_{\rm sell}^{{\rm A}_k{\rm toA}_l}(t) \tag{6-4}$$

式中，$R_{\rm sell}^{{\rm A}_k}(t)$ 是第 k 个负荷聚合商在时间 t 内的售电收益；$P_{\rm sell}^{{\rm A}_k{\rm toM}_i}(t)$、$P_{\rm sell}^{{\rm A}_k{\rm toU}_m}(t)$ 与 $P_{\rm sell}^{{\rm A}_k{\rm toA}_l}(t)$ 是第 k 个负荷聚合商在时间 t 内对第 i 个微电网运营商、第 m 个电力大用户与第 l 个负荷聚合商售电的合约售电价；$Q_{\rm sell}^{{\rm A}_k{\rm toM}_i}(t)$、$Q_{\rm sell}^{{\rm A}_k{\rm toU}_m}(t)$ 与 $Q_{\rm sell}^{{\rm A}_k{\rm toA}_l}(t)$ 是第 k 个负荷聚合商在时间 t 内对第 i 个微电网运营商、第 m 个电力大用户与第 l 个负荷聚合商售电的合约售电量。

3）储能运行成本：

$$C_{\rm run}^{{\rm A}_k}(t)=P_{\rm run}^{{\rm A}_k}Q_{\rm run}^{{\rm A}_k}(t) \tag{6-5}$$

式中，$C_{\rm run}^{{\rm A}_k}(t)$ 是第 k 个负荷聚合商在时间 t 内的储能运行成本；$P_{\rm run}^{{\rm A}_k}$是第 k 个负荷聚合商的单位储能运行成本；$Q_{\rm run}^{{\rm A}_k}(t)$ 是第 k 个负荷聚合商在时间 t 内需要存储的电量，表示为购售不一致时的剩余电量。

3. 电力大用户需求合约

随着配电侧电力市场竞争的开放，打破电网公司的统购统销成为优化资源配置的一项重要举措，电力大用户达到市场准入门槛并与发电企业直接进行电力购销的趋势将越来越明显。大用户直购电的意义在于赋予用户多样的选择权、在售电侧加强竞争、促进供需动态平衡等，使其基于分散决策在配电侧电力市场中与其余市场主体以公平竞争、相互协商的原则灵活快速地进行电力交易。电力大用户在交易网络中主要作为电力消费者，以最小购电成本为智能合约触发目标条件与其他市场主体实现 P2P 交易。具体需求合约分析如下：

$$C_{\rm buy}^{{\rm U}_m}(t)=\sum_{i=1}^{N_1}P_{\rm buy}^{{\rm M}_i{\rm toU}_m}(t)Q_{\rm buy}^{{\rm M}_i{\rm toU}_m}(t)+\sum_{k=1}^{N_2}P_{\rm buy}^{{\rm A}_k{\rm toU}_m}(t)Q_{\rm buy}^{{\rm A}_k{\rm toU}_m}(t) \tag{6-6}$$

式中，$C_{\rm buy}^{{\rm U}_m}(t)$ 是第 m 个电力大用户在时间 t 内的购电成本；$P_{\rm buy}^{{\rm M}_i{\rm toU}_m}(t)$ 与 $P_{\rm buy}^{{\rm A}_k{\rm toU}_m}(t)$ 是第 m 个电力大用户在时间 t 内从第 i 个微电网运营商与第 k 个负荷聚合商购电的合约购电价；$Q_{\rm buy}^{{\rm M}_i{\rm toU}_m}(t)$ 与 $Q_{\rm buy}^{{\rm A}_k{\rm toU}_m}(t)$ 是第 m 个电力大用户在时间 t 内从第 i 个微电网运营商与第 k 个负荷聚合商购电的合约购电量。

6.3.2 市场主体目标合约

1）微电网运营商将收益最大作为目标，形成智能合约触发条件：

$$\max R_{\rm total}^{\rm M}(t)=\sum_{i=1}^{N_1}\left(R_{\rm sell}^{{\rm M}_i}(t)-C_{\rm buy}^{{\rm M}_i}(t)\right) \tag{6-7}$$

式中，$R_{\rm total}^{\rm M}(t)$ 是在时间 t 内 N_1个微电网运营商的总收益。

2）负荷聚合商将购售电利润最大作为目标，形成智能合约触发条件：

$$\max R_{\text{total}}^{\text{A}}(t) = \sum_{k=1}^{N_2}\left(R_{\text{sell}}^{\text{A}_k}(t) - C_{\text{buy}}^{\text{A}_k}(t) - C_{\text{run}}^{\text{A}_k}(t)\right) \tag{6-8}$$

式中，$R_{\text{total}}^{\text{A}}(t)$ 是在时间 t 内 N_2 个负荷聚合商的总收益。

3）电力大用户将购电成本最低作为目标，形成智能合约触发条件：

$$\min C_{\text{total}}^{\text{U}}(t) = \sum_{m=1}^{N_3} C_{\text{buy}}^{\text{U}_m}(t) \tag{6-9}$$

式中，$C_{\text{total}}^{\text{U}}(t)$ 是在时间 t 内 N_3 个电力大用户的总成本。

6.3.3 市场主体约束合约

各电力市场主体在向区块链交易网络发布请求信息时，需根据自身约束条件来匹配不同的需求特性。

1）微电网运营商售电量与电价的约束：

$$0 \leqslant \sum_{j=1,j\neq i}^{N_1-1} Q_{\text{sell}}^{\text{M}_i\text{toM}_j}(t) + \sum_{k=1}^{N_2} Q_{\text{sell}}^{\text{M}_i\text{toA}_k}(t) + \sum_{m=1}^{N_3} Q_{\text{sell}}^{\text{M}_i\text{toU}_m}(t) \leqslant K_{\text{sell}}^{\text{M}_i}(t) \tag{6-10}$$

$$P_{\min}^{\text{M}_i}(t) \leqslant \left\{P_{\text{sell}}^{\text{M}_i\text{toM}_j}(t), P_{\text{sell}}^{\text{M}_i\text{toA}_k}(t), P_{\text{sell}}^{\text{M}_i\text{toU}_m}(t)\right\} \leqslant P_{\max}^{\text{M}_i}(t) \tag{6-11}$$

式中，$K_{\text{sell}}^{\text{M}_i}(t)$ 是时间 t 内第 i 个微电网运营商的售电能力；$P_{\min}^{\text{M}_i}(t)$ 与 $P_{\max}^{\text{M}_i}(t)$ 是第 i 个微电网运营商在时间 t 内的最低与最高售电价。

2）负荷聚合商售电量与电价的约束：

$$0 \leqslant \sum_{i=1}^{N_1} Q_{\text{sell}}^{\text{A}_k\text{toM}_i}(t) + \sum_{l=1,l\neq k}^{N_2-1} Q_{\text{sell}}^{\text{A}_k\text{toA}_l} + \sum_{m=1}^{N_3} Q_{\text{sell}}^{\text{A}_k\text{toU}_m}(t) \leqslant K_{\text{sell}}^{\text{A}_k}(t) \tag{6-12}$$

$$P_{\min}^{\text{A}_k}(t) \leqslant \left\{P_{\text{sell}}^{\text{A}_k\text{toM}_i}(t), P_{\text{sell}}^{\text{A}_k\text{toA}_l}(t), P_{\text{sell}}^{\text{A}_k\text{toU}_m}(t)\right\} \leqslant P_{\max}^{\text{A}_k}(t) \tag{6-13}$$

式中，$K_{\text{sell}}^{\text{A}_k}(t)$ 是时间 t 内第 k 个负荷聚合商的售电能力；$P_{\min}^{\text{A}_k}(t)$ 与 $P_{\max}^{\text{A}_k}(t)$ 是第 k 个负荷聚合商在时间 t 的最低与最高售电价。

3）电力大用户购电量与电价的约束：

$$\sum_{i=1}^{N_1} Q_{\text{buy}}^{\text{M}_i\text{toU}_m}(t) + \sum_{j=1}^{N_2} Q_{\text{buy}}^{\text{A}_j\text{toU}_m}(t) \geqslant D_{\text{buy}}^{\text{U}_m}(t) \tag{6-14}$$

$$P_{\min}^{\text{U}_m}(t) \leqslant \left\{P_{\text{buy}}^{\text{M}_i\text{toU}_m}, P_{\text{buy}}^{\text{A}_j\text{toU}_m}\right\} \leqslant P_{\max}^{\text{U}_m}(t) \tag{6-15}$$

式中，$D_{\text{buy}}^{\text{U}_m}(t)$ 是时间 t 内第 m 个电力大用户的购电需求；$P_{\min}^{\text{U}_m}(t)$ 与 $P_{\max}^{\text{U}_m}(t)$ 是第 m 个电力大用户在时间 t 内的最低与最高购电价。

6.4 智能合约的解法

各市场主体之间的智能合约关系复杂，模型的变量与约束条件繁多，对于普通的启发式智能算法来说，其计算算力较大且迭代搜索速度慢，难以快速地实现目标合约的寻优。故本章通过罚函数法处理约束条件，并引入至目标合约，采用多目标粒子群算法达成各市场主体间的智能合约。每个粒子表示一种市场主体间所达成的合约电价与电量，通过迭代寻优获得一系列非劣解集，并基于参考文献［72］的隶属度函数法折中选取最优解决方案。具体求解算法流程如图 6-5 所示。

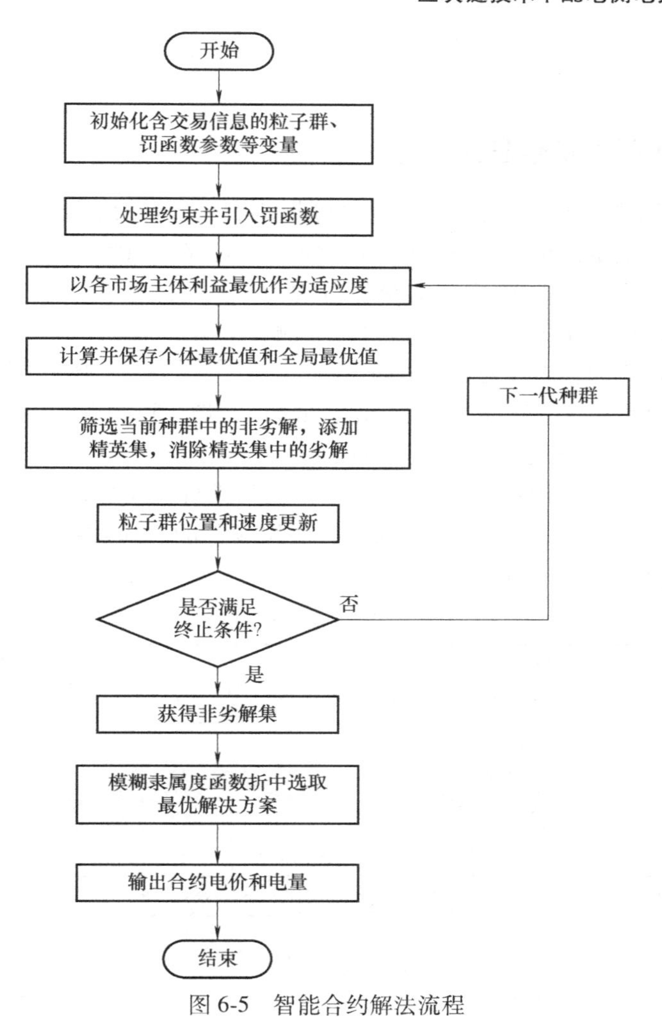

图 6-5　智能合约解法流程

其适应度函数表示为

$$F(t)=f(t)+\sum_{r=1}^{M}\omega_r V_r(t) \tag{6-16}$$

式中，$F(t)$ 是在时间 t 内市场主体总适应度函数；$f(t)$ 是在时间 t 内各市场主体的目标合约；$V_r(t)$ 是在时间 t 内第 r 个约束条件的冲突函数；ω_r是第 r 个约束条件的惩罚参数。

6.5　算例仿真

为验证本章所搭建的基于区块链的电力交易平台的可行性，采用 Python 语言建立底层框架中区块链分布式账本体系，并用 Postman 软件仿真测试各市场主体节点间 P2P 网络通信环境，采用 MATLAB 仿真实现上层框架中各市场主体之间智能合约达成的过程，最终将合约电价与电量的结果记录在底层区块链分布式账本中。本章选取 3 个微电网运营商（记为 M1～M3）、2 个负荷聚合商（记为 A1～A2）、3 个电力大用户（记为 U1～U3）作为区块链网络独立节点，构成配电侧电力市场多元化竞争环境。仿真实现上，以一台 PC 主机 IP 地址

（127.0.0.1）的端口号分配 8 个市场主体区块链网络节点，记为 5001～5008，端口号 8080 作为各市场主体登录注册至平台的接口。

6.5.1 市场主体间电量信息流矩阵

考虑到同一时刻两市场主体之间同时包含购进和售出，双方在基于利益最大优化处理时可能因购售相等的合约电量而相互抵消，使得优化过程无意义，因此以微电网运营商 1（M1）和负荷聚合商 2（A2）在同一时刻之间的交易行为为例，如图 6-6 所示，同一时刻一方只能进行售出或购入行为，实线为售出方向，虚线为购入方向。

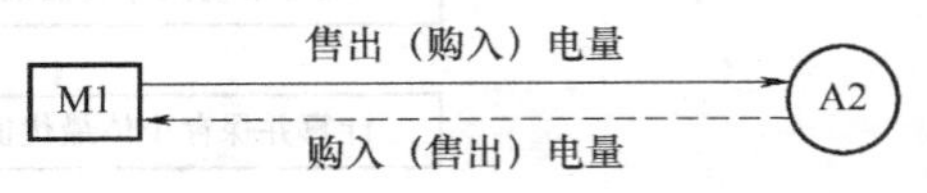

图 6-6 两市场主体间电量交易信息流

规定：任意时刻任意市场主体以售出电量为负，购入电量为正，即以交易电量的正负号表示二者之间的交易流向。在 24 个时段，8 个市场主体之间进行相互交易，形成 8×8×24 的三维电量矩阵，每时段下电量交易矩阵如图 6-7 所示，两块颜色的对应数据互为相反数，其中深灰色和浅灰色分别代表售电和购电。

售电市场主体

交易电量	M1	M2	M3	A1	A2	U1	U2	U3
M1	0							
M2		0						
M3			0					
A1				0				
A2					0			
U1						0		
U2							0	
U3								0

购电市场主体

图 6-7 每时段各市场主体之间电量交易矩阵

微电网运营商和负荷聚合商内部各主体的售电能力相同，总售电能力如图 6-8 所示，所有市场主体 24h 的电量需求数据如图 6-9 所示，市场主体总需求与总售电能力一致。

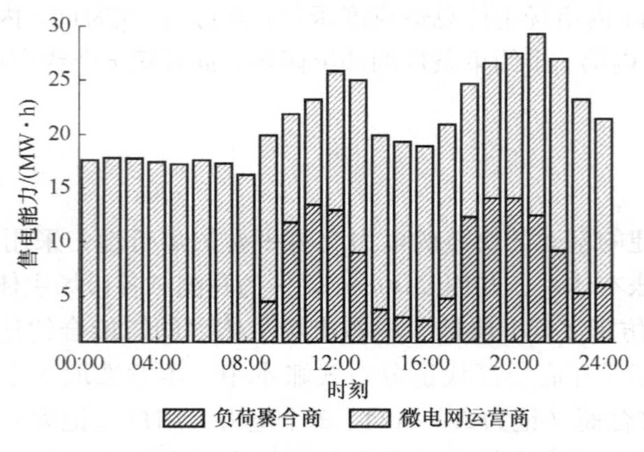

图 6-8 微电网运营商和负荷聚合商总售电能力

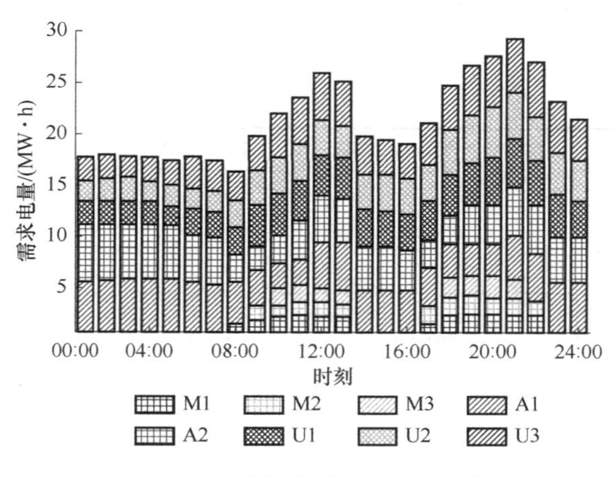

图6-9 各市场主体不同电量需求

6.5.2 市场主体间电价信息流矩阵

同理，对于同一时刻，两市场主体间的交易电价信息流如图6-10所示。

对于相同市场类型内部主体之间的交易处理，参考文献［73］将同一类型主体看作整体，没有考虑内部主体之间的博弈竞争关系。本章简化这层关系，将3种市场主体内部之间设为统一的电价曲线，不同类型主体之间设置不同的交易价格曲线，即内部价格统一，外部价格不同，如图6-11所示。3个微电网运营商和2个负荷聚合商内部之间分别采用统一的交易价格Price1和Price2；微电网运营商和负荷聚合商分别给电力大用户的售电价格为Price3和Price4；微电网运营商和负荷聚合商之间的交易价格为Price5；电力大用户之间无内部交易。

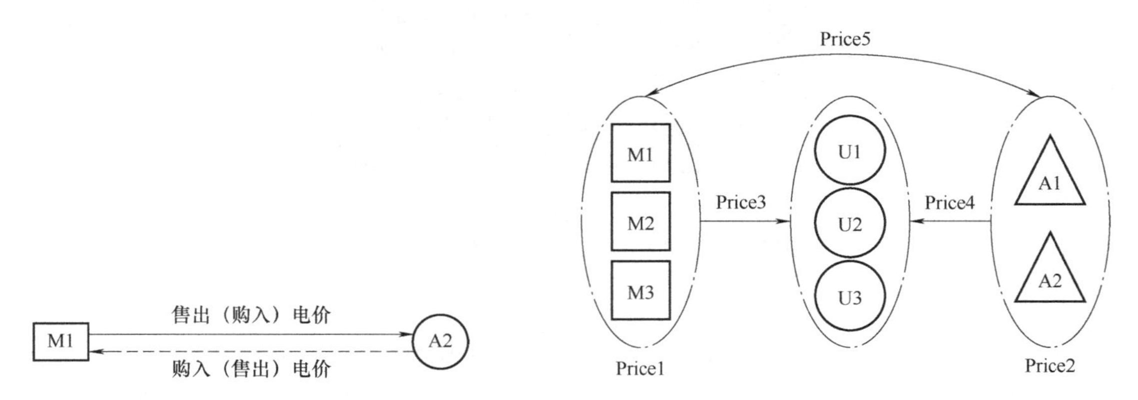

图6-10 两市场主体间的交易电价信息流

图6-11 市场主体间电价信息流分布

8个市场主体之间形成5种交易电价曲线，24个时段，形成8×8×24的三维电价矩阵，每时段各市场主体之间电价交易矩阵如图6-12所示。

假设各市场主体间均以0.3元/(kW·h)作为最低竞标合约电价的限额，微电网运营商最高竞标合约电价限额为1.1元/(kW·h)，负荷聚合商最高竞标合约电价限额为1.5元/(kW·h)；

电力大用户最高竞标合约电价限额为 1.25 元/(kW·h)，负荷聚合商的单位储能运行成本为 0.1 元/(kW·h)。

<table>
<tr><th colspan="2"></th><th colspan="8">售电市场主体</th></tr>
<tr><th colspan="2">交易电价</th><th>M1</th><th>M2</th><th>M3</th><th>A1</th><th>A2</th><th>U1</th><th>U2</th><th>U3</th></tr>
<tr><th rowspan="8">购电市场主体</th><td>M1</td><td colspan="3" rowspan="3">Price1</td><td colspan="2" rowspan="3">Price5</td><td colspan="3" rowspan="3">Price3</td></tr>
<tr><td>M2</td></tr>
<tr><td>M3</td></tr>
<tr><td>A1</td><td colspan="3" rowspan="2">Price5</td><td colspan="2" rowspan="2">Price2</td><td colspan="3" rowspan="2">Price4</td></tr>
<tr><td>A2</td></tr>
<tr><td>U1</td><td colspan="3" rowspan="3">Price3</td><td colspan="2" rowspan="3">Price4</td><td colspan="3" rowspan="3"></td></tr>
<tr><td>U2</td></tr>
<tr><td>U3</td></tr>
</table>

图 6-12 每时段各市场主体之间电价交易矩阵

6.5.3 智能合约交易结果

基于相应的算法，求解智能合约模型，电力市场下的合约电价结果如图 6-13 所示。图中，M-M 为各微电网运营商内部间的合约电价，M-A 为微电网运营商与负荷聚合商之间的合约电价，其余市场主体间的合约电价表示方法以此类推。

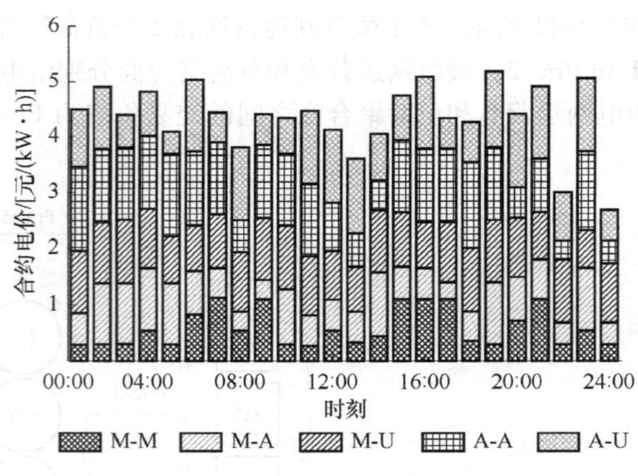

图 6-13 各市场主体间合约电价

以 M1 为例分析微电网运营商这一主体类型的竞价交易策略，解得其在各时段内与其余市场主体间的合约电量如图 6-14 所示。图中，M1-M2 为微电网运营商 1 和微电网运营商 2 之间的合约电量（正轴为 M1 从 M2 购电，负轴为两者之间售电行为），其余市场主体之间的关系表示以此类推。

由各市场主体的售电与需求数据、合约电价与电量结果可知，微电网运营商是主要的电量售出方，在其内部系统电量负荷较低时段（如夜晚至凌晨时段），对外呈现电量富余，无购电需求，具有较高的售电能力，而此时负荷聚合商正收集闲置的电量资源，需求电量大，电力大用户作为消费者需求少。因此，微电网运营商以较高的合约电价售卖电量给负荷聚合商，且低于与电力大用户之间的合约电价，达到双方利益平衡。

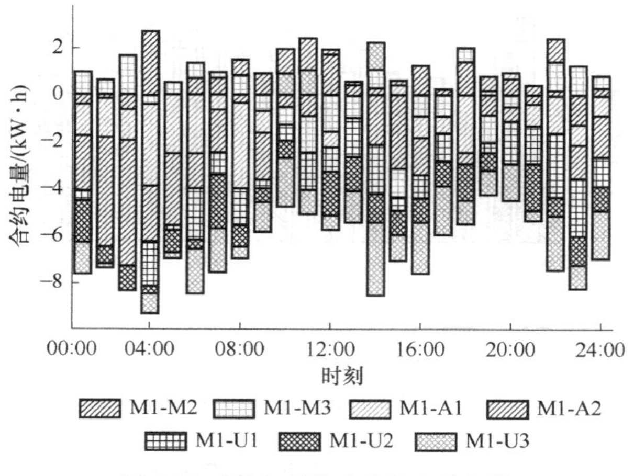

图 6-14　M1 与其他主体的合约电量

随着微电网运营商自身内部需求的提升，会产生一定程度的电量缺额，对外需求不断增加，售电能力逐渐降低，而此时负荷聚合商已收集并存储了一部分能源，具备较强的售电能力，电力大用户的用电需求也逐渐接近高峰。因此，负荷聚合商作为主要的电力售卖方，以较高的合约电价售卖给微电网运营商与电力大用户获取最大利益。在各微电网运营商内部，三者之间不同的电量需求决定了各自不同的合约电量结果，以达到内部之间的利益最优。

以 A1 与 U1 为例分别体现负荷聚合商与电力大用户这两种主体类型的合约策略，如图 6-15 和图 6-16 所示。其分析过程与微电网运营商在各时段的合约策略相类似，在此不再赘述。

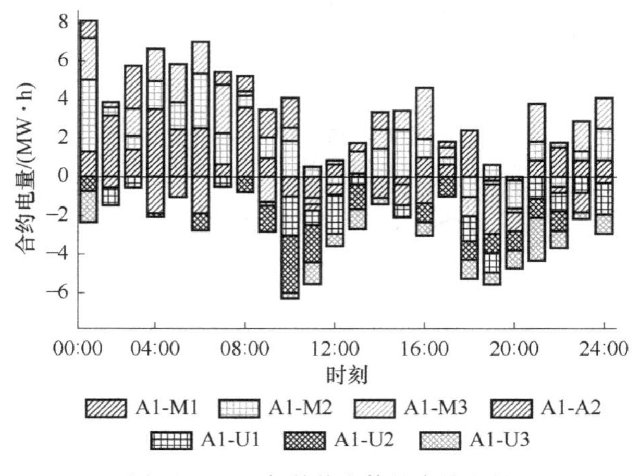

图 6-15　A1 与其他主体的合约电量

基于达成的智能合约，8 个市场主体各自的最优利益如表 6-1 所示，微电网运营商和负荷聚合商达到最大收益，电力大用户达到最小购电成本。

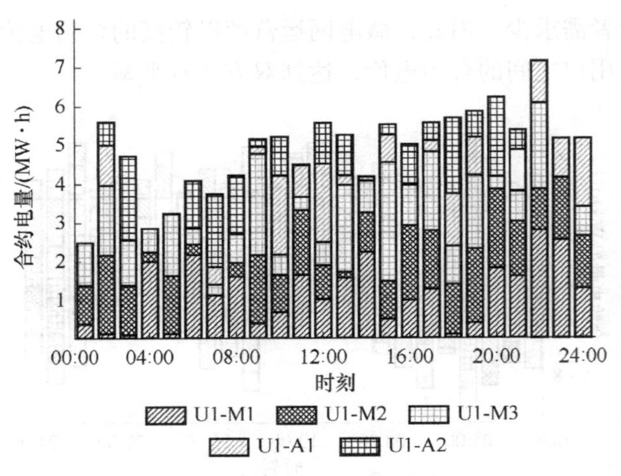

图 6-16 U1 与其他主体的合约电量

表 6-1 各市场主体的最优利益

市场主体	最大收益或最小成本/元
M1	60343.6
M2	58278.3
M3	60028.1
A1	10176.4
A2	9879.2
U1	67794.8
U2	68345.3
U3	68055.7

为具体体现各市场主体在各时段内的最优利益分配，图 6-17 描述了 M1、A1 和 U1 各时段最优收益或成本分布形势。

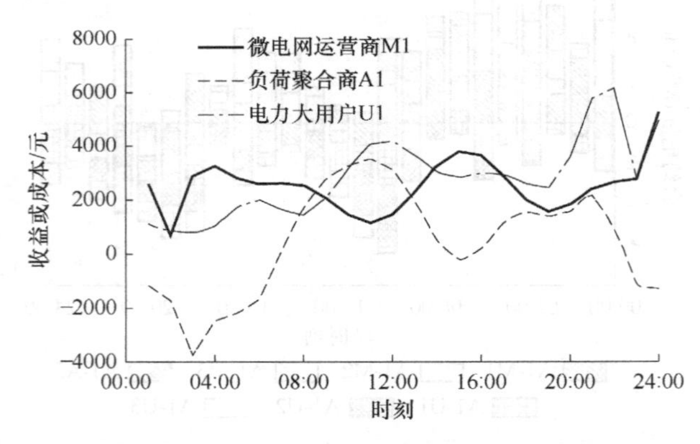

图 6-17 M1、A1 和 U1 各时段最优收益或成本分布

由上文分析可知，微电网运营商在夜晚至凌晨时段主要进行售电行为，与负荷聚合商达成较多的合约电量；下午时段售电能力高，获得高售电收益，故图 6-17 中该时段内微电网

运营商获得较高收益；而随着微电网运营商处于自身负荷高峰时，呈现对外电量缺额，通过对外购电实现整体收益最优，如图6-17中12时段及20时段所示。

负荷聚合商的购售电行为与微电网运营商相反，A1在凌晨时段主要进行分散资源的收集与购取，导致利润亏损，而随着自身售电能力的逐渐升高和其他市场主体的需求变大，A1逐渐获得高售电收益，弥补购电成本从而获得最优利润。U1由于不具备对外售电能力，其达成的最低成本与其自身负荷需求变化相一致：负荷需求高峰时购电成本高，低谷时购电成本低。

6.5.4 分布式账本记账结果

基于底层框架所构建的区块链分布式账本系统，以M1为例，仿真验证其参与电力交易的记账过程。M1在8080端口注册登录区块链网络，系统所自动分配的私钥与公钥如表6-2所示。

表6-2 M1的私钥与公钥

密钥名	地址
私钥	0x3082025b02010002818100b5ac95588b5c……
公钥	0x30819f300d06092a864886f70d011010500……

M1所分配的端口号为127.0.0.1：5001，通过其节点端口向区块链交易池发布含自身电量需求、竞标报价区间等交易请求信息，在区块链网络中通过P2P的形式与其他各市场主体依次达成智能合约，并基于自身私钥地址对其交易账单进行加密获得数字签名，以保障交易的安全与私密。这里，以M1和A2在时间14h内达成的信息为例。Postman中仿真测试所得的合约账单如表6-3所示，由数字签名和交易账单组成。交易账单包括售电者M1的地址、购电者A2的地址、此时段内所达成的合约电价（元/(kW·h)）和电量（MW）。购售者的地址为其自身相应的公钥地址。

表6-3 M1与A2在时间14h内达成的合约账单

账单列表	交易值
数字签名	0x22d2ec565c424376bc3c8e0d2d5da7f……
售电者地址	0x30819f300d06092a864886f70d011010……
购电者地址	0xa0b2e5e05d0034ddf1d4
合约电价	0.32
合约电量	-2.07

A2作为购电者，用售电者M1的公钥对达成的合约账单进行解密与验证，然后区块链交易网络对该笔账单完成工作量证明机制以达成全网共识。上述记账过程所形成的新区块信息如表6-4所示。由于原有的区块链账本系统已含有一个创世纪块（生成一个合法节点账本的第一个区块），故新添加的区块号为“2”。“377”表示在进行共识机制时解开密码学难题所产生的随机数。“New Block Forged”表示成功加入一个区块时区块链账本系统返回的信息。此外，交易账单中还包括完成PoW共识的奖励机制下产生的奖励账单，同样由购电者与售电者地址、合约电价与电量组成。

表 6-4　M1 与 A2 达成共识的区块信息

区块信息名称	数据
当前区块号	2
系统消息	New Block Forged
随机数	377
上一区块 Hash 值	0x5576057f4072de762fb01b8a23ec……
新交易账单	购电者与售电者地址、合约电价与电量
奖励账单	购电者与售电者地址、合约电价与电量

新交易账单的详细内容与表 6-3 一一对应。奖励账单的详细信息如表 6-5 所示。由于此笔交易是区块链网络给予的奖励，故售电者地址标记为“The Blockchain Network”。购电者地址是共识机制中获取记账权的市场主体公钥地址。合约电价为奖励的金额数，这里假设取 1 元。仅存在货币上的转账，无电力交互，故合约电量为空。

表 6-5　达成共识的奖励账单

账单列表	交易值
售电方地址	The Blockchain Network
购电方地址	0x325216569c2b4924977553298172dcf4
合约电价	1
合约电量	

最后通过 Postman 软件查看 M1 节点下的区块链账本信息，即 127. 0. 0. 1:5001 端口下的信息，测试网络返回的 JSON 格式的数据如图 6-18 所示。


```
"chain": [{
        "block_number": 1,
        "nonce": 0,
        "previous_hash": "00",
        "timestamp": 1545646186.436167,
        "transactions": []
    },{
        "block_number": 2,
        "nonce": 377,
        "previous_hash": "5576057f4072de762fb01b8a23ec85958f378
        "timestamp": 1545646504.4114096,
        "transactions": [{
                "buyer_energy_address": "a0b2e5e05d0034ddf1d4",
                "price_contract": "0.32",
                "seller_energy_address":
                    "30819f300d06092a864886f70d010101050003818d
                "volume_contract": "-2.07"
            },{
                "buyer_energy_address": "325216569c2b492497755
                "price_contract": 1,
                "seller_energy_address": "THE BLOCKCHAIN",
                "volume_contract": ""
            }]
    }],
"length": 2}
```


图 6-18　M1 节点 5001 端口下的区块链信息

由图6-18可知，block_number表示当前区块的序号，M1节点下已包含2个区块信息：区块“1”称为创世纪块（nonce和上一区块的Hash值previous_hash均为0），区块“2”为本算例过程下新添加的交易区块；timestamp表示区块加入的时间戳（以秒为单位）；transactions表示账单的详细交易情况，与表6-3、表6-4、表6-5内容相一致；buyer_energy_address表示购电者地址；price_contract表示合约电价；seller_energy_address表示售电者地址；volume_contract表示合约电量；length表示整个区块链的高度，即账本中区块的总数量。

至此，M1与A2在时间14h内达成的含合约信息的区块已成功加入至底层区块链分布式账本中。据此类推，M1与其他市场主体在其他时段内达成的合约信息也将以本算例的形式逐一加入区块链分布式账本，整体上验证本章算例下所有市场主体的电力交易过程。

本章小结

本章对区块链技术下配电侧电力市场交易平台的设计进行了初步探讨，交易平台的底层基于区块链技术，充分发挥其分布式账本的优势，实现交易数据的去信任化、安全化与透明化；交易平台的上层基于智能合约技术，以微电网运营商、负荷聚合商和电力大用户作为多元化的市场主体，分别构成独立的节点参与区块链P2P的分布式交易，在考量各市场主体需求与约束的基础上，以微电网运营商收益最大、负荷聚合商购售电利润最大、电力大用户购电成本最小为目标作为合约的触发条件，所达成的合约电价与电量记录在底层区块链账本中。

第7章

智能合约下电动汽车代理商入网竞价机制研究

7.1 背景与现状

7.1.1 电动汽车入网竞价研究现状

一般来说，关于电动汽车参与传统中心化竞价交易的研究，主要分为含电动汽车的电力市场充电竞价与放电竞价两方面。一方面，基于电动汽车实际行驶需求，建立电动汽车充电资源的市场竞价。参考文献［74］基于小区用户与代理商之间的主从博弈模型，实现电动汽车用户与代理商之间的利益最大化；参考文献［75，76］在考虑电动汽车用户行为、电价等不确定因素的情况下，建立电动汽车代理商参与电力市场竞价的机制，提高代理商的利润；参考文献［77］在满足电动汽车行驶需求的基础上，考虑用户侧购电成本和市场出清过程，建立电动汽车参与电力市场的竞价机制。另一方面，利用电动汽车自身灵活的负荷转移特性，构建峰期放电的竞价机制。参考文献［78］以峰期电动汽车最大放电量为目标，通过代理商参与电力市场竞价投标，实现购电成本与负荷调度差值的最优；参考文献［79］通过电网公司与用户之间的博弈竞价关系，建立电网收益最大、用户费用最小的放电竞价双层优化模型。

7.1.2 基于区块链的电动汽车入网竞价机制研究

随着区块链技术的发展，新技术的引入为电动汽车参与能源互联网提供了更丰富的交易途径，实现了在传统交易机制上的创新和发展。

智能充电桩（站）是进行充放电资源交易的首要途径，是电动汽车与电网互动研究的入口。参考文献［80］基于区块链以太坊平台，由用户选择最优充电站进行自主充电，实现资源利用最大化；参考文献［81］基于区块链、闪电支付网络、智能合约之间的技术关系，提出用户、充电桩运营商、代理机构间充电桩共享的生态圈；参考文献［82］利用超级账本区块链网络环境，在多充电运营商、公用充电企业之间构建自动化交易的智能合约模型，提升充电服务的安全性与灵活性。

在融合智能充电桩（站）研究的基础上，可进一步实现电动汽车充放电平台的建设。参考文献［83］基于分布式区块链环境提出一种创新的电动汽车充放电机制，最小化电网功率的波动幅度和用户的总充电成本；参考文献［84］基于区块链加密货币算法，利用电动汽车可转移的充电资源，弥补可再生能源在实时快速需求响应时的不足与高额成本，并根据用户历史充电情况划分优先级，激励用户合理的充电行为；参考文献［85］聚焦于传统充电系统在安全上的不足，将区块链技术引入分布式电动汽车充电系统中，在保障用户账户匿名、数据加密、防攻击等方面发挥切实有效的作用。

后续的研究则基于完善的交易平台，进一步利用电动汽车的需求响应参与电力市场竞价。参考文献［86］以用户充电费用最低和电网负荷最优为目标建立纳什均衡下的互动模型，积极形成最优充电价格；参考文献［87］基于区块链技术实现电动汽车之间P2P的分布式安全交易，再通过充放电竞价机制实现用户利益最大化；参考文献［88］在考虑不同充电站的差异需求下，开展充电权的双向竞价拍卖与P2P交易，并基于区块链以太坊平台保障交易的安全、公开与智能化。

7.2 电动汽车代理商入网竞价机制框架

7.2.1 智能合约适用性分析

与金融、保险等行业不同，电力系统中各成员的协作涉及大量物理约束。目前被认为具备区块链应用前景的电力系统场景，如配网分布式电源交易、需求侧响应、多种能源交易等，均涉及优化问题的建模及求解，其复杂程度远高于大部分已出现区块链应用的传统行业。目前广泛使用的区块链底层技术，如Ethereum、Hyperledger、比特币等，直接应用于电力系统可能存在两大问题：

1）智能合约语言较为简单。已有的区块链智能合约语言只能执行基本逻辑与代数运算操作，并不擅长求解大规模复杂的优化问题。

2）共识机制存在缺陷。区块链可以分为公有链、联盟链以及私有链。公有链的共识机制，无论PoW或PoS均需要耗费电能用于无效计算。联盟链和私有链的共识机制，如PBFT在安全性和可扩展性上还存在问题，不适用于电力系统等节点数量过大的系统。

因此，在较为复杂的电力系统场景中，现有区块链技术难以满足快速、低能耗求解优化问题的需求。为促进区块链在电力系统中更广泛应用，需要改进区块链底层技术，提高区块链与电力系统复杂优化场景的兼容性。

7.2.2 区块链链上链下互联机制

为充分利用智能合约的特征，提高区块链技术与电力交易场景的兼容性，将链上P2P分布式交易和链下集中式需求响应相融合，构建的电动汽车整体入网竞价机制框架如图7-1所示。

在本机制中，电动汽车用户、代理商和电力调度中心作为区块链链上P2P分布式交易市场主体，分别基于各自独立的IP地址、公钥、私钥等节点信息构成分布式区块链交易网络，基于各自不同的电力需求与利益参与电动汽车充放电资源交易：一方面，电动汽车用户与代理商之间在考虑出行需求、利润分红、放电补偿等请求后，以用户购电成本最低、代理商售买电差价最大为目标达成智能合约；另一方面，代理商与电力调度中心根据电网公司购售盈利情况、机组状态等请求，以电力经济调度成本最低、电网负荷方差最小为目标达成智能合约。

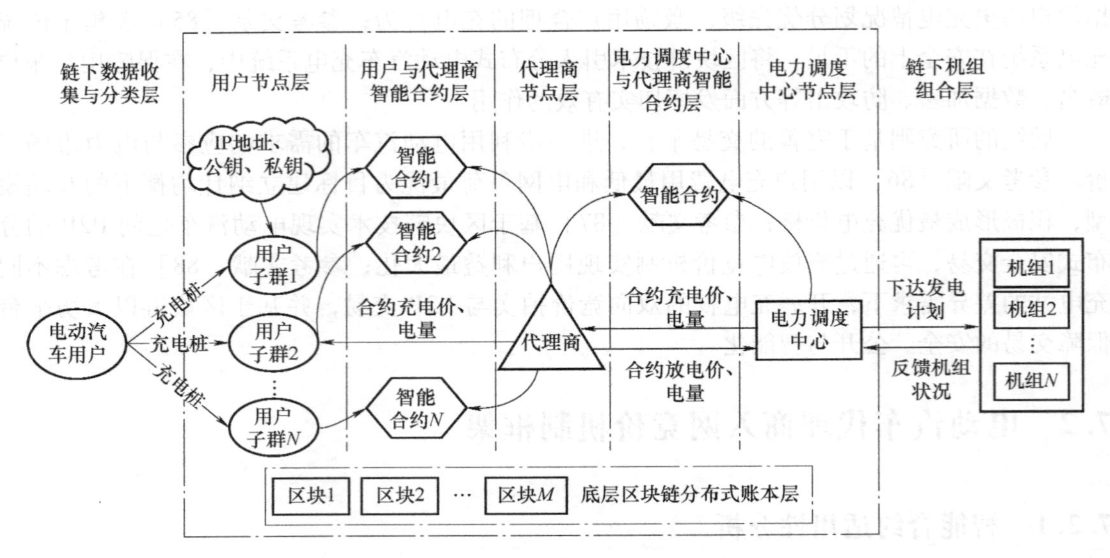

图 7-1　电动汽车整体入网竞价机制框架

用户数据收集与分类层、机组组合层构成区块链链下需求响应与集中调度机制：用户基于智能充电桩与电网互动，根据用户出行时间和起始充电剩余电量作为分类依据，聚类分群为具有不同需求响应的用户子群，依次与代理商进行 P2P 交易达成智能合约；各机组根据链上电力调度中心所下达的发电规划，集中调度各时段机组状态并进行反馈，达成链上与链下的信息交互。

链上与链下层次之间一旦符合智能合约关系的匹配，则竞价可达成各主体间充放电电价、电量的平衡。通过合约电价作为经济杠杆、合约电量作为优化调度的依据，自动化地实现电动汽车充放电资源的供求动态平衡，并记录在底层区块链分布式账本中，构成安全可追溯、相互信任、不可篡改的交易区块数据。整个电动汽车入网竞价交易机制，无第三方数据存储机构与安全监督，在发挥智能合约在去中心化、效率、成本上优势的同时，充分展现区块链平台体系在安全保障、防干扰、建立共识方面的特征。

7.3　用户与代理商智能合约设计

7.3.1　电动汽车集群划分

电动汽车代理商作为统筹规划电动汽车充放电资源的载体，如果直接对大规模随机分散的电动汽车群进行统一的控制调度，不仅会带来“维数灾”的求解计算难题，还会给代理商自身的采集与通信机制带来巨大的负担。同时，不同类型的电动汽车具有不同的充放电需求，代理商需为各用户子群制定个性化的调度方案。因此，大规模电动汽车群合理的集群分类是电动汽车参与电网互动的前提。

1. 用户出行规律与电动汽车运行特性分析

电动汽车的调度必须以用户的出行时间为基础，根据电动汽车接入充电桩的时间段进行充放电控制策略调整。单台的电动汽车出行时间随机性较强，但是大规模电动汽车的出行时间具有规律性。为了实现对电动汽车的集群调度，可以利用聚类的方法将出行时间类似的电动汽车作为一类进行调度。在未来电动汽车的使用场景下，电网公司可以通过一定的激励手段引导用户主动参与电力系统调峰，此时可能出现两种充放电的模型：一种以充电为目标的调度模式，电动汽车接入充电桩时动力电池荷电状态（State of Charge，SOC）较小，此时用户通过设定离开时间和离站时的 SOC 值，在进出站时间段对电动汽车进行充放电控制；另一种以放电为目标，电动汽车接入充电桩后，如果剩余 SOC 较多，并且用户离站时行驶距离较短，此时可以引导用户主动对电网放电。考虑到不同电动汽车动力电池容量、充放电功率的差异性，可以对充放电特性相似的电动汽车进行统一调度。

2. 电动汽车聚类分析方法

用户的出行规律即电动汽车接入充电桩的时刻和离开充电桩的时刻，这些因素决定了车辆的开始充电时间以及充电时长。对于规模化的私家车来说，每天不同的出行规律将导致相应的出行开始时间，且具有一定的随机性，可以将开始时间相似的电动汽车作为一个子群。用户的结束时间决定了用户开始充电的时刻，即不同时刻的起始充电时间将会导致不同程度的充电需求，因此结束时间可以作为聚类特征指标。

从另一个角度看，用户的出行时间也意味着用户的期望充电完成时间，从实时优化的角度，同一时刻被编入相同集群的电动汽车有着相同的接入时间和相近的期望充电完成时间，在优化过程中可采用统一的集群期望充电完成时间。

在电动汽车层面，不同品牌的电动汽车意味着不同的充电电池，其电池的容量、充电功率以及最大行驶里程存在很大的差异，用户期望达到的 SOC 也不尽相同。目前电动汽车的充电电池参数标准差异并不大，相较于出行规律，没有太大的随机性，因此对于不同充电类型的电动汽车只需进行一定程度的特征参数归类，即可得到具有不同充电需求的子群。

综上所述，本章将用户出行开始和结束时间作为聚类指标，将相近的起始 SOC 作为另一划分标准。最终，将具有近似运行特性的电动汽车作为统一的用户子群节点，调度大规模充放电资源，参与智能合约下的入网竞价交易。

7.3.2 需求合约分析

1. 用户子群约束

各用户子群与代理商分别达成智能合约的前提是满足用户的行驶需求、充放电状态、蓄电池状态等约束条件，以构成相应的需求响应特性。详细分析如下：

1）用户出行需求约束：

$$S_{\exp,\min}<S_{\text{need}}(k,i)<S_{\exp,\max} \tag{7-1}$$

式中，$S_{\text{need}}(k,i)$ 是第 k 个子群里第 i 辆车的电能需求 SOC；$S_{\exp,\min}$ 与 $S_{\exp,\max}$ 分别是用户期望的最低、最高需求 SOC。

2）充放电状态约束：

$$x(k,i,t)=\begin{cases}1 & \text{充电}\\ 0 & \text{闲置}, \quad t\in[T_{\text{s}}(k,i),T_{\text{e}}(k,i)]\\ -1 & \text{放电}\end{cases} \tag{7-2}$$

式中，$x(k,i,t)$ 是第 k 个子群里第 i 辆车在时间 t 内的充放电状态：1 为充电状态，0 为闲置状态，-1 为放电状态；$T_{\text{s}}(k,i)$ 与 $T_{\text{e}}(k,i)$ 分别是第 k 个子群里第 i 辆车的开始与结束调度时间。

3）蓄电池充放电约束：

$$\begin{cases} S(k,i,t)=S(k,i,t-1)+\begin{cases} P_{ch}(k,i,t)\Delta t/B & x(k,i,t)=1 \\ 0 & x(k,i,t)=0 \\ -P_{dc}(k,i,t)\Delta t/B & x(k,i,t)=-1 \end{cases} \\ S_{need}(k,i)\leqslant S(k,i,T_e(k,i)) \end{cases} \tag{7-3}$$

式中，$t\in[T_s(k,i),T_e(k,i)]$；$S(k,i,t)$ 是第 k 个子群里第 i 辆车在时间 t 结束时的 SOC；$P_{ch}(k,i,t)$ 与 $P_{dc}(k,i,t)$ 分别是第 k 个子群里第 i 辆车在时间 t 内的充电与放电功率；B 是蓄电池容量；Δt 是一个调度时段的时长。

4）电价水平约束：

根据需求侧管理的要求，实行动态电价后应保证用户侧利益不受损，即用户侧平均电价水平不上涨，故设置电价水平约束：

$$\overline{W}_{ch,con}=\frac{\sum_{t=0}^{T_{ev}}P_{ch}(t)W_{ch}(t)\Delta t}{\sum_{t=0}^{T_{ev}}P_{ch}(t)\Delta t}\leqslant\overline{W}_{ch,src} \tag{7-4}$$

式中，$\overline{W}_{ch,con}$ 是达成合约电价后一天内电动汽车的平均充电电价；T_{ev} 是一天内总的调度时段数；$P_{ch}(t)$ 是时间 t 内电动汽车总的充电负荷；$W_{ch}(t)$ 是时间 t 内的合约充电价；$\overline{W}_{ch,src}$ 是实行智能合约前的初始平均充电电价。并且，合约电价满足：

$$W_{ch,min}\leqslant W_{ch}(t)\leqslant W_{ch,max} \tag{7-5}$$

式中，$W_{ch,min}$ 与 $W_{ch,max}$ 分别是最小与最大合约充电价。

2. 用户需求合约分析

电动汽车用户与代理商之间存在雇佣关系，代理商在满足用户购电需求的前提下需对电池进行多次充放电行为，不可避免会导致一定程度的电池成本损耗。详细分析如下：

1）用户购电成本：

$$C_{buy}^{AtoU}(k)=\sum_{t=1}^{T_{ev}}\sum_{i=1}^{N_k}P_{ch}(k,i,t)\Delta tW_{ch}(t),x(k,i,t)=1,\quad t\in[T_s(k,i),T_e(k,i)] \tag{7-6}$$

式中，$C_{buy}^{AtoU}(k)$ 是代理商代理第 k 个子群的购电成本；N_k 是第 k 个子群电动汽车总数。

2）用户电池损耗成本：

$$C_{loss}^{U}(k)=\sum_{t=1}^{T_{ev}}\sum_{i=1}^{N_k}|P_{dch}(k,i,t)|W_{loss}(t),P_{dch}(k,i,t)=\begin{cases} P_{ch}(k,i,t) & x(k,i,t)=1 \\ -P_{dc}(k,i,t) & x(k,i,t)=-1 \end{cases} \tag{7-7}$$

式中，$C_{loss}^{U}(k)$ 是第 k 个子群的电池损耗成本；$W_{loss}(t)$ 是时间 t 内电池单位损耗成本；$P_{dch}(k,i,t)$ 是第 k 个子群里第 i 辆车在时间 t 内的充放电功率。

3）用户雇佣代理商的成本：

$$C_{agent}^{UtoA}(k)=N_kW_{agent} \tag{7-8}$$

式中，$C_{agent}^{UtoA}(k)$ 是第 k 个子群支付代理商的雇佣成本；W_{agent} 是用户支付代理商每辆车的调度雇佣费。

3. 代理商需求合约分析

代理商作为用户与电网的中介，在满足用户购电需求的同时可在一定约束条件下反馈一部分电能至电网以赚取放电收益，同时需要对电动汽车资源二次存储并售卖的部分回馈用户一定的放电补偿。详细分析如下：

1）代理商放电收益：

$$R_{sell}^{AtoG}(k)=\sum_{t=1}^{T_{ev}}\sum_{i=1}^{N_k}P_{dc}(k,i,t)\Delta tW_{dc}(t),x(k,i,t)=-1,\quad t\in[T_s(k,i),T_e(k,i)] \tag{7-9}$$

式中，$R_{sell}^{AtoG}(k)$ 是代理商基于第 k 个子群向电网反馈电能的收益；$W_{dc}(t)$ 是时间 t 内的合约放电价。

2）代理商储能运行成本：

$$C_{run}^{A}(k)=\sum_{t=1}^{T_{ev}}\sum_{i=1}^{N_k}P_{ch}(k,i,t)W_{run}(t),x(k,i,t)=1,\quad t\in[T_s(k,i),T_e(k,i)] \tag{7-10}$$

式中，$C_{run}^{A}(k)$ 是代理商代理第 k 个子群需求电量后的储能运行成本；$W_{run}(t)$ 是时间 t 内储能运行单位成本。

3）代理商放电补偿费用：

$$C_{comp}^{AtoU}(k)=\sum_{t=1}^{T_{ev}}\sum_{i=1}^{N_k}P_{dc}(k,i,t)W_{comp}(t),x(k,i,t)=-1,\quad t\in[T_s(k,i),T_e(k,i)] \tag{7-11}$$

式中，$C_{comp}^{AtoU}(k)$ 是代理商对第 k 个子群的放电补偿费用；$W_{comp}(t)$ 是时间 t 内单位放电补偿费用。

7.3.3 目标合约分析

电动汽车用户与代理商之间可看作是合作共赢的雇佣关系，分别以购电成本最小、购售电差价最大为目标。二者之间可通过一定的利润分红来调动双方的参与积极性，使得二者在实现共赢策略的同时拥有动态多样的利益配比策略。详细分析如下：

1）代理商目标合约：

$$\max R_{total}^{A}(k)=(C_{agent}^{UtoA}(k)+R_{sell}^{AtoG}(k)-C_{run}^{A}(k)-C_{comp}^{AtoU}(k))(1-r) \tag{7-12}$$

式中，$R_{total}^{A}(k)$ 是代理商通过第 k 个子群所获得的总收益；r 是代理商为用户提供的利润分红比例，如果代理商亏损，则无利润分红。

2）用户目标合约：

$$\min C_{total}^{U}(k)=C_{buy}^{AtoU}(k)+C_{loss}^{U}(k)+C_{agent}^{UtoA}(k)-C_{comp}^{AtoU}(k)-R_{bonus}^{AtoU}(k),R_{bonus}^{AtoU}(k)=R_{total}^{A}(k)/(1-r)r \tag{7-13}$$

式中，$C_{total}^{U}(k)$ 是第 k 个子群总购电成本；$R_{bonus}^{AtoU}(k)$ 是代理商给予第 k 个子群的利润分红。

7.4 代理商与电力调度中心智能合约设计

7.4.1 目标合约分析

代理商将调配的大规模电动汽车充放电资源通过电力调度中心参与电网的购售电交易，

电力调度中心在均衡电网公司利益与电网负荷曲线的基础上实现资源的优化配置：一方面为电网负荷削峰填谷提供灵活的解决策略，另一方面为负荷优化下的机组组合提供拓展的可能性，整体上降低电网系统的运行成本，实现电力经济调度成本最优的目标。具体分析如下：

1. 电力调度中心目标合约一

以电网负荷方差最小作为智能合约触发目标：

$$\min D_{\text{load}}(k)=\frac{1}{T_{\text{ev}}}\sum_{t=1}^{T_{\text{ev}}}\left(P_{\text{base}}(t)+\sum_{i=1}^{N_k}P_{\text{dch}}(k,i,t)-P_{\text{av}}\right)^2, P_{\text{av}}=\frac{1}{T_{\text{ev}}}\sum_{t=1}^{T_{\text{ev}}}\left(P_{\text{base}}(t)+\sum_{i=1}^{N_k}P_{\text{dch}}(k,i,t)\right) \tag{7-14}$$

式中，$D_{\text{load}}(k)$ 是含第 k 个子群的电网负荷方差；$P_{\text{base}}(t)$ 是时间 t 内不含电动汽车的电网基础负荷；P_{av}是总调度时间内含电动汽车的电网平均负荷。

2. 电力调度中心目标合约二

电力调度中心需在保障电网公司购售电资源交易利益不受损的同时，使得因电动汽车入网而导致机组组合的增加成本最低。为简化智能合约模型并突出链上交易机制，将电网公司从发电市场的购电成本表示为机组组合的增加成本，简化电网公司与机组之间详细的关系。

以电力经济调度成本最小为目标：

$$\min C_{\text{E}}=(C_{\text{G}}-C'_{\text{G}})+\left\{\sum_{k=1}^{N_k}C_{\text{buy}}^{\text{AtoG}}(k)-\sum_{k=1}^{N_k}R_{\text{sell}}^{\text{GtoA}}(k)\right\}, C_{\text{buy}}^{\text{AtoG}}(k)=R_{\text{sell}}^{\text{AtoG}}(k), R_{\text{sell}}^{\text{GtoA}}(k)=C_{\text{buy}}^{\text{AtoU}}(k) \tag{7-15}$$

式中，C_{E}是电力经济调度总成本；C'_{G}是不含电动汽车的电网机组组合成本；C_{G}是含电动汽车的电网机组组合成本；$C_{\text{buy}}^{\text{AtoG}}(k)$ 是电网公司通过代理商从第 k 个子群购买用户放电量所增加的成本；$R_{\text{sell}}^{\text{GtoA}}(k)$ 是电网公司通过代理商向第 k 个子群售电所带来的收益。

7.4.2 需求合约分析

区块链链下机组组合层在电动汽车引入的前提下进行传统优化模型的拓展，实现含电动汽车充放电的机组组合集中优化调度，其成本分析如下：

$$\begin{aligned}
C_{\text{G}}&=\sum_{t=1}^{T_{\text{uc}}}\sum_{j=1}^{N_{\text{G}}}\{F_j[Y_j(t)]+S_j[1-I_j(t-1)]\}I_j(t),\\
F_j[Y_j(t)]&=a_j+b_jY_j(t)+c_jY_j^2(t),\\
S_j&=\begin{cases}S_j^{\text{hot}} & T_j^{\text{Loff}}\in[T_j^{\text{Moff}},T_j^{\text{Moff}}+T_j^{\text{cold}}]\\ S_j^{\text{cold}} & T_j^{\text{Loff}}\in[T_j^{\text{Moff}}+T_j^{\text{cold}},+\infty]\end{cases}
\end{aligned} \tag{7-16}$$

式中，C_{G}是机组组合总成本，由燃料成本与起动费用组成；T_{uc}是总优化时段数；N_{G}是机组数量；$F_j[Y_j(t)]$ 是第 j 个机组的燃料成本函数；$Y_j(t)$ 是第 j 个机组在时间 t 内的出力；a_j、b_j、c_j是第 j 个机组的燃料成本系数；S_j是第 j 个机组的起动费用，由热起动费用 S_j^{hot} 与冷起动费用 S_j^{cold}组成；T_j^{Loff}是第 j 个机组起动前的停运时长；T_j^{Moff}是第 j 个机组允许的最小停运时间；T_j^{cold}是第 j 个机组冷起动时间；$I_j(t)$ 是第 j 个发电机组在时间 t 内开、闭状态的二元整型变量：1 为开机，0 为停机。

7.4.3 约束分析

1）负荷平衡约束：

$$\sum_{j=1}^{N_G} Y_j(t)I_j(t) = P_{\text{base}}(t) + P_{\text{ch}}(t) - P_{\text{dc}}(t) \tag{7-17}$$

式中，$P_{\text{ch}}(t)$ 与 $P_{\text{dc}}(t)$ 分别是时间 t 内电动汽车充电和放电总负荷。

2）系统备用约束：

$$\sum_{j=1}^{N_G} Y_j^{\max}(t)I_j(t) \geqslant P_{\text{base}}(t) + P_{\text{ch}}(t) - P_{\text{dc}}(t) + Q(t) \tag{7-18}$$

式中，$Y_j^{\max}(t)$ 是第 j 个机组在时间 t 内的最大出力；$Q(t)$ 是电网在时间 t 内的备用需求。

3）机组出力约束：

$$Y_j^{\min}(t)I_j(t) \leqslant Y_j(t)I_j(t) \leqslant Y_j^{\max}(t)I_j(t) \tag{7-19}$$

式中，$Y_j^{\min}(t)$ 是第 j 个机组在时间 t 内的最小出力。

4）机组开关机时间约束：

$$\begin{cases}[T_j^{\text{Aon}}(t)-T_j^{\text{Mon}}][1-I_j(t+1)] \geqslant 0 & I_j(t)=1 \\ [T_j^{\text{Aoff}}(t)-T_j^{\text{Moff}}]I_j(t+1) \geqslant 0 & I_j(t)=0\end{cases} \tag{7-20}$$

式中，$T_j^{\text{Aon}}(t)$ 与 $T_j^{\text{Aoff}}(t)$ 分别是第 j 个机组在时间 t 前的累计开机与关机时间；T_j^{Mon} 是第 j 个机组允许的最小运行时间。

5）机组爬坡约束：

$$\begin{cases}Y_j(t)-Y_j(t-1) \leqslant V_j^{\text{u}} \\ Y_j(t-1)-Y_j(t) \leqslant V_j^{\text{d}}\end{cases} \tag{7-21}$$

式中，V_j^{u} 与 V_j^{d} 分别是第 j 个机组的上坡与下坡速率限值。

7.5 电力交易模型求解算法分析

7.5.1 出行时间 K 均值聚类方法

本章采用 K 均值聚类方法对电动汽车出行开始时间和结束时间进行聚类分群。该方法消除了集群内各车充电完成时间的差异性，可将集群内所有电动汽车视作一个大容量的电池集合，无论系统内有多少电动汽车，求解的变量数都是不变的。而且，该方法极大地减小了优化过程中的变量，避免了以单台车为调度对象带来的维数灾难。

K 均值聚类是一种非监督分类方法，它以距离为相似性准则，认为两个对象的距离越近，其相似度越大。具体来说，当给定一个数据集 D 时，K 均值算法的步骤如图 7-2 所示。

重新计算每个簇的质心这一步骤，是根据目标函数计算得来的，因此需要考虑目标函数和距离度量。这里，将误差二次方和（Sum of the Squared Error，SSE）作为聚类的目标函数，表示为

$$\text{SSE} = \sum_{j=1}^{K} \sum_{c_{ij} \in C_j} \text{dist}(c_{ij}, Z_j)^2 \tag{7-22}$$

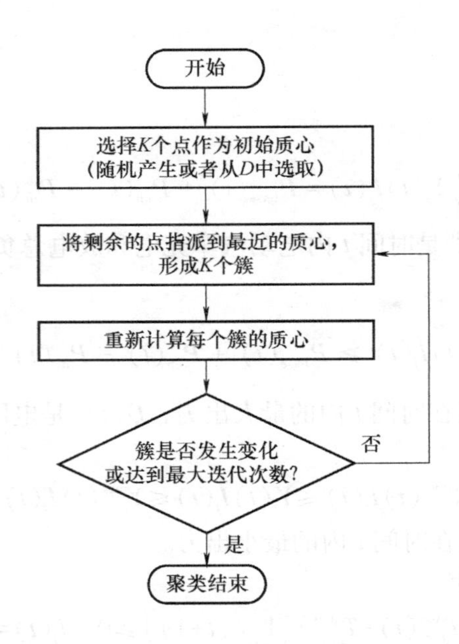

图 7-2　K 均值算法流程图

式中，K 是初始聚类中心的总数，即初始质点的总数；j 是初始聚类中心的序号；C_j 是第 j 个簇；Z_j 是第 j 个簇 C_j 的质心；欧氏空间中两个对象之间的标准欧氏距离，表示为

$$\mathrm{dist}(c_{ij},Z_j)=\|c_{ij}-Z_j\| \tag{7-23}$$

式中，c_{ij}是第 j 个簇 C_j 中各样本点，$i=1,2,\cdots,m$。

7.5.2　SOC 四分位分类法

电动汽车初始电量 SOC 一般以正态分布或均匀分布的形式展现，随机趋势不定，不便通过聚类的方式模糊化处理聚类中心，故本书采用四分位数定量的方式确定 SOC 数值的分布情况，将 SOC 分为数量均等的 4 类，实现对电动汽车起始充电负荷 SOC 的统计分类。四分位法是统计学中分析数据集分布特征的重要方法，原理如图 7-3 所示，先将集中的全部数据按大小顺序依次排列并分为 4 等份，处于分割点位置的 3 个数值 Q_1、Q_2、Q_3 就是四分位数。其计算流程如图 7-4 所示。

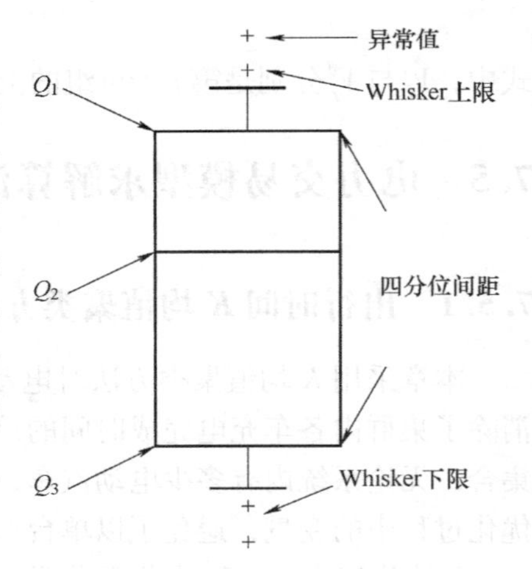

图 7-3　四分位法示意图

具体计算方法如下：

记第 $\boldsymbol{i}$ 个采样点电动汽车 SOC 纵向时序矢量为 $\boldsymbol{X}_i=[x_{i,1},x_{i,2},\cdots,x_{i,n}]$，其中 $i=1,2,\cdots,n$，$x_{i,1}\leqslant x_{i,2}\leqslant\cdots\leqslant x_{i,n-1}\leqslant x_{i,n}$。第二分位数 M_i 表示纵向时序矢量 $\boldsymbol{X}_i$ 的中位数，计算公式为

$$M_i=\begin{cases}x_{i,(n+1)/2} & n\ 为奇数\\ \dfrac{x_{i,n/2}+x_{i,(n+2)/2}}{2} & n\ 为偶数\end{cases} \tag{7-24}$$

式中，n 是电动汽车数据采样总量。

三分位数表示 $\boldsymbol{X}_i$ 中分隔前、后 25% 数据点的位置所表示的数值。采样总量 n 不同时，计算公式略有差异：

1）n 为偶数时，M_i 将 $\boldsymbol{X}_i$ 分为长度相同的两个子序列，记为 $\boldsymbol{X}_{i,1}=[x_{i,1},x_{i,2},\cdots,x_{i,(n-1)/2}]$ 和 $\boldsymbol{X}_{i,2}=[x_{i,(n+1)/2},x_{i,(n+3)/2},\cdots,x_n]$，$Q_{1,i}$、$Q_{3,i}$ 分别表示子序列 $\boldsymbol{X}_{i,1}$ 和 $\boldsymbol{X}_{i,2}$ 的中位数。

2）$n=4k+3$（$k=0,1,2,\cdots$）时，计算公式为

$$\begin{cases} Q_{1,i}=\dfrac{3}{4}x_{i,k+1}+\dfrac{1}{4}x_{i,k+2} \\ Q_{3,i}=\dfrac{1}{4}x_{i,3k+2}+\dfrac{3}{4}x_{i,3k+3} \end{cases} \tag{7-25}$$

3）$n=4k+1$（$k=0,1,2,\cdots$）时，计算公式为

$$\begin{cases} Q_{1,i}=\dfrac{1}{4}x_{i,k}+\dfrac{3}{4}x_{i,k+1} \\ Q_{3,i}=\dfrac{3}{4}x_{i,3k+1}+\dfrac{1}{4}x_{i,3k+2} \end{cases} \tag{7-26}$$

如图 7-4 所示，$\boldsymbol{X}_i$ 的四分位间距表示大小处于 $\boldsymbol{X}_i$ 中间 50% 的 $\boldsymbol{X}_i$（$i=1,2,\cdots,n$）的集合，四分位间距框的大小整体反映电动汽车电量 SOC 数据的集中程度，是电动汽车出行用电量随机性的体现。根据式（7-25）和式（7-27）的计算结果，可以得到 $\boldsymbol{X}_i$ 的四分位间距 IQR_i 为

$$\mathrm{IQR}_i=Q_{3,i}-Q_{1,i} \tag{7-27}$$

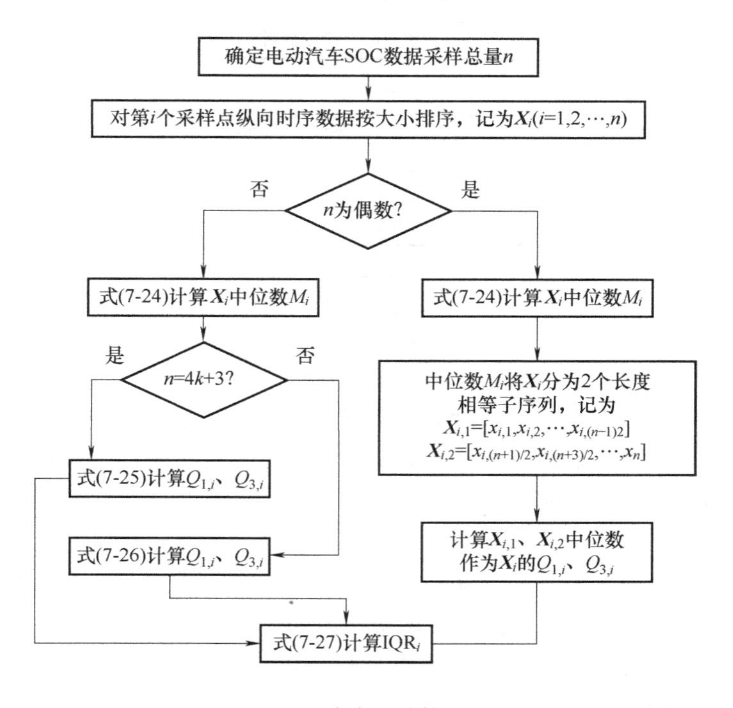

图 7-4　四分位法计算流程图

7.5.3 智能合约求解流程

首先，采用K均值算法聚类用户出行开始时间和结束时间，采用四分位法归类初始剩余电量SOC，形成具有不同运行特性的子群。接着，基于遗传算法和粒子群算法内外层之间的寻优关系求解智能合约模型。内层寻优中，每条染色体代表各子群的起始剩余电量，依次对其进行迭代计算，获得各子群最优充放电状态；外层寻优基于内层寻优的结果，每个粒子表示一种电动汽车充放电价和机组组合状态，对其整体进行系统迭代计算，达成各市场主体间的智能合约，获得合约充电价。智能合约具体求解流程如图7-5所示。

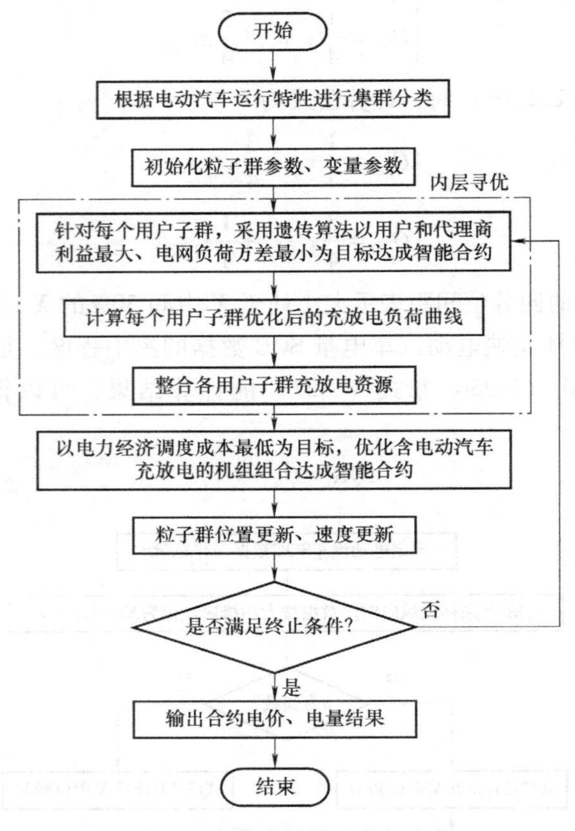

图7-5 智能合约模型求解流程

求解流程中，电动汽车用户、代理商利益最大与电网负荷方差最小的目标合约之间与充放电资源相关联，三者相互影响，故为实现综合最优，本算法采用线性加权法将多目标转化为单目标函数。目标之间的量纲归一化处理如下：

$$\min O(k)=\lambda_1\frac{C_{\text{total}}^{\text{U}}(k)}{C_{\text{wx}}^{\text{U}}(k)}-\lambda_2\frac{R_{\text{total}}^{\text{A}}(k)}{C_{\text{wx}}^{\text{U}}(k)}+\lambda_3\frac{D_{\text{load}}(k)}{D_{\text{wx}}(k)} \tag{7-28}$$

式中，$O(k)$ 是第k个子群在多目标归一化处理后的目标函数。为强调本章调度策略与传统习惯上的不同，以无序充电下的相应特性作为归一化的指标：$C_{\text{wx}}^{\text{U}}(k)$ 是无代理商下第k个子群无序充电下的购电成本；$D_{\text{wx}}(k)$ 是第k个子群无序参与下电网负荷值。λ_1、λ_2与λ_3是各目标函数的权重系数，满足：

$$\begin{cases}\lambda_m > 0 \\ \sum_{m=1}^{3} \lambda_m = 1\end{cases}, \forall m \in \{1,2,3\} \tag{7-29}$$

7.6 算例分析

智能合约作为程序化的计算机脚本语言，部署并运行在区块链开发平台中，如以太坊、超级账本等开源框架，而区块链技术利用其底层分布式数据库特性支持上层智能合约逻辑的实现。为重点体现本章所提竞价机制的特点，本算例结合MATLAB验证含电动汽车的电力交易中智能合约逻辑的可行性。

7.6.1 算例数据

本算例采用2017年美国家庭私家车出行报告的数据，选取一日之内用户出行起止时间与日行驶里程作为大量电动汽车随机出行规律的样本，并假定：

1）某地区私家车总数100万辆，其中电动汽车渗透率取5%。电动汽车用户均愿意与代理商签订相应的合约参与V2G竞价交易与调度控制。具体的电动汽车特性如表7-1所示。

表7-1 电动汽车相关特性

初始SOC	期望SOC	充放电功率	电池容量
N（0.3，0.4^2）	0.9~1	7kW和5kW	36kW·h

2）将用户出行结束时间作为V2G调度开始时间，出行开始时间作为V2G调度结束时间。一日接入充电桩一次，15min作为一个调度时段，1h为一个竞价时段。不含电动汽车的分时电价如表7-2所示，含电动汽车的分时充电电价上下限如表7-3所示。考虑电池损耗、电能存储运输成本等因素，放电电价区间取相应充电电价的1.3倍。

表7-2 不含电动汽车的电价

分类	时段	初始电价/[元/(kW·h)]
峰时	08:00~12:00，17:00~21:00	1.082
平时	12:00~17:00，21:00~24:00	0.687
谷时	00:00~08:00	0.365

表7-3 电动汽车分时充电电价优化区间

时段	峰时	谷时	平时
充电电价上限/[元/(kW·h)]	1.2	0.5	0.8
充电电价下限/[元/(kW·h)]	0.9	0.3	0.6

3）基于本算例数据下电池容量与充放电深度，各市场主体之间智能合约中的经济指标如表7-4所示。

表 7-4 智能合约中的经济指标

智能合约中的经济指标	数值
代理商给予用户的单位放电补偿费用	0.5 元/(kW·h)
电池单位损耗成本	0.14 元/(kW·h)
代理商单位储能运行成本	0.1 元/(kW·h)
代理商给予用户的利润分红比例	0.1
用户给予代理商的雇佣费	0.1 (元/辆)/天

4）由于本章所设计的智能合约主要以电动汽车灵活的充放电资源作为调控基础，对电网负荷曲线的峰谷调节与优化显得尤为重要，故智能合约之间目标函数的权重系数为 $\lambda_1=\lambda_2=0.25$、$\lambda_3=0.5$：用户与代理商的目标函数重要性一致，电网负荷方差最小这一目标的重要性最大。

5）参考参考文献［95］的数据，10 台火力机组构成电网系统机组。不含电动汽车的电网基础负荷如图 7-6 所示。

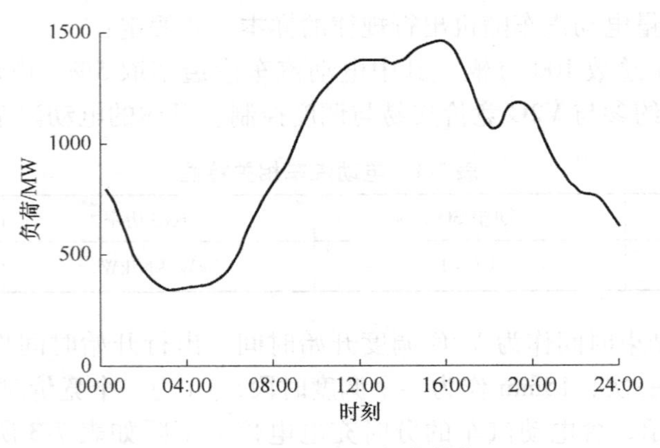

图 7-6 电网基础负荷曲线

7.6.2 用户与代理商的智能合约结果

基于 K 均值算法，聚类一天中开始调度与结束调度时间，其最终聚类中心如表 7-5 所示，分类为 3 个主群，数量各占总数的 30%、20%和 50%。

表 7-5 电动汽车群最终聚类中心

聚类指标	主类 1	主类 2	主类 3
结束调度时刻/h	9.04	14.04	7.60
开始调度时刻/h	13.32	18.75	19.03

基于四分位法对各主群剩余电量 SOC 由低至高再次分为 4 个次类，故整个电动汽车群划分为 12 个用户子群，依次与代理商达成智能合约。由于主类 3 所占数量最多，最具典型性，选取主类 3 中所有 4 次类子群的合约电量为例，如图 7-7 所示，正负值分别为合约充放电量。

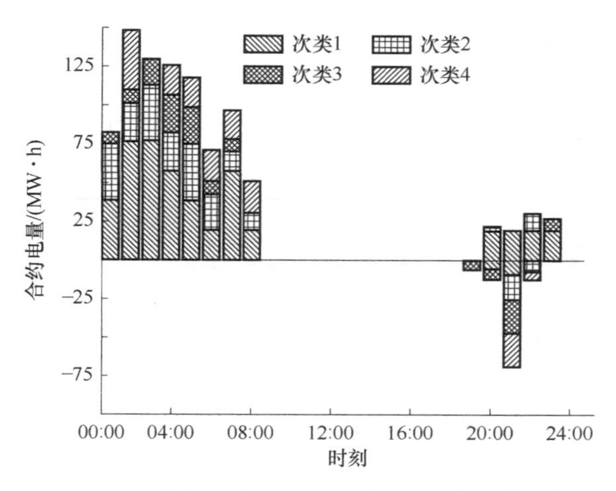

图 7-7　用户主类 3 中各次类与代理商达成的合约电量

图 7-7 描述了主类 3 中各次类整体上充放电调度的开始与结束时间。该主类充放电时段从 19:00 至次日 08:00，与表 7-5 主类 3 中的最终聚类中心一致。各次类主要在凌晨至白天出发前进行充电行为，在夜晚 20:00 左右的时间段主要进行放电行为。因为各次类的划分依据为起始剩余 SOC 的多与少，次类 1 起始剩余 SOC 少，所以整体上充电量多、放电量少，而次类 4 的起始剩余 SOC 状态与次类 1 相反，呈现为相反的充放电行为。其余次类的分析与之类似。

7.6.3　代理商与电力调度中心的智能合约结果

代理商与电力调度中心达成的合约电量与电价如图 7-8 和图 7-9 所示。

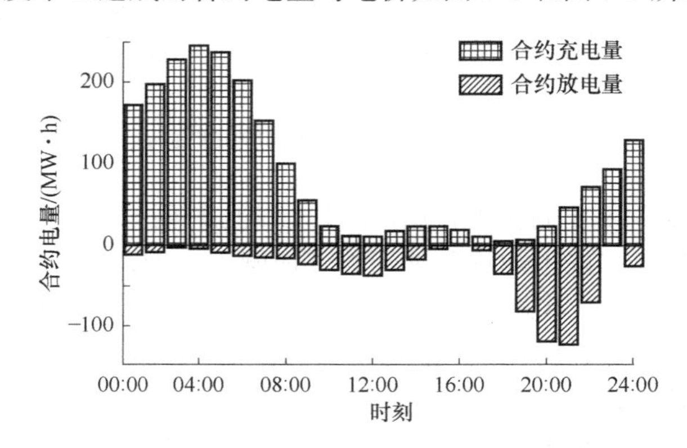

图 7-8　市场主体达成的各时段合约电量

由图 7-7 和图 7-8 可知，各用户子群不同的起止调度时间与合约充放电量所达成的时间密切相关。市场主体主要在电价与负荷低谷达成大量的充电行为以满足用户日常行驶需求；所达成的合约充电价整体上小于不含电动汽车时的初始电价，使得购电成本达到最优；在负荷高峰期达成较高的合约放电价，代理商可采取一定的放电调度以收取高额的放电收益，竞价获得最优购售电差价。

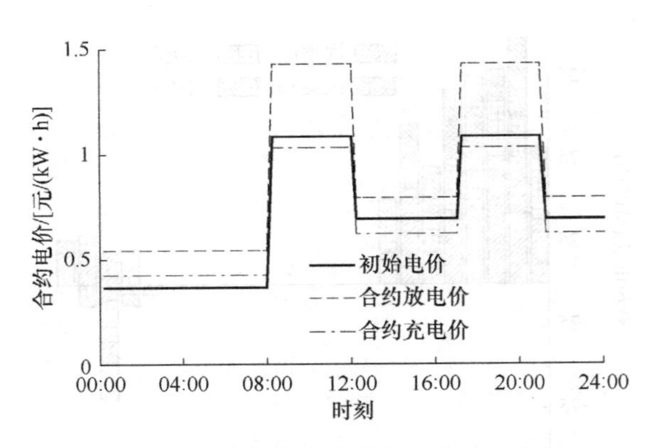

图 7-9　市场主体达成的各时段合约电价

针对上述电价结果，代理商对各用户子群进行恰当的充放电调度控制，电网负荷曲线如图 7-10 所示。选取不同的调度策略与本章所提机制进行对比：无序充电指在无代理商的情况下用户进行随意充电，行程结束时随即接入充电桩充电至期望充电量；有序充电指代理商仅对用户进行充电控制，电价谷时充电，峰时闲置，达到期望充电量。

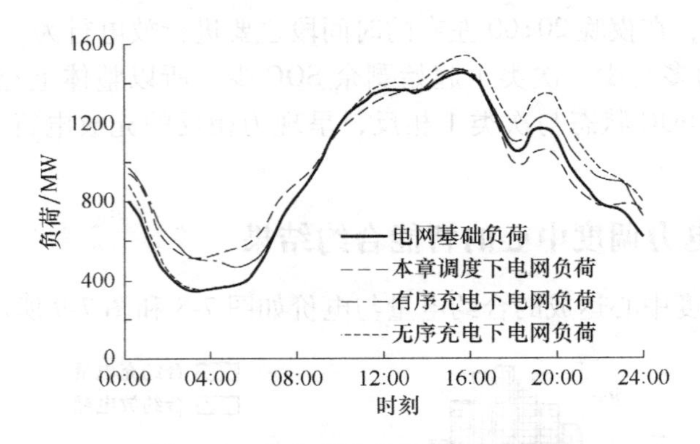

图 7-10　含电动汽车的电网总负荷

由图 7-10 可知，无序充电行为下，用户的开始充电时间与负荷峰期具有一定的重合度，故在一定时间段内产生了“峰上加峰”的影响，加剧了电网调控负担，不利于电网系统的平稳运行；有序充电行为下，代理商基于电价响应，实现了用户充电行为的转移，将峰期充电负荷转移至基础负荷的低谷期，有一定的削峰填谷效果；本章所提调度控制下，代理商不仅实现了用户充电负荷的移峰，还在基础负荷峰期有一定的放电控制，具有更好的削峰填谷作用，更有利于电网曲线的平缓运行。满足用户自身的行驶需求是用户与代理商智能合约关系的前提，且不同用户子群具有不同的可调度时段，故白天出行下的削峰不及夜晚停驶状态下的填谷效果明显，尤其是 12:00~16:00 时段，部分用户仍在负荷与电价峰期进行充电行为，以最快地实现出行要求。

7.6.4　市场主体经济利益分析

各市场主体以自身利益最大为触发条件相互达成智能合约，使得用户购电成本最小、代理商利润最大、电力经济调度成本最小。同样选取不同调度策略下的经济利益结果进行对比，如表7-6所示。

表7-6　各市场主体最优利益

调度策略	经济调度成本/万元	用户电池损耗成本/万元	用户总成本/万元	代理商总收益/万元
本章调度	76.02	39.95	108.50	13.26
有序充电	112.27	22.88	113.43	0
无序充电	160.55	22.88	157.48	0

由表7-6可知，无序与有序充电在期望充电量相同的前提下均进行等量的充电控制，故无序与有序充电的电池损耗成本相等；而本章调度下的多次充放电控制导致了额外的电池损耗，故其电池损耗成本最高，但代理商给用户的放电补偿与利润分红使用户获得额外的收益，整体上降低了用户总成本，同时代理商通过反馈电能给电网也获得了一部分放电收益；电力调度中心与代理商达成的合约放电量虽为电网公司带来了额外的峰期购电成本，但所购入的放电量可作为额外的调度电源，为机组组合提供灵活快捷的能源补充，大大降低了机组起停机等费用，与无序与有序充电相比，整体上使经济调度成本达到最低。综上，基于本章所设计的调度机制，电动汽车用户、代理商与电力调度中心均获得了最优经济利益。

为说明具体市场主体各时段最优利益分配，图7-11和图7-12展示了三方各时段成本或收益分布情况。

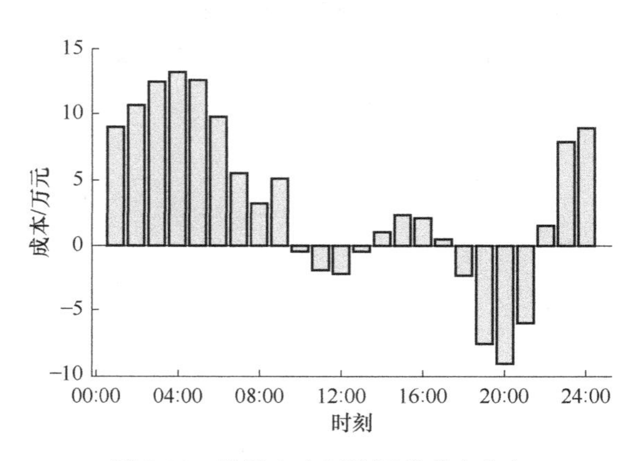

图7-11　最优电力经济调度成本分布

由图7-11和图7-12可知，电力调度中心通过与代理商达成的智能合约有效地转移了电动汽车负荷，虽在谷时因电动汽车大量充电而使经济调度成本升高，但峰时的放电调度策略极大地降低了机组组合成本，有些时段如12:00、20:00左右甚至比无电动汽车参与的机组组合成本更低；电动汽车用户主要在凌晨和负荷低谷时段进行充电以获得最优购电成本，导致用户成本曲线的累增，同时在出行高峰期也会带来一定程度的成本突增，如08:00和20:00所示；代理商在凌晨时段由于主要进行充电控制，储能和对用户补偿费用大于放电收益导致该时段内利润亏损，而随着用户行驶需求的增加，代理商依靠不断增加的灵活充放电资源进行峰期放电，逐渐弥补自身的成本来赚取最优差价利润。

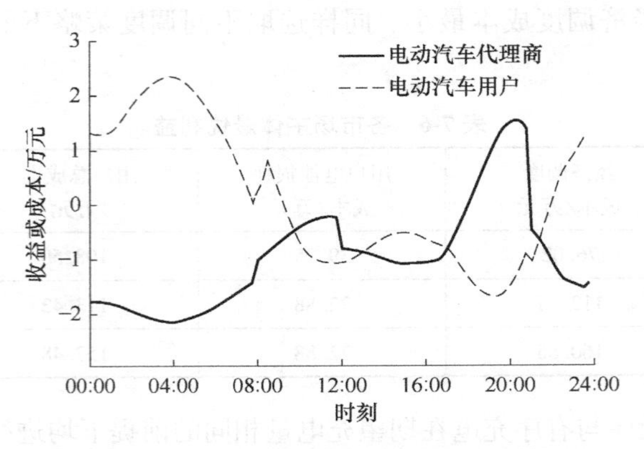

图 7-12　代理商和用户的最优利益分布

本章小结

本章重点研究区块链智能合约在电动汽车入网竞价中的应用，考虑到电动汽车参与电网互动的特性与智能合约的优势，构建了链上与链下相结合的入网竞价交易机制。链下包括电动汽车聚类集群分类层与机组组合层的集中式调度；链上包括智能合约模型的逻辑设计，分别以电动汽车用户、代理商和电力经济调度中心利益最优为触发目标达成智能合约，并基于区块链的分布式账本优势记录合约电价与电量。最后，基于遗传算法与粒子群算法内外层次关系求解智能合约模型，并以具体算例分析验证本章所设计的机制的有效性，在区块链环境下实现电动汽车用户、代理商和电力调度中心的三方经济共赢。

第8章 以太坊平台下电动汽车共享充电桩平台设计

8.1 背景与现状

8.1.1 电动汽车充电设施现状及发展模式分析

2021年我国各类电动汽车保有量已超过750万辆，其中电动公务车与私人乘用车已超过600万辆。电动汽车产业在实现跨越式发展的同时，也面临着挑战。一方面，电动汽车大规模接入，导致电网负荷增长，峰谷差加剧，控制难度加大；另一方面，现有充电基础设施建设及运营模式与电动汽车发展不协调，普遍存在重视电动汽车，不重视充电桩，造成车多桩少、有车无桩的不正常现象。

目前，电动汽车接入电网的研究开展得较为深入，取得了一系列的研究成果。然而，由于充电服务的成熟商业模式尚未形成，短期内难以盈利，因此企业对充电基础设施建设采取观望态度，造成充电桩建设滞后。充电难严重影响了电动汽车的使用，并对电动汽车的生产、销售和潜在需求造成重大影响。改变目前政府、电网企业和整车企业在充电服务模式中扮演重要角色的局面，积极引进社会资本进入充电服务市场，形成竞争格局，创新充电服务模式，已经成为我们面临的迫在眉睫的课题。

美国、日本等发达国家的私人充电桩建设规模远大于公共桩。近年来，我国也高度重视和积极引导私人充电桩建设，“2015—2020年充电基础设施建设规划目标”指出：建成超过280万个私人充电桩，占总充电桩比例达58.3%。2015年我国私人购买电动汽车比例已达72%，培育和发展私人消费者是我国汽车市场走向成熟的必经之路，而私人充电桩建设和运营模式创新是电动汽车发展的关键。

作为智能电网、车联网的关键“入口”，充电桩业务具有巨大的潜在价值，在将来建设智慧城市、智能社区过程中将发挥数据采集与挖掘、优化资源配置等重要作用，充电桩业务具有宽广的发展前景和商业运营模式创新空间。充电桩作为一种人们可以有偿、公平、共享的社会资源，可以成为互联网共享经济的一种新的实现模式。建立充电桩共享平台，可以提高充电桩使用率，缓解车主充电难的问题；对于电网公司，由于新能源汽车具有交通和储能双重特性，所以充电汽车的有序用电可以成为负荷调度的有利手段。建立充电共享平台，可以有效实现充电汽车有序充电管理：对于充电动汽车的车主，可以享受更加便利性价比更高的充电服务；对于充电桩的桩主，可以最大程度地提高设备使用率，获取一定的经济利益，降低充电桩安装维护成本。双方通过不同的方式付出和受益，通过互联网平台更加高效、合理地对资源进行分配与整合。因此，基于“互联网+”环境，采用共享经济运行模式，建立一个高效、安全、互信的交易平台十分必要。

8.1.2 区块链与共享经济契合度分析

共享经济是万物互联的趋势下衍生出的全新互联网经济模式，在一定程度上打破了资源在时间与空间上的限制，将闲置或无法利用的物品通过重组、周转、分享的方式重新赋予使用权，以合作消费的形式提高资源利用率，且共享经济的参与者也将获取一定的经济利益。

现有电动汽车产业中普遍存在“车多桩少”的难题，电动汽车使用量的快速增加与充电桩等基础配套设施的发展不匹配，尤其是大量私家电动汽车的使用，缺乏相应的统筹管理，导致私人充电桩陷入闲置与利用率不高的困境。因此，如果能将共享经济模式与电动汽车私人充电桩相契合，一方面可以缓解公共充电站设施不周全的问题，另一方面可以充分利用私人充电桩的闲置资源，在共享中化解充电难题，且使充电桩主获得额外的出租收益。

私人充电桩具有明显的共享经济特征：

1）创造互惠的经济价值：充电桩主和电动车主都可从中获益。

2）属于未充分利用的资产：满足自用外，私人充电桩大量时间处于闲置状态。

3）网络易访问：智能充电桩为人机交互以及远程控制提供了可靠的技术保证。

4）包含重要的社会属性：充电桩主与电动车主形成庞大社群，维系社群中 P2P 信任是可持续发展的关键。

5）降低所有权需求：成熟、稳定、可靠的共享经济模式可以降低独自拥有充电桩的需求。

因此，私人充电桩共享是破解充电桩建设困局、缓解充电难的创新运营模式。然而，传统意义上的共享经济平台大多以中心化的交易模式为主，数据的存储与传输均需第三方中介机构来完成。而电动汽车与充电桩不同于一般意义上的物品，其具有的规模大、随机性高、分散程度广的特性对中心化调度机构的安全性、实时性、高效性提出了很高的要求，将会带来一定程度的安全隐患：

1）运营商主导的中心化平台征信成本高，信用体系脆弱，无法保证充电桩主与电动车主之间 P2P 直接交易的信用安全。

2）传统的中介商业模式通过收取高比例的交易佣金，满足利润和运营成本要求。这种模式对充电桩共享这种小额、高频、微利的交易影响较大，不利于吸引更多的用户参与。

3）一旦中心机构受到攻击，数据可能丢失或被篡改，酿成严重后果。

4）过度中心化导致信息不对称，中心机构掌握市场的所有交易信息，用户隐私难以保障，可能存在利用中心权力损害参与者利益的情况。

5）不利于数据共享。数据分散在不同运营商的平台中，形成信息孤岛，无法实现数据共享。

区块链技术具有分布式 P2P、去中心化、共识信任机制、信息不可篡改、开放性、匿名性等特点。区块链技术特征与充电桩共享的应用需求具有很好的契合度，其本质恰恰是在消除第三方中介的前提下，有效避免中心化平台带来的弊端，实现各共享主体的直接对等、自动交易；所产生的交易信息封装在区块数据结构体中，保障加密性、安全性与透明化，构建运行生态化、认证公平化、合约智能化、信息透明化的应用系统，真正意义上推动充电桩共享经济的发展。

8.2 电动汽车充电桩共享平台框架设计

8.2.1 设计框架

目前，区块链在充电桩中的研究大多处于理论研究与设计阶段。参考文献［96］基于区块链以太坊平台，由用户选择最优充电站进行自主充电，实现资源利用最大化；参考文献［97］基于区块链、闪电支付网络、智能合约之间的技术关系，提出用户、充电桩运营商、代理机构间充电桩共享的生态圈；参考文献［98］利用超级账本区块链网络环境，在多充电运营商、公用充电企业之间构建自动化交易的智能合约模型，提升充电服务的安全性与灵活性。

在实际应用领域，美国清洁能源技术公司 Oxygen Initiative 联合德国能源公司 Innogy SE 加入“Share&Charge”区块链平台，驾驶人可以在该平台上处理与清洁能源汽车相关的操作，包括允许驾驶人共享他们的充电站，支付同行费和充电电动汽车等。该平台依靠以太坊来运营，特别是以太坊所支持的智能合约和分布式账本技术，从而实现计费的透明化及信任化，具体就是在区块链上创建一个代币，并在该代币上分配以欧元计价的移动价值。

为提升用户参与充电桩共享服务的积极性，本设计效仿传统物品交易行业的优惠积分政策，引入充电积分来构建充电桩共享服务生态圈，推广共享充电桩的普遍使用。具体以充电优惠积分作为充电需求的购买媒介（如1充电积分可抵用1元购买力），参与各市场主体之间积分发行、兑换、转让等经济操作，通过充电积分的流动增加用户粘性，提升实用性，其整体框架如图8-1所示。

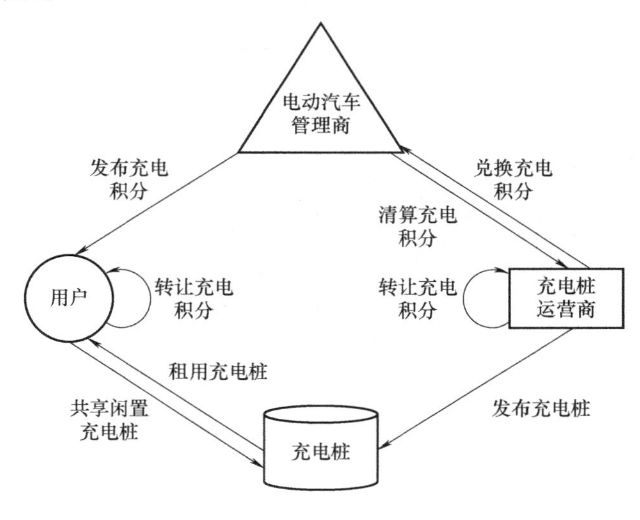

图8-1 共享充电桩交易框架

假设参与充电桩共享服务的市场主体有电动汽车用户、充电桩运营商和电动汽车管理商，分别基于公钥、私钥、IP 地址等独立的节点加密信息构成 P2P 的分布式共享交易网络。电动汽车管理商通过发布与兑换充电积分的操作来间接管理其余市场主体间的支付交易情况：

1）电动汽车管理商仅向用户提供充电积分以实现优惠；充电桩运营商可以与电动汽车管理商进行积分兑换与清算的申请以获得真实货币资金。

2）用户与充电桩运营商可以各自实现充电积分的转让操作，提升积分间的有效流通。

3）充电桩运营商向区块链共享网络发布可租用的充电桩，用户可基于自身需求进行充电桩的租用或对闲置的充电桩进行共享操作。

各市场参与者之间的业务逻辑操作均以智能合约的形式部署在区块链共享交易网络中，一旦达成相应的操作逻辑，系统将执行自动交易，并将交易信息记录在底层区块链数据库中，实现去中心化的共享充电桩交易体系。一方面为各市场参与者提供灵活的智能合约业务逻辑，以计算机化的法律条例保障交易的自动化与高效率，实现市场资源配置的最优化；另一方面为交易记录提供安全、可追溯、透明的数据封装支持，无需人为推动与第三方监督即可满足各市场主体对可信任、公平、隐私等方面的要求，自上而下全方位地保障共享交易安全。

8.2.2 系统技术架构

在系统架构上，本平台基于 Truffle 技术实现以太坊平台下 DAPP 的设计。Truffle 是以太坊开发平台中可分层扩展的开发框架，管理整个以太坊下的资源，主要为智能合约的部署、编译、测试提供便捷快速的开发环境，兼容底层区块链相关特性与用户侧程序设计。具体开发架构如图 8-2 所示。

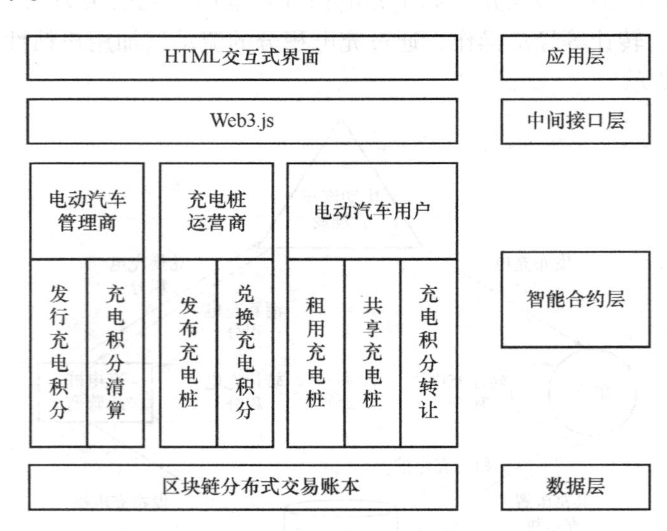

图 8-2 共享充电桩系统开发架构

由图 8-2 可知，共享充电桩系统自下而上由四部分组成：基于底层区块链分布式交易账本特性的数据层、Solidity 语言编译实现业务逻辑的智能合约层、Web3. js 支持下的中间接口层和面向用户操作使用的应用层。

1. 数据层

共享交易系统的数据层采用由区块链系统构建的分布式 P2P 数据存储环境。本系统基于开源区块链系统以太坊进行搭建，使用以太坊客户端构建一个去中心化的网络，用以支持智能合约的交互操作和信息的存储。以太坊网络是一个公共的区块链平台，通过专用加密货币以太币来提供去中心化的记账机制，并执行 P2P 合约。由于基于以太坊的系统具有很高的可扩展性，因此，很容易就能够扩展到大规模节点运行。在系统使用中，由应用层产生的交易将被广播到以太坊网络中，并由以太坊节点负责挖矿和记录交易信息。以太坊中的节点基于 PoW 共识过程，竞争解决一个难度可动态调整的数学问题以获得记账权，将自上一个区块之后的交易打包记入新区块，其他节点对其验证，共同维护交易数据的真实性，保障数据不可被篡改。

2. 智能合约层

各市场主体间的需求均通过智能合约的方式请求，相关积分操作与充电桩操作逻辑均写入智能合约中，作为一套计算机程序化的交易协议，自动约束各市场主体间的交易行为，并且达成并部署的合约对所有参与者公开且不可修改。

3. 中间接口层

顶层用户界面层的操作将触发内部智能合约的协议，二者之间的连接采用 Web3 技术实现对象调用的 API，将智能合约层写好的逻辑封装成接口，提供给各市场主体个性化的使用，真正意义上实现智能合约的有效调用。与传统的基于 Web 服务的 HTTP API 中间件不同，智能合约是一个部署在以太坊网络上的协议，规定了用户能够执行的操作以及操作规范，用户的操作全都按照合约内容进行，合约一旦部署就不可修改。选择使用 Solidity 编写的智能合约，从而实现充电桩共享与租用处理流程。

4. 应用层

在应用层，系统将通过 Web 界面为用户提供可视化操作接口，使用户能够与智能合约进行交互。系统的应用层可以看作一个分布式应用，可以部署在分布式的内容分发网络（Content Delivery Network，CDN）上，来提供用户访问。本系统的功能在应用层上的开发将主要基于 JavaScript 加以实现。

8.3 充电桩共享平台智能合约设计

8.3.1 三类用户合约属性设计

本共享平台中，市场主体节点的登录与注册采用公私钥的账户模型，即公钥地址表示账号，私钥地址表示密码。电动汽车用户、电动汽车管理商和充电桩运营商作为独立的智能合约协议执行者，其各自具备的合约属性如表 8-1～表 8-3 所示。充电桩属性信息如表 8-4 所示，其信息的添加与查询操作均以充电桩编号作为搜索索引。充电桩类型包括直流或交流、充电功率的不同。

表 8-1 电动汽车用户合约属性

字段	类型	属性信息
K_{pub}^{U}	address	用户账号
K_{pri}^{U}	bytes32	用户密码
B_{score}^{U}	uint	充电积分余额
N_{rented}^{U}	bytes32 [ ]	已租用的充电桩编号数组
P_{set}^{U}	uint	设定的租用电量
N_{shared}^{U}	bytes32 [ ]	已共享的闲置充电桩编号数组

表 8-2 电动汽车管理商合约属性

字段	类型	属性信息
K_{pub}^{M}	address	管理商账号
K_{pri}^{M}	bytes32	管理商密码
R_{score}^{M}	uint	发布的充电积分
E_{score}^{M}	uint	已兑换的充电积分

表 8-3 充电桩运营商合约属性

字段	类型	属性信息
K_{pub}^{O}	address	运营商账号
K_{pri}^{O}	bytes32	运营商密码
B_{score}^{O}	uint	充电积分余额
N_{shared}^{O}	bytes32 [ ]	已共享的充电桩编号数组

表 8-4 单个充电桩属性

字段	类型	属性信息
C_{ID}	uint	充电桩编号
C_{size}	string	充电桩类型
C_{price}	uint	单位充电价格
$C_{location}$	string	充电桩所在地址
C_{owner}	address	充电桩归属账户

8.3.2 共享平台合约功能模块设计

1. 客户端登录合约

对于每个市场参与者，共享平台系统如同一个公共客户端，通过系统所分配的一对公私钥进行客户端的注册与登录操作，其流程如图 8-3 所示。

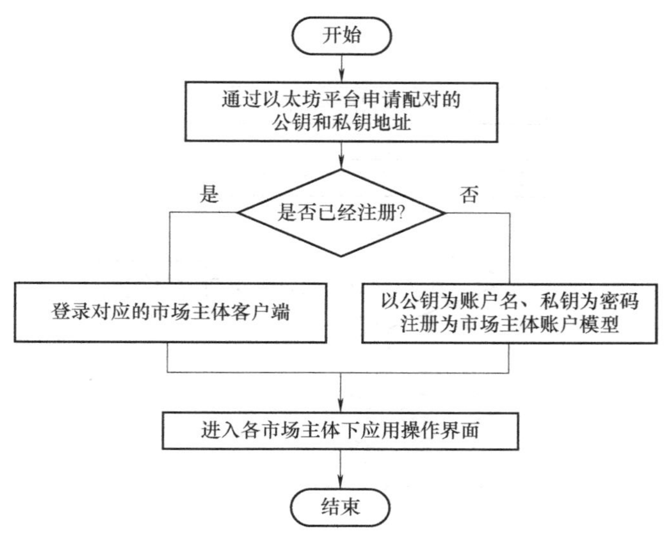

图 8-3　客户端登录合约执行流程

2. 充电积分操作合约

电动汽车管理商主要用于管理充电积分的流通运转情况，包含积分发布与清算的功能，其具体操作流程如图 8-4 所示。

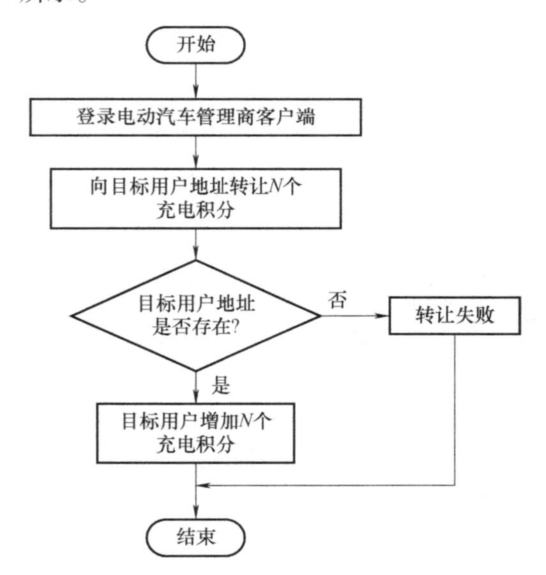

图 8-4　电动汽车管理商发布充电积分流程

电动汽车用户可进行相互之间的充电积分转让操作，其流程如图 8-5 所示。

充电桩运营商在实现相互之间积分转让的同时还可以参与多余积分的兑换操作，获得真实的货币资金，其流程如图 8-6 所示。

3. 发布和租用充电桩操作合约

充电桩运营商向区块链共享网络发布可租用的充电桩以提供寻租服务，其流程如图 8-7 所示。

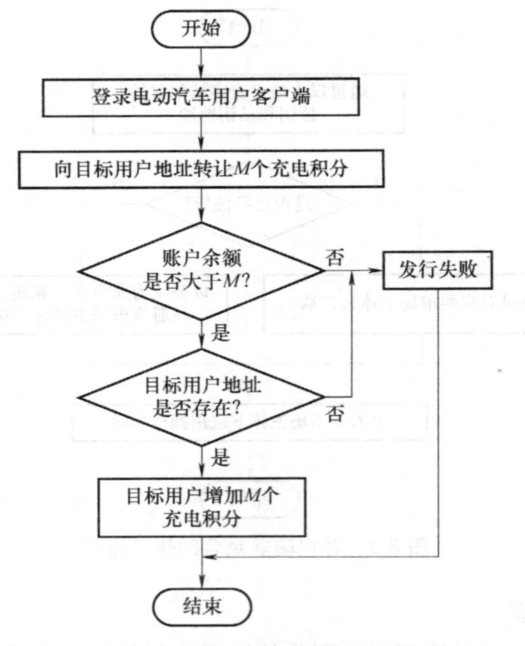

图 8-5　电动汽车用户间转让积分流程

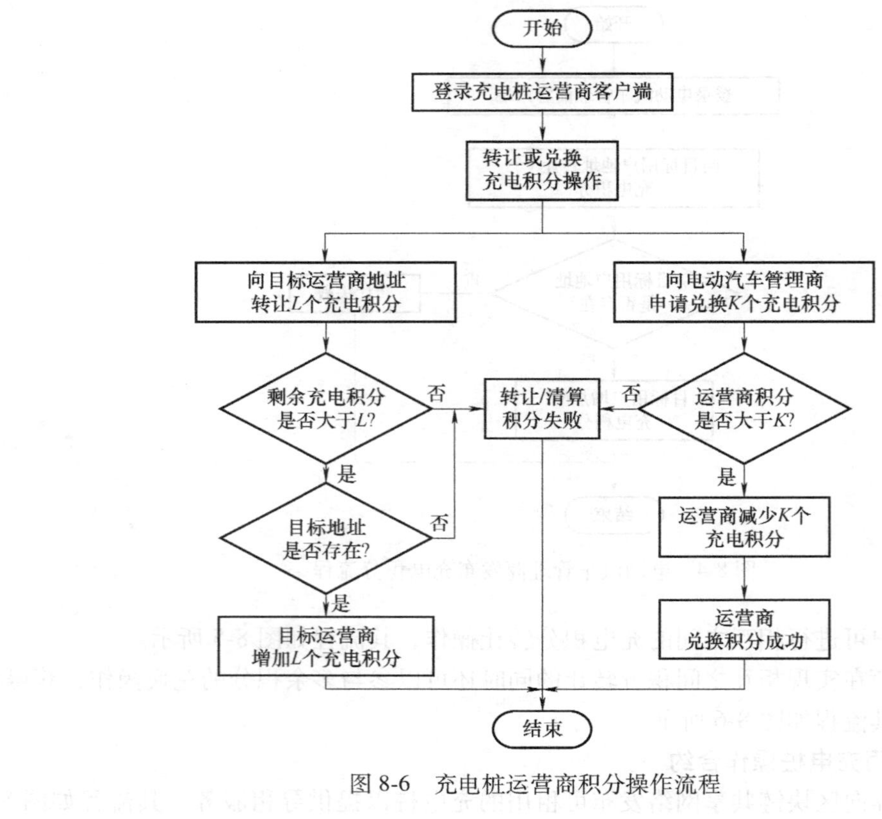

图 8-6　充电桩运营商积分操作流程

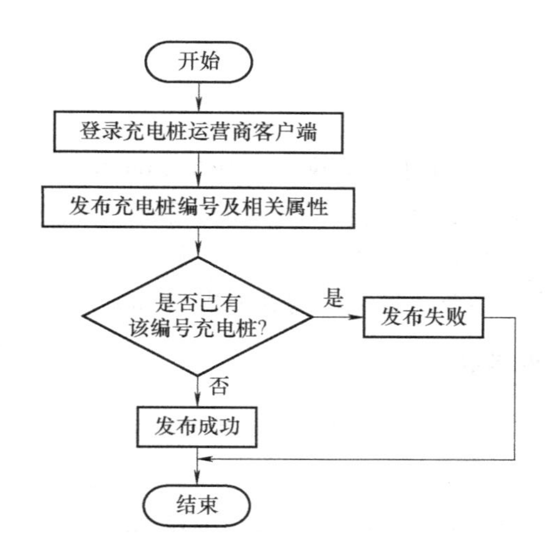

图 8-7　充电桩运营商发布充电桩操作流程

电动汽车用户根据自身需求，既可向区块链共享平台共享自身闲置的充电桩，也可直接付费租用平台中待租用的充电桩，其流程如图 8-8 所示。用户所共享的充电桩也采用编号的形式作为索引，与平台中已存在的充电桩编号相区别。租用费以用户所设置的充电需求量作为衡量标准，且剩余积分量需大于租用费用。

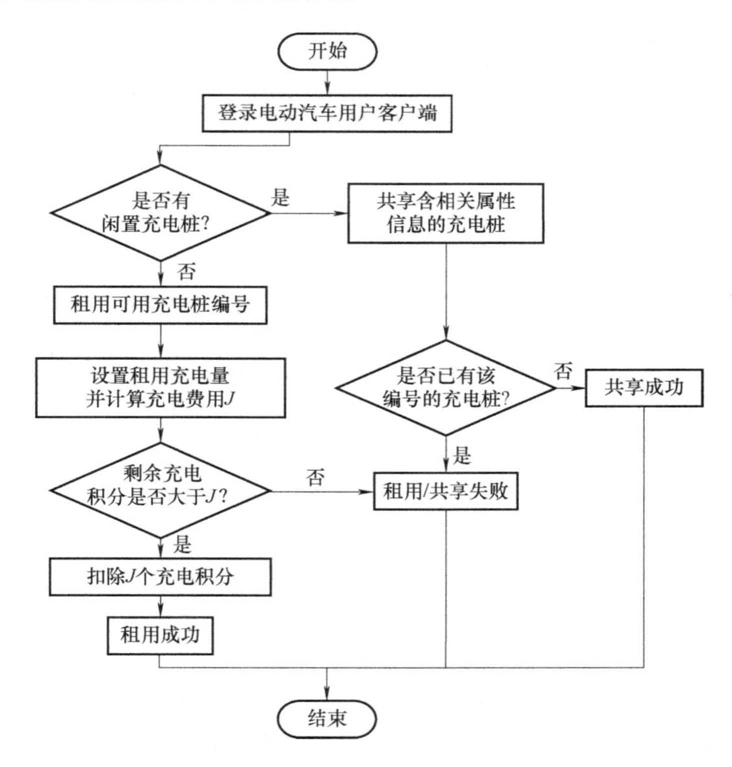

图 8-8　用户共享/租用充电桩操作流程

8.4 仿真与验证

对于共享充电桩平台的具体仿真与实现，本章在 Ubuntu 操作系统下搭建以太坊私有链作为测试环境；通过 Ganache-cli 客户端获得配对的公私钥密钥作为各市场主体的测试账户；采用 Solidity 语言编写具体的智能合约逻辑；以一台主机的本地 IP 地址（127. 0. 0. 1）中的 3 个端口号作为 3 个市场主体的节点地址，构成 P2P 分布式区块链私有测试网络。

8.4.1 以太坊私有链的搭建

在 Ubuntu 操作系统中以命令行的形式登录 Ganache-cli 客户端，选择端口号 8545（127. 0. 0. 1：8545）作为监听端口搭建以太坊私有链，系统返回的测试账户如图 8-9 所示，Available Accounts 表示公钥地址，Private Keys 表示私钥地址。

```
Ganache CLI v6.4.3 (ganache-core: 2.5.5)

Available Accounts
==================
(0) 0xfe24ef6502d696ff9de5d34beb47d1d022ee8889 (~100 ETH)
(1) 0x405f010784ecf1304995bab10caa27f027ef6553 (~100 ETH)
(2) 0x32e3735a26913928f04bff483e5f0645d0a67611 (~100 ETH)
(3) 0x08a700846efbe500e50476d18b32210765daca3e (~100 ETH)
(4) 0x3457636ce8ba9e4c4273f03631d2ab905bc9fea7 (~100 ETH)
(5) 0x9ffabb9cedb9ffcb5ddd765f5e7b1e29615a364d (~100 ETH)
(6) 0xc40802c7a4054f5723a32628e50706b5b0e8a9a5 (~100 ETH)
(7) 0x15ef70df746955e2892f9cbb4f795290dac68a9c (~100 ETH)
(8) 0xab2973a4418d383795a9fb3f479bd68eb364348d (~100 ETH)
(9) 0x34cc1c9944e41a10c62715daf1131f688f3aa792 (~100 ETH)

Private Keys
==================
(0) 0x219de1d65e649c9001e0f79e7625da9f2b4085734bad9cf7cd15d74300f6531f
(1) 0x0601d83cadee3e4168fa5fe580373c1b36ffa086dc1cdd450890aa7282a2f3ff
(2) 0xee33d279bd70324bf96f3dfae049559b2d10c38cce612c76c7a4e6bcd767f52a
(3) 0x7ad360b7e0055a0f8fa47a821b24a54fb72ada75c736bb24da9458eadbecd249
(4) 0xd79378ac67ea7e7b12307bab397c2e50472796ad1b773a3cfd187bafd6cdbe32
(5) 0x5ff31f692337536f8e486fdf607e5c461a4e35421a2b57db7ea99095d9f2acac
(6) 0xd0d49e771b10542bf8d697ff6f4542886eb3aa56b12d161d18598edd75afbb65
(7) 0xbea0399d80f7779ea3654fa9e0e3db405bc76a81ea61381a93627910210c8067
(8) 0x1b133668673ce45df005a08c061a63fb405596f518ebbc3a25b7f99dd43907ed
(9) 0x7a305479de8a1ca234fb787857423fd6363ea894d104441b18119b195699ddc8
```

图 8-9 区块链测试账户

为了防止智能合约在执行时脚本量指数型累加和无限循环，以太坊引入了 gas 值作为执行每笔交易时的消耗费用，对计算步骤做出限制。因此，所申请的测试账户中均已默认存入 100ETH（以太币），用于支付交易网络对 gas 值的消耗。

为简化操作量、防止系统默认的 gas 值偏大产生 Out of gas 的错误，本章在充电积分相关操作的支付步骤中显式地定义恰当的 gas 值，满足所有交易方法对 gas 值的消耗，仅在充电桩相关操作中通过 MetaMask 钱包插件动态地定义 gas 值并设置相应的交易界面，以此为例体现用户参与区块链以太坊的个性化应用模式。

接着，在搭建的以太坊私有链环境中进行所有智能合约的编译与部署，系统所生成的合约相关日志信息如图 8-10 所示，以区块的形式存储至系统中，包括合约的交易 Hash 值、合约的创建地址、区块号、消耗的 gas 值等信息。

```
Transaction: 0x0f9b173216238ba42e9473cbaf9304e762b7bd89794d7c

Contract created: 0xaaaa80391a2833a4dee5050ff4d8a639551cd5cb
Gas usage: 277462
Block Number: 1
Block Time: Thu Jun 20 2019 16:01:05 GMT+0800 (GMT+08:00)
```

图 8-10　智能合约部署日志

8.4.2　共享平台应用界面设计

各市场主体基于私有链所分配的账号与密码，注册并登录至区块链共享平台中，这里以电动汽车用户为例，如图 8-11 所示，其余主体的登录界面与之类似。

区块链电动汽车共享充电桩平台

电动汽车用户端

用户注册
用户地址　tips: 16进制公钥地址
密码　tips: 16进制私钥地址
用户注册

用户登录
用户地址　tips: 16进制公钥地址
密码　tips: 16进制私钥地址
用户登录

图 8-11　电动汽车用户登录界面

这里以 Ganache-cli 所提供的第 5 组测试账号 0x9ffabb9cedb9ffcb5 ddd765f5e7b1e29615a364d 作为电动汽车用户的地址（公钥地址），相应的私钥作为密码。登录系统后的操作界面如图 8-12 所示，顶端状态栏即当前用户的地址，具体业务包括用户信息的查询、积分转让操作、租用与共享充电桩设置。

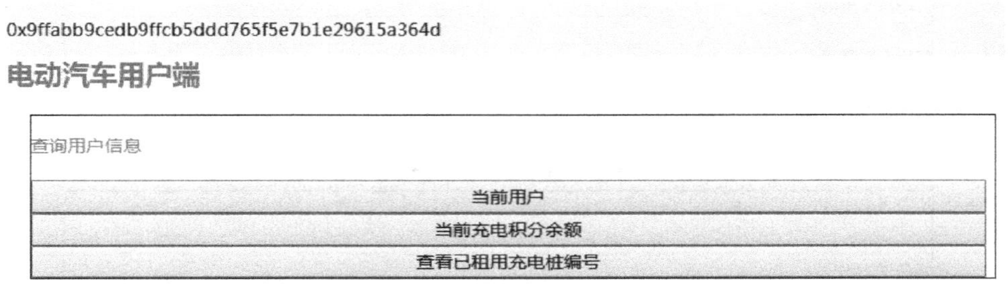

0x9ffabb9cedb9ffcb5ddd765f5e7b1e29615a364d

电动汽车用户端

查询用户信息
当前用户
当前充电积分余额
查看已租用充电桩编号

图 8-12　电动汽车用户管理操作界面

转让充电积分

转让地址 e.g., 0x93e66d9baea28c17d9fc393b53e3fbdd76899dae

充电积分数量 e.g., ******

转让充电积分

租用充电桩

租用充电桩编号

需求充电量

租用充电桩

添加可租用的闲置充电桩

充电桩编号

充电桩类型与功率

租用充电费用(元/kWh)

充电桩地址

添加可租用电动汽车充电桩

查看已添加的可租用闲置充电桩编号

图 8-12　电动汽车用户管理操作界面（续）

与之类似，充电桩运营商以 Ganache-cli 所提供的第 7 组测试账号 0x15ef70df746955e2892f9cbb4f795290dac68a9c 登录客户端后的操作界面如图 8-13 所示，具体包括当前登录的用户信息查询、转让充电积分的设置、发布充电桩的设置，顶端状态栏信息为当前充电桩运营商账号地址。

0x15ef70df746955e2892f9cbb4f795290dac68a9c

充电桩运营商端

查询运营商信息

当前运营商

当前优惠积分券余额

转让充电积分

转让地址 e.g., 0x93e66d9baea28c17d9fc393b53e3fbdd76899dae

充电积分数量 e.g., ******

转让充电积分

添加可租用电动汽车充电桩

充电桩编号

充电桩类型与功率

租用充电费用(元/kWh)

充电桩地址

添加可租用电动汽车充电桩

查看已添加的可租用充电桩编号

充电积分兑换

需兑换的积分数

充电积分兑换

图 8-13　充电桩运营商管理操作界面

电动汽车管理商以 Ganache-cli 所提供的第 1 个测试账号 0xfe24ef6502d696ff9de5d34beb47d1d022ee8889 账号登录客户端后的操作界面如图 8-14 所示，具体包括充电积分的发行与清算设置。

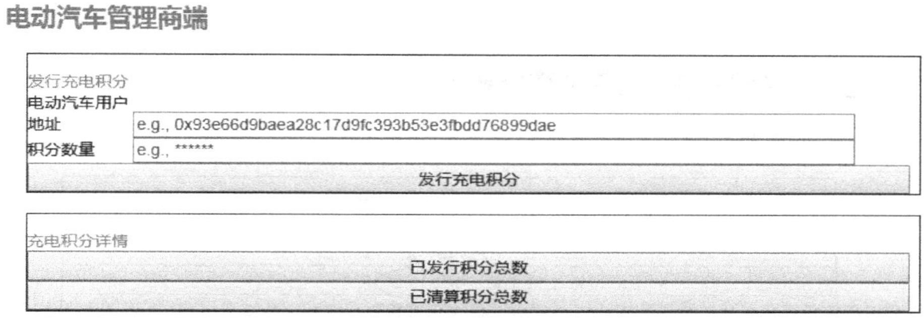

电动汽车管理商端

发行充电积分
电动汽车用户
地址 e.g., 0x93e66d9baea28c17d9fc393b53e3fbdd76899dae
积分数量 e.g., ******
发行充电积分

充电积分详情
已发行积分总数
已清算积分总数

图 8-14　电动汽车管理商操作界面

8.4.3　共享平台系统实现

1. 充电积分操作

电动汽车管理商是充电优惠积分的主要发行与清算中心，故以其视角为例实现充电积分相关操作。图 8-15 所示为电动汽车管理商单击“发行充电积分”按钮向上文所注册的用户地址发行 100 个充电积分的操作，顶部状态栏返回“发行积分成功”的提示。

区块链电动汽车共享充电桩平台

电动汽车管理商端

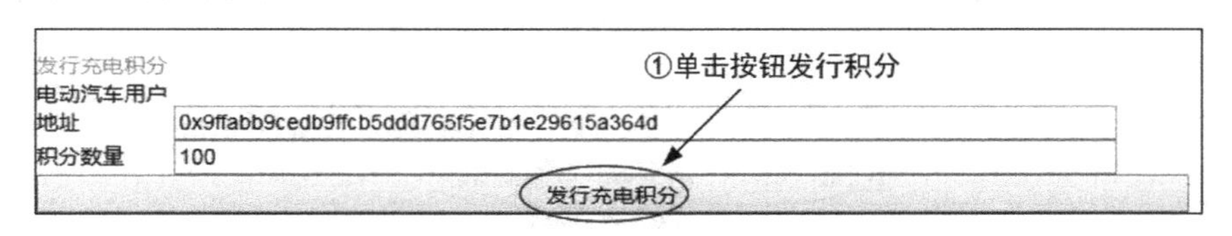

图 8-15　发行积分操作

在相应用户地址界面中单击“当前充电积分余额”按钮，结果如图 8-16 顶部状态栏所示，当前余额已由初始 0 变为 100，说明电动汽车管理商已成功完成对用户发行充电积分的操作。

2. 充电桩租用与发布/共享操作

图 8-17 展示了区块链共享充电桩平台中所有充电桩的状态与属性信息：状态包括已租用（Used）和待租（Rent）状态；属性包括交/直流电源、充电功率、索引编号、充电桩地址、充电价格等。电动汽车用户与充电桩运营商可根据此列表，按需进行个性化的租用与发布操作。

具体实例操作时，同样以上文所注册的用户地址为例，在此列表界面登录浏览器 MetaMask 钱包（国外开源插件），以浏览器插件的方式为用户与以太坊的交互提供便捷的账户管理。如图 8-18 所示，该账户已在本地私有网络（Private Network）登录，已获得一定数量的以太币来测试相应的操作，并因智能合约的部署而消耗了一部分以太币（剩余 99.94ETH），目前暂无任何历史交易记录（No transaction history）。

区块链电动汽车共享充电桩平台

电动汽车用户端

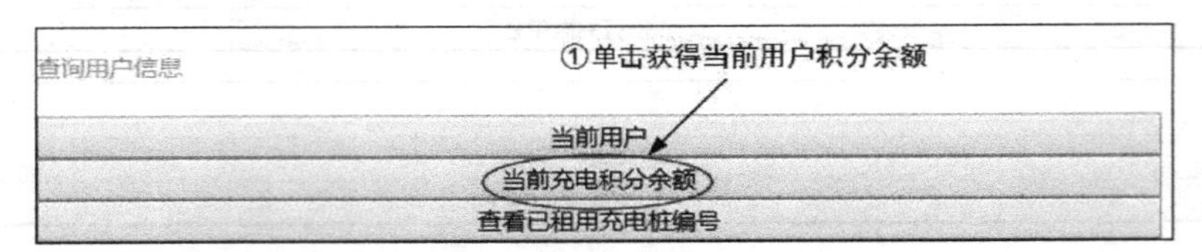

图 8-16　用户余额查询

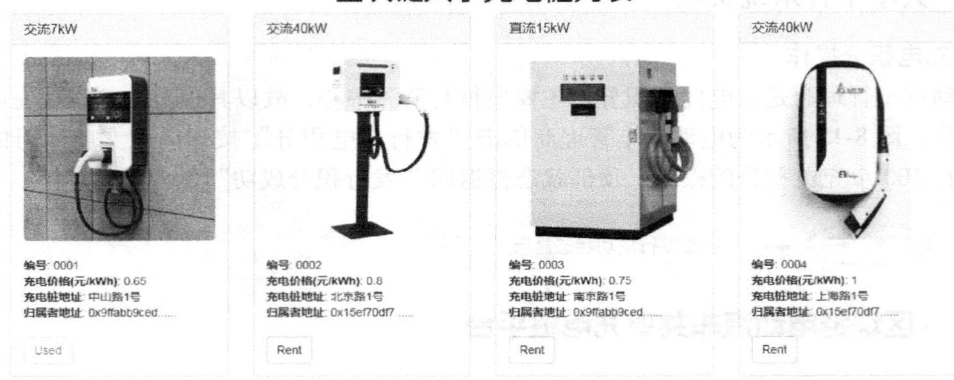

图 8-17　共享充电桩状态列表

图 8-18　MetaMask 钱包界面

例如，电动汽车用户基于自身电量需求的设置，租用 0002 号充电桩，单击相应的 Rent 按钮后，浏览器显示如图 8-19 所示的交易设置对话框，包括为该笔交易向以太坊支付 gas 值的设置与上限额度等确认信息。

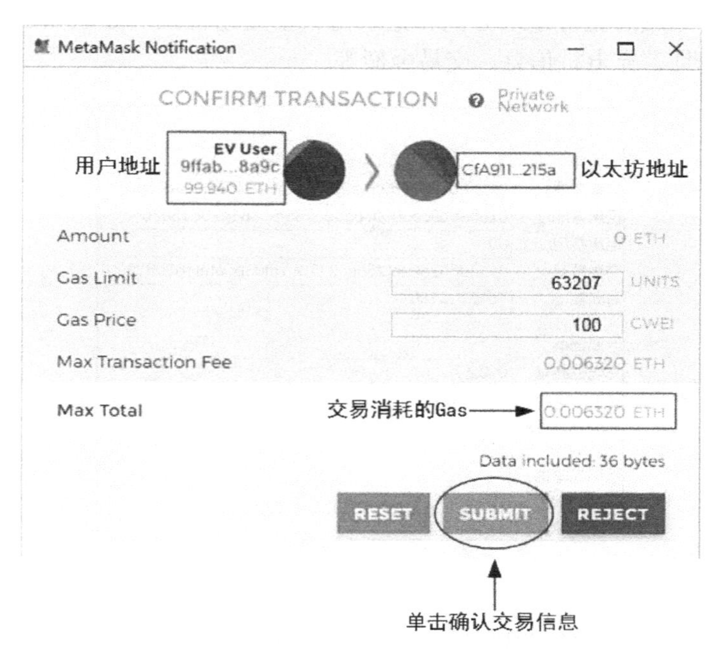

图 8-19　MetaMask 交易确认界面

为验证智能合约的逻辑实现，采用默认设置，单击 SUBMIT 按钮提交确认交易的信息，共享充电桩列表变化如图 8-20 所示，初始是待租（Rent）状态的 0002 号充电桩已转变为灰色的已租用（Used）状态，同时相关的 gas 值等具体交易信息也记录在右侧 MetaMask 中。

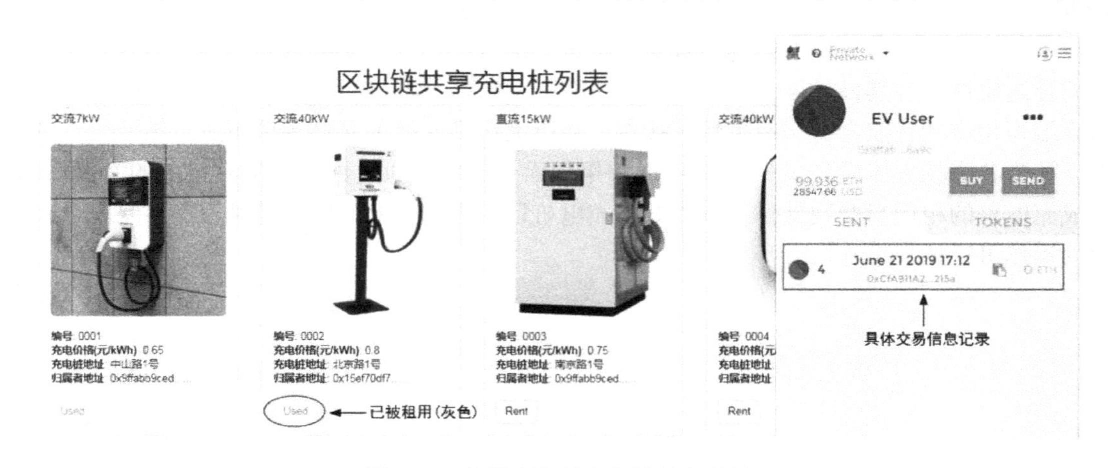

图 8-20　交易后共享充电桩列表界面

共享交易平台根据用户申请的需求充电量与待租充电桩的单价扣除相应的租金，以充电积分的形式完成此次充电桩的费用支付。其具体操作与上文充电积分操作类似，不再展开赘述。

各市场主体通过以太坊客户端完成相关的积分与充电桩操作，达成智能合约的部署与调用，其产生的所有交易信息记录在底层区块链分布式账本中，构成共享充电桩区块链。同样以上文测试用例所形成的交易结果为例，记录的共享充电桩区块数据如图 8-21 所示，包括区块号、交易者地址、充电桩信息、交易金额等。

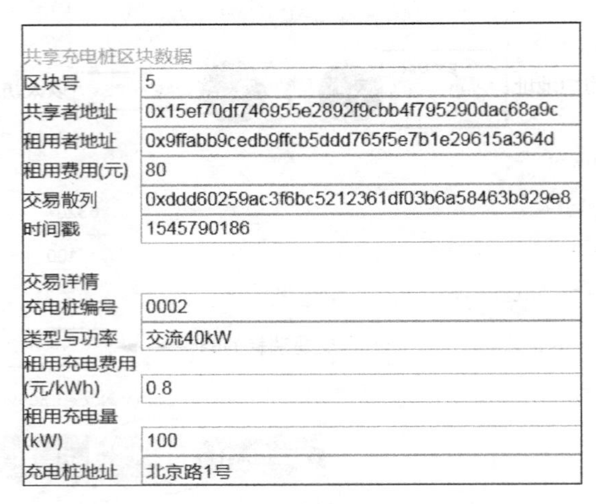
共享充电桩区块数据

区块号	5
共享者地址	0x15ef70df746955e2892f9cbb4f795290dac68a9c
租用者地址	0x9ffabb9cedb9ffcb5ddd765f5e7b1e29615a364d
租用费用(元)	80
交易散列	0xddd60259ac3f6bc5212361df03b6a58463b929e8
时间戳	1545790186

交易详情

充电桩编号	0002
类型与功率	交流40kW
租用充电费用(元/kWh)	0.8
租用充电量(kW)	100
充电桩地址	北京路1号

图 8-21　共享充电桩区块数据

综上，本节以具体实例的方式完整展现了市场主体参与电动汽车充电桩的共享应用模型，验证区块链以太坊技术在充电桩共享经济构建中的可行性。

本章小结

本章以电动汽车共享充电桩平台为例，实现了区块链以太坊的具体落地应用。基于Truffle、Web3. js、Solidity 等以太坊技术，在无第三方交易中介与中心数据存储的前提下，设计了共享充电桩交易技术架构。首先，根据电动汽车用户、充电桩运营商、电动汽车管理商的合约属性，为其设计了具体的登录、租用、共享、积分操作等功能模块，采用 Solidity 语言编写相应的智能合约交易逻辑；接着，在以太坊私有链的测试环境下进行智能合约的部署，并为各市场主体设计了相应的 Web 应用界面；最后，通过具体租用充电桩的实例操作，完成充电桩的租用与费用支付，形成共享充电桩区块数据，验证整个电动汽车共享充电桩平台的操作可行性。

第9章 区块链底层技术优化及在分布式电力交易中的应用

9.1 背景与现状

9.1.1 负荷代理商交易模式

伴随我国社会经济高速发展和能源互联网概念的深入人心，越来越多的分布式能源、储能设备等可控负荷开始参与调度以缓解电力供需压力。为应对负荷特性的转变，出现了同时具备能源消费和生产双重身份的负荷代理商，统一整合和管理位于需求侧的分布式可再生能源、储能设备、电动汽车等可控用能设备，积极参与电力市场以期获得更大的经济利益。

对于负荷代理商通过电力市场参与电网优化调度这一具体场景，部分文献主要聚焦于“源-网-荷”的两端调节，以搭建需求响应服务器、负荷集成商、用户群一体化信息平台，或者聚焦于不同电价机制下家庭可控负荷的经济调度模型；仅有个别文献根据区块链链上的信息平台，建立非可信环境下多级投标信息传递安全机制。然而，上述模型均只是对以太坊智能合约的简单应用，鲜有涉及针对负荷代理商交易模式的区块链底层技术优化，以实现具体场景与区块链的深度融合。

9.1.2 区块链技术在分布式电力交易中的应用分析

当前，我国正尝试采取中长期电力市场与电力现货市场相结合的市场交易模式，在部分省市刚刚开展了日前交易试点，尚没有实现以小时为单位的交易结算。由于各类电力代理商入网给配电市场带来了极大的不确定性，若依然实施按月结算的中长期交易，造成的电量偏差会给电力调度中心带来巨大的调度成本。因此，为合理有效地利用分散、灵活的可控负荷入网调度，并保障电力用户隐私不被泄露，考虑利用区块链技术构建一个全新的分布式交易机制。

分布式能源交易机制凭借电力主体之间通信即可实现交易，拥有去中心化的交易模式和较高的隐私保护能力等优势。另外，各主体可直接实现购售电信息沟通，供需关系更加透明。区块链技术具有各节点平等、购售信息加密性强、节点用户行为追溯性好等优势，促使各电力主体共同维护交易平台的可持续发展，因此具备很强的鲁棒性。同时，智能合约作为一个由计算机处理的、可执行各交易者需求合约条款的自动交易协议，它的引入为区块链交易平台提升安全运行效率提供了天然的保障。

目前，部分学者已探讨了区块链技术应用在分布式电力交易的可行性，设计了基于区块链技术的分布式能源双向拍卖协议。参考文献［113］为实现需求侧资源灵活调度，设计了包含激励的去中心化电力交易模式；参考文献［114］基于电动汽车的充放电特性，研究了用户与代理商、代理商与电网之间的多方共赢的竞争策略；参考文献［115］通过探讨区块链框架和微电网电能交易的相似性，鼓励电力主体的交易行为，构建了分布式电力交易的总体框架。

9.2 负荷代理商参与分布式交易模式概述

9.2.1 设计框架

本章所设计的区块链下负荷代理商交易模式，由底层技术和上层应用两个模块组成，如图9-1所示。底层技术中，数据层包含区块链数据结构；网络层规定组网机制、数据传播机制、数据验证机制等网络通信协议；激励层通过经济平衡手段，促使节点维护区块链系统安全运行；共识层规定区块链节点达成一致共识的方式。上层应用中，智能合约层包含区块链代码和相应的状态数据；应用层为本章区块链应用场景——代理商参与用户需求侧响应交易场景。

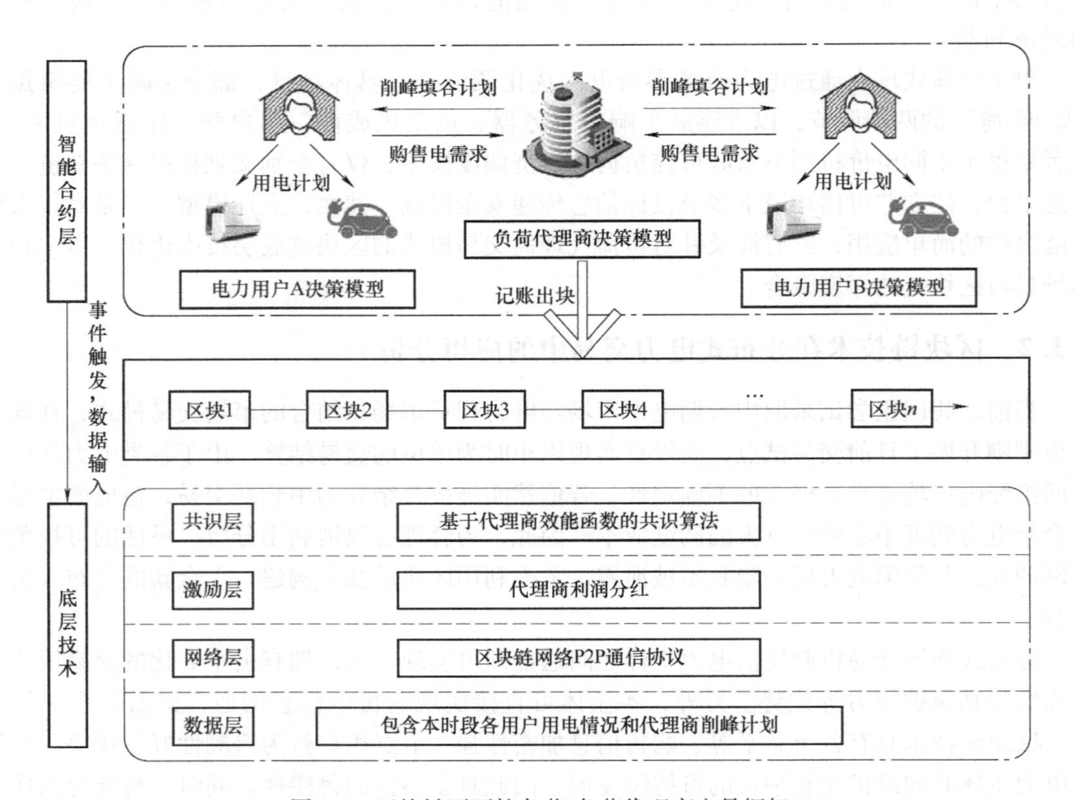

图9-1 区块链下可控负荷-负荷代理商交易框架

9.2.2 负荷代理商交易场景下区块链节点模型

1. 电力用户决策模型

根据前文所述，本章所构建的可控负荷-负荷代理商的区块链交易模式包含电力用户和负荷代理商两类电力主体。电力用户节点是维持整个区块链系统持久稳定运行的关键一环，由于不同用能需求的电力用户存在多样性和差异性，而用能需求反映了用户用电行为特征，若对海量的电力用户逐一进行控制，会给优化调度带来巨大的计算困难。因此，根据电力用户用能诉求对可控负荷进行聚类显得尤为重要。本章利用智能合约与参与需求侧响应的用户自动完成调度，简化了需求响应的控制难度。

对于电力用户的分析聚类，设定不同标准可能得到完全迥异的结果。大规模电力用户的出行特性具备一定的规律性。用户傍晚归家和早晨离家的时刻，决定了电动汽车和空调开始调度时刻以及可以调度的时长，故本章考虑将用户回家、离家的时间作为聚类标准，再根据两类负荷充放电需求，对不同物理状态的负荷进一步细化分类，最终将相似用电特征的用户由同一电力代理商节点控制，整合大规模充放电资源，参与上述智能合约的达成。

（1）电动汽车用户成本模型

电动汽车用户经由代理商从电网购售电，考虑购电成本 $C_{ev}^{buy}(k)$、电池损耗成本 $C_{ev}^{loss}(k)$ 和放电收益 $C_{ev}^{pro}(k)$，建立电动汽车需求成本模型 $C_{ev}(k)$ 如下：

$$C_{ev}(k)=C_{ev}^{buy}(k)+C_{ev}^{loss}(k)-C_{ev}^{pro}(k) \tag{9-1}$$

其中，各部分构成如式（9-2）所示。

$$\begin{cases} C_{ev}^{buy}(k)=\sum\limits_{t=1}^{24}\sum\limits_{i=1}^{N_k^{ev}}P_{ch}(i,t)\Delta t W_{ch}(t),\ x(i,t)=1 \\ C_{ev}^{loss}(k)=\sum\limits_{t=1}^{24}\sum\limits_{i=1}^{N_k^{ev}}|P_{dch}(i,t)|W_{loss}(t),\ P_{dch}(i,t)=\begin{cases}P_{ch}(i,t) & x(i,t)=1\\ -P_{dc}(i,t) & x(i,t)=-1\end{cases} \\ C_{ev}^{pro}(k)=\sum\limits_{t=1}^{24}\sum\limits_{i=1}^{N_k^{ev}}P_{dc}(i,t)\Delta t W_{pro}(t),\ x(i,t)=-1 \end{cases} \tag{9-2}$$

式中，24 指一天 24h；N_k^{ev} 是聚合后第 k 个电力用户子群中拥有电动汽车的用户数目；$P_{dch}(i,t)$ 是电动汽车充放电功率，$P_{ch}(i,t)$ 是充电功率，$P_{dc}(i,t)$ 是放电功率；$x(i,t)$ 是电动汽车 t 时段的充放电状态：1 为充电状态，-1 为放电状态；$W_{ch}(t)$ 是 t 时段充电电价；$W_{loss}(t)$ 是 t 时段动力电池单位折损成本；$W_{pro}(t)$ 是 t 时段放电电价。

对第 k 个用户子群的约束条件设置如下：

1）出行约束：

$$S_{min}<S_{rea}(i)<S_{max} \tag{9-3}$$

式中，$S_{rea}(i)$ 是第 i 辆电动汽车实际出行需求 SOC；S_{max} 和 S_{min} 分别是用户出行最大和最小的电量需求。

2）充放电状态约束：

$$x(i,t)=\begin{cases}1\ \text{充电状态}\\0\ \text{闲置状态}, & t\in[T_s(i),T_e(i)]\\-1\ \text{放电状态}\end{cases} \tag{9-4}$$

式中，$T_s(i)$ 和 $T_e(i)$ 分别是聚合后第 k 个用户子群的回家入网调度和离家结束调度时刻。

3）电动汽车动力电池的电量约束：

$$S(i,t)=S(i,t-1)+\begin{cases}[\eta_{ch}P_{ch}(i,t-1)\Delta t]/B & x(i,t-1)=1\\0 & x(i,t-1)=0\\[-P_{dc}(i,t-1)\Delta t]/(\eta_{dc}B) & x(i,t-1)=-1\end{cases} \tag{9-5}$$

式中，$S(i,t)$ 和 $S(i,t-1)$ 分别是第 i 辆电动汽车在 t 和 $t-1$ 时段结束时的SOC；η_{ch} 和 η_{dc} 分别是充电和放电系数；B 是电动汽车蓄电池容量；Δt 是一个调度时段时长，在本章中取1h。

（2）空调负荷用户成本模型

对于空调负荷，假设第 k 个用户子群有 N_k^{ac} 个类似热参数和初始状态的空调，则电力用户用电成本 $C_{ac}^{buy}(k)$ 表达如下：

$$C_{ac}^{buy}(k)=\sum_{t=1}^{24}\sum_{i=1}^{N_k^{ac}}P_{ac}(i,t)W_{ch}(t) \tag{9-6}$$

式中，$P_{ac}(i,t)$ 是第 i 个空调在 t 时段对应的空调电功率，其主要受设定温度的影响，代理商可以通过适当调整设定温度，实现用电舒适度和经济性的统一。室外温度 T_t^{out}、空调电功率 $P_{ac}(i\ ,t)$ 和室内温度 T_t^{in}（以℃为单位）的关系表达如下：

$$T_{t+1}^{in}=\varepsilon^T T_t^{in}+(1-\varepsilon^T)(T_t^{out}-0.56\eta P_{ac}(i,t)/A) \tag{9-7}$$

式中，ε^T 是系统惯量值；η 是运行效率系数；A 是热传导系数。

对第 k 个用户子群的约束条件，即空调设定温度约束如下：

$$|T_{desired}-T_t^{in}|<\delta \tag{9-8}$$

式中，$T_{desired}$ 是室内最舒适温度；δ 是室内允许温度设定范围。

（3）电力用户经济决策模型

对第 k 个用户子群，综合考虑电动汽车和空调负荷的用电成本，计算电力用户的经济决策模型。由于本章考虑了代理商第三方代理的购售电场景，电力用户还需向代理商缴纳一定的委托费用。故决策模型如下：

$$\min C_{user}(k)=C_{ev}^{buy}(k)+C_{ev}^{loss}(k)-C_{ev}^{pro}(k)+C_{ac}^{buy}(k)+C_{age}(k) \tag{9-9}$$

式中，$C_{user}(k)$ 是第 k 个用户子群的经济成本函数；$C_{age}(k)$ 是第 k 个用户子群委托代理商的代理费用，具体如下：

$$C_{age}(k)=N_k^{ev}W_{age}^{ev}+N_k^{ac}W_{age}^{ac} \tag{9-10}$$

式中，W_{age}^{ev} 和 W_{age}^{ac} 分别是单个电动汽车、空调负荷用户的委托代理费用。

2. 负荷代理商决策模型

区块链节点有全节点和轻节点之分。轻节点不参与区块链的数据维护与记账职责，仅记录与自身相关的交易，对设备的算力要求较低，比较符合可控负荷用户节点的选择。负荷代理商的收益来自于区块链分布式电力交易系统，其自然必须承担全节点数据维护与记账出块的职责。考虑负荷代理商节点决策模型时，不仅需要考虑其经济利益最优，还需要维持整个系统平稳运行，为此可以根据这两个指标，建立负荷代理商效能函数，并在后述共识算法的更新中加以利用。

（1）负荷代理商经济决策模型

用户子群 k 的负荷代理商经济决策模型以代理商经济最优为目标。由于空调负荷不涉及向电网放电，故本章中负荷代理商向电网售电的主要途径为电动汽车放电，则负荷代理商的售电收益 $E_{\text{sell}}^{\text{Agent}}(k)$ 可表示为

$$E_{\text{sell}}^{\text{Agent}}(k)=\sum_{t\in[T_s(i),T_e(i)]}\sum_{i=1}^{N_k^{\text{ev}}}P_{\text{dc}}(i,t)\Delta tW_{\text{dc}}(t),x(i,t)=-1 \tag{9-11}$$

式中，$W_{\text{dc}}(t)$ 是 t 时段的代理商售电收益。

一方面，需从负荷代理商的售电收益中扣除电动汽车用户的售电收益；另一方面，由于负荷代理商代理用户向电网购电，还需从中获取相应的代理费用。故可得用户子群 k 的负荷代理商经济决策模型为

$$\max E_{\text{Agent}}(k)=E_{\text{sell}}^{\text{Agent}}(k)-C_{\text{ev}}^{\text{pro}}(k)+C_{\text{age}}(k) \tag{9-12}$$

式中，$E_{\text{Agent}}(k)$ 是用户子群 k 的负荷代理商的经济利益。

（2）负荷代理商平稳运行模型

在可控负荷-负荷代理商的去中心化系统中，承担全节点职责的负荷代理商在均衡其经济利益与电力负荷曲线的基础上实现电力资源的优化配置，在保证自身经济利益的同时为电网负荷削峰填谷提供灵活可靠的解决策略。用户子群 k 的负荷代理商以负荷方差最小为平稳运行模型的目标函数，如式（9-13）所示。

$$\min V_{\text{Load}}(k)=\frac{1}{24}\times\sum_{t=1}^{24}\left(P_{\text{BL}}(t)+\sum_{i=1}^{N_k^{\text{ev}}}P_{\text{dch}}(i,t)+\sum_{i=1}^{N_k^{\text{ac}}}P_{\text{ac}}(i,t)-P_{\text{av}}\right)^2 \tag{9-13}$$

式中，$V_{\text{Load}}(k)$ 是用户子群 k 的负荷方差；$P_{\text{BL}}(t)$ 是 t 时段的用电基础负荷；P_{av} 是包含电动汽车和空调负荷后可控负荷用户全时段的平均用电负荷，$P_{\text{av}}=\frac{1}{24}\sum_{t=1}^{24}\left(P_{\text{BL}}(t)+\sum_{i=1}^{N_k^{\text{ev}}}P_{\text{dch}}(i,t)+\sum_{i=1}^{N_k^{\text{ac}}}P_{\text{ac}}(i,t)\right)$。

综上可得，用户子群 k 的负荷代理商决策模型为

$$\begin{cases}\max E_{\text{Agent}}(k)\\ \min V_{\text{Load}}(k)\end{cases} \tag{9-14}$$

考虑两个子目标函数的量纲不同，对两者进行归一化处理后，得到负荷代理商的效能函数 $R(k)$：

$$R(k)=\lambda_1\frac{E_{\text{Agent}}(k)}{C_0(k)}+\lambda_2\frac{V_{\text{Load}}(k)}{V_0(k)} \tag{9-15}$$

式中，$C_0(k)$ 和 $V_0(k)$ 分别是不考虑区块链时可控负荷用户的购电成本、负荷方差；λ_1 和 λ_2 分别是经济决策模型、平稳运行模型的权重系数。

9.3 区块链底层技术的设计与改进

9.3.1 激励机制与求解算法设计

1. 基于利润分红的激励机制设计

以比特币、以太坊为代表的经典区块链技术采用数字货币作为激励机制，在每一次挖矿

成功并得到确认后，新的区块生成，公选胜出的记账节点获得数字货币。将一段程序以数字货币的形式奖励记账者暗合了现实社会的资产理念，促使区块链技术得到迅速发展。然而，本章可控负荷-负荷代理商交易场景若再考虑数字货币的记账奖励激励机制，无疑是将简单问题复杂化，数字货币的价格波动也会导致电力交易结算困难，因此考虑将记账奖励与各代理商收益相结合的激励机制。根据前文所述，负荷代理商在区块链上主要充当全节点的职责，负责维护区块链稳定和定时记账，故可以考虑将各代理商部分收益用来作为激励来源，即

$$E_{\text{block}}(t) = \sum_{k=1}^{N} E_{\text{Agent}}(k,t)\lambda \tag{9-16}$$

式中，$E_{\text{block}}(t)$ 是 t 时段记账节点所得激励；$E_{\text{Agent}}(k,t)$ 是用户子群 k 的负荷代理商在 t 时段的经济利益；N 是负荷代理商的数量；λ 是负荷代理商给予记账节点的利润分红比例，若 $E_{\text{Agent}}(k,t) \leqslant 0$，则 $\lambda = 0$。

2. 智能合约的求解算法设计

求解上述可控负荷-负荷代理商决策模型在本质上属于求解多目标优化问题。传统求解优化问题时主要凭借智能算法求解 Pareto 前沿解集，计算复杂度较高，将其运用在区块链上求解会降低区块链的运行效率。考虑采用基于分解的多目标进化算法（MOEA/D）作为智能合约的求解算法，将多目标问题分解为一系列单目标优化子问题。将该算法加入各区块链节点的决策模型中，可以有效降低计算复杂度，避免浪费算力。算法的计算流程如图 9-2 所示。

该算法将一个多目标问题的求解过程分解为多个标量子问题的优化过程，采用 Tchebycheff 聚合方法将原来的多目标问题转换为如下标量问题：

$$\min_{1 \leqslant i \leqslant m} g^{\text{te}}(x \mid \boldsymbol{\lambda}, z^*) = \max_{1 \leqslant i \leqslant m} \{\lambda_i \mid f_i(x) - z_i^* \mid\}, x \in \boldsymbol{\Omega} \tag{9-17}$$

式中，z^* 是参考点，$z^* = [z_1^*, \cdots, z_m^*]^{\text{T}}$。对于任意 $i = 1, \cdots, m$，$z_i^* = \min\{f_i^*(x), x \in \boldsymbol{\Omega}\}$，第 j 个子问题目标函数可表示为

$$g^{\text{te}}(x \mid \boldsymbol{\lambda}^j, z^*) = \max_{1 \leqslant i \leqslant m} \{\lambda_i^j \mid f_i(x) - z_i^*\} \tag{9-18}$$

式中，$\boldsymbol{\lambda}^j = [\lambda_1^j, \cdots, \lambda_m^j]^{\text{T}}$。对于每一个 Pareto 最优解 x^* 就存在一个权重向量 $\boldsymbol{\lambda}$，使得 x 为该问题的 Pareto 最优解。

9.3.2 共识算法与区块链运营流程

1. 基于负荷代理商效能函数的共识算法设计

在可控负荷-负荷代理商交易场景中，可控负荷用户作为轻节点在区块链上运行，不具备记账能力。因此，仅需依据 9.2.2 节所述负荷代理商的效能函数 $R(k)$，考虑负荷代理商节点之间的记账权竞争情况。由于负荷代理商的效能函数主要体现了其经济收益，收益越高者，越容易获得区块链记账权，故规定效能函数值高的负荷代理商获得更大的记账权概率。进一步，鉴于目前区块链共识算法存在的弊端，即节点中股权越多者越容易获得记账权，这容易导致网络话语权被大型负荷代理商所掌握，长期运营会使去中心化区块链系统演变为中心化网络，不利于系统的长期健康发展。

在本优化调度策略中，主要根据电动汽车的入网 SOC 和空调的温度设定值进行电力用

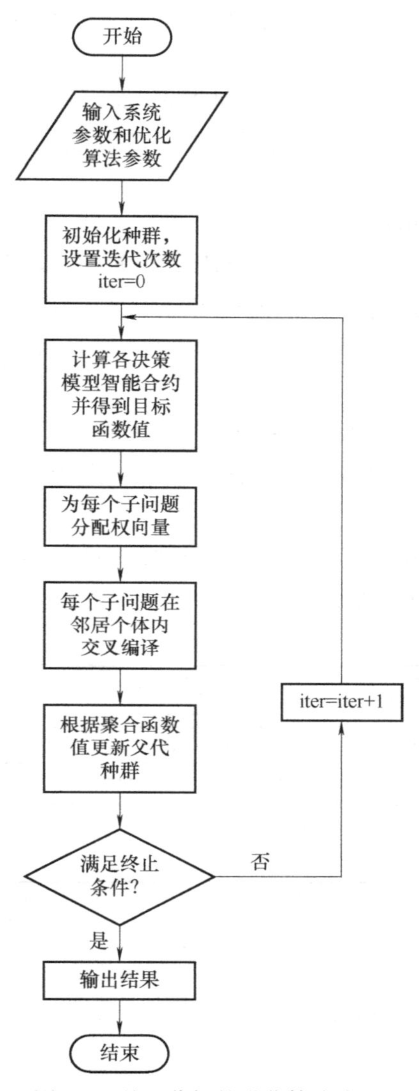

图 9-2　基于分解的进化算法流程

户分类，这些特征直接决定这两类负荷的可调度容量，这样会导致代理可调度容量较小的负荷代理商所获得的收益较小。综上所述，考虑利用区块链上记账收益来动态平衡各负荷代理商之间的收益，提出以式（9-19）所示效能函数变化率 $r(k)$ 作为区块链共识算法，节点能否获得记账权力，主要依据其自身能否持续健康发展。

$$r(k)=\frac{R(k,t)-R(k,t-1)}{R(k,t-1)}\times 100\% \tag{9-19}$$

式中，$R(k,t)$ 和 $R(k,t-1)$ 分别是 t、$t-1$ 时段用户子群 k 的负荷代理商效能函数值。

传统 PoW 机制的主要特征是节点做一定难度的工作得出一个结果，验证方却很容易通过结果来检查该节点是否完成了相应的工作，计算过程如式（9-20）所示。

$$\begin{aligned}&\text{find}\quad n\\&\text{s.t.}\quad \text{SHA256}(\text{SHA256}(h,n))<T\end{aligned} \tag{9-20}$$

式中，SHA256(·) 表示 256 位 Hash 加密算法；h 是最新区块的内容；T 是 Hash 加密的目标难度值；n 是随机数。

PoW 机制的流程：寻找一个 n，使其满足 Hash 加密后的数值小于 T，故 T 越小，挖矿难度越高。基于 PoW 机制，结合上述负荷代理商的效能函数，得到所设计的共识算法如式（9-21）所示。

$$\begin{aligned} &\text{find} \quad n \\ &\text{s.t.} \quad \mathrm{SHA256}(\mathrm{SHA256}(h,n)) < rpT \end{aligned} \tag{9-21}$$

式中，p 是负荷代理商的入网时长；r 是负荷代理商效能函数变化率。由式（9-21）可知，负荷代理商的入网时间越长、效能函数变化率越高，其 Hash 计算难度越低，也越容易获得区块链记账权。

考虑了效能函数变化率的共识算法保证了各区块链节点的记账权与其收益及对电网贡献值动态相关，促使各负荷代理商的决策行为向有益于电网运行的方向运作。

2. 区块链系统的运营流程

由于本章所设置的可控负荷电力交易单位时段间隔为 1h，可以设置每 1h 生成一次区块。区块链的数据结构如图 9-3 所示。

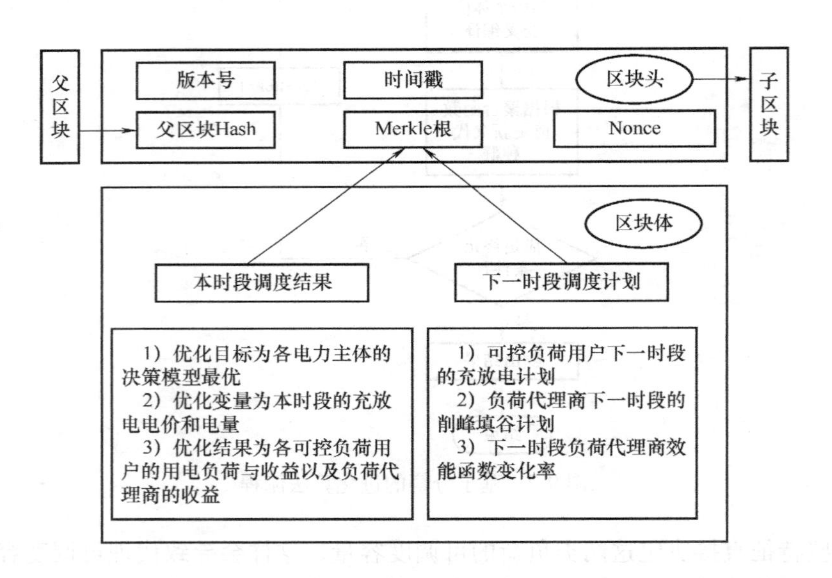

图 9-3　区块链的数据结构

当执行完成一次交易之后，由 $r(k)$ 值最大的负荷代理商节点完成记账，为区块加盖时间戳，证明所有交易有效，以保证所有交易在事后可追溯。区块体主要包含该时段的调度结果以及下一时段可控负荷用户的充放电计划和负荷代理商的削峰填谷计划，同时计算各负荷代理商效能函数为下一区块共识算法的达成做准备。上述所有数据经 Hash 算法转化为二进制 Merkle 根存入区块头中，保证了数据的隐私性。综合上述区块链节点决策模型、激励机制、智能合约求解算法、共识算法，可得区块链节点 24h 的运营流程如图 9-4 所示。

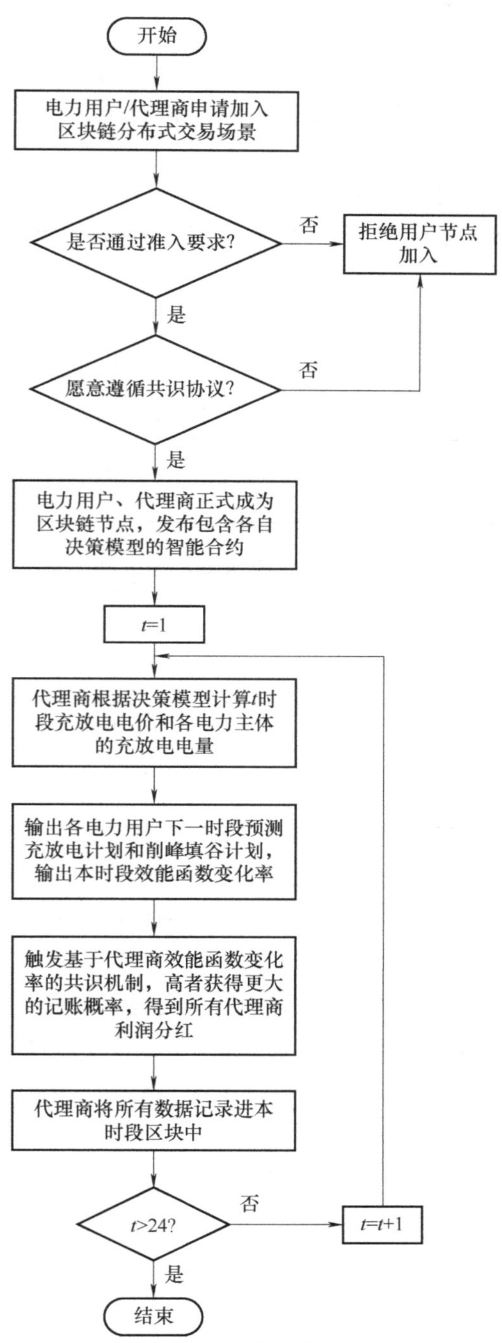

图 9-4　可控负荷-负荷代理商区块链运营流程

9.4　算例分析

9.4.1　题设与数据

利用 MATLAB 仿真求解可控负荷/电力代理商两类智能合约决策模型，验证所提可控负荷入网优化调度的可行性，再针对区块链系统运营效率进行相应的仿真分析比较。先给出假设如下：

1）对某中心城区在夏季典型日时 50 万居民进行仿真分析，其中电动汽车渗透率为 20%，空调渗透率为 30%。以 2017 年全美家庭出行调查统计结果，获得用户一天出行开始时间、结束时间。

2）假设所有电动汽车均通过代理商 V2G 参与区块链调度，电动汽车以上汽荣威 ERX5 为例，具体参数如表 9-1 所示；另外，在峰-平-谷时期电网购/售电的初始价格是不同的，具体价格参数如表 9-2 所示。

3）假设空调负荷中，$T_{desired}$设置为 27℃，用户参与调度的最高温度在 27.5~29℃之间均匀分布，最低温度在 25~27℃之间均匀分布，ε^T、η、A、δ 依据参考文献［119］设定值。

表 9-1　电动汽车具体参数

初始 SOC	离网 SOC	充/放电功率/kW	电池容量/(kW・h)
N（0.3，0.4^2）	0.9~1	7/5	60

表 9-2　电网购/售电初始电价

分类	时段	售电/[元/(kW・h)]	购电/[元/(kW・h)]
峰	9:00~13:00 19:00~23:00	1.12	1.082
平	7:00~9:00 13:00~19:00	0.72	0.687
谷	23:00~0:00 0:00~7:00	0.36	0.36

其余参数设置如下：

1）代理商放电收益设置为 0.5 元/(kW・h)，电池折损成本设置为 0.14 元/(kW・h)，用户委托代理费用设置为 0.1（元/辆）/天。

2）区块链激励机制的利润分红比例 λ 取 0.1，代理商效能函数参数 $\lambda_1=\lambda_2=0.5$。

3）该地区用户不含电动汽车和空调负荷的基础负荷如图 9-5 所示。

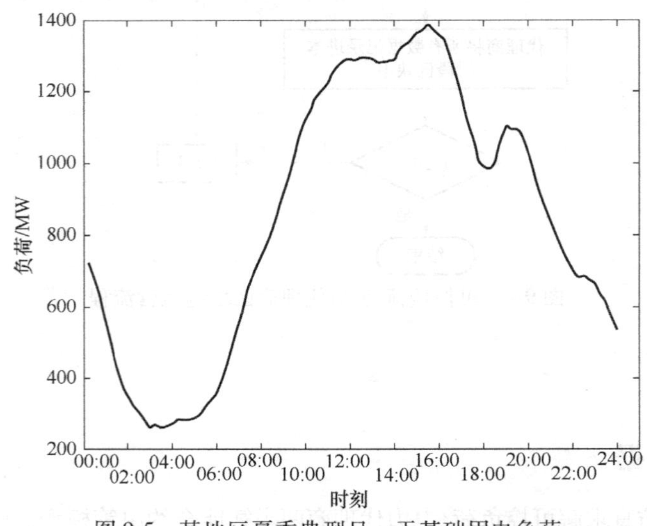

图 9-5　某地区夏季典型日一天基础用电负荷

9.4.2 调度结果分析

1. 削峰填谷结果分析

用户充电频率对应的起始充电时间分布数据如表 9-3 所示。利用 K 均值算法对数据处理后得到以用户入网和离网时间为聚类依据的 3 个聚类中心，结果如表 9-4 所示。

表 9-3 充电频率对应的起始充电时间分布

充电频率	第 1 段	第 2 段	第 3 段	第 4 段
≤1	17.6，3.4			
2	9.3，1.9	19.2，2.8		
3	8.9，1.9	14.5，2.3	19.3，1.6	
4	8.7，1.8	13.8，2.2	18.8，1.6	22.5，1.7

表 9-4 电力用户的聚类结果

类别	离网时刻/h	入网时刻/h
Ⅰ	8.32	14.21
Ⅱ	14.96	19.01
Ⅲ	6.24	18.65

对每种类别中的电动汽车和空调负荷用户再进行细化分类，电动汽车用户以初始 SOC 由高到低作为分类特征，空调负荷用户根据温度设定值进行分类，最终得到 9 组用户子群。对于不同的子群，基于其出行特征、SOC 和温度设定值计算其用户决策模型。类别Ⅰ的 3 组用户子群的充放电功率如图 9-6 所示。用户子群 1 中电动汽车用户的剩余 SOC 最多，同时空调负荷的可调温度范围最大，所以其可以调度的电量最大，放电电量最多同时充电时刻主要集中在负荷低谷时段，峰时段主要向电网放电；而用户子群 3 的充放电情况正好与用户子群 1 相反，子群 3 中用户入网的主要目的以满足自身用电需求为主，故其可调度电量较小；整体调度时段基本符合上述负荷聚类的入网与离网时段。

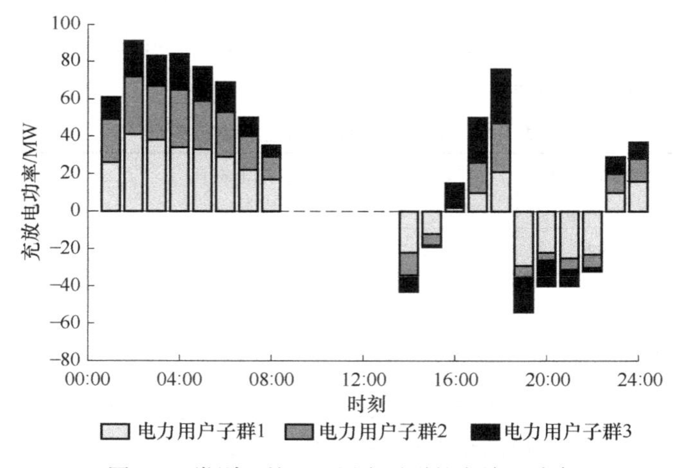

图 9-6 类别Ⅰ的 3 组用户子群的充放电功率

整合9组用户子群的充放电功率，将其与电网基础负荷进行叠加，同时将其与考虑大规模可控负荷在无序用电情况下的负荷曲线进行对比，如图9-7所示。可控负荷若以无序状态入网，即电动汽车入网即开始充电且不考虑对电网放电，空调负荷时刻保持最舒适温度，会导致电网负荷“峰上加峰”，而在负荷低谷时段，由于室外温度下降，同时电动汽车基本完成充电，所以负荷曲线与基础负荷基本重合；相较而言，本章所提基于区块链的入网调度策略有效地控制空调设定温度在合理范围之内，并将电动汽车充电功率由负荷高峰时段转移至负荷低谷时段，并在负荷高峰时段适度向电网放电，实现了电网负荷的削峰填谷。

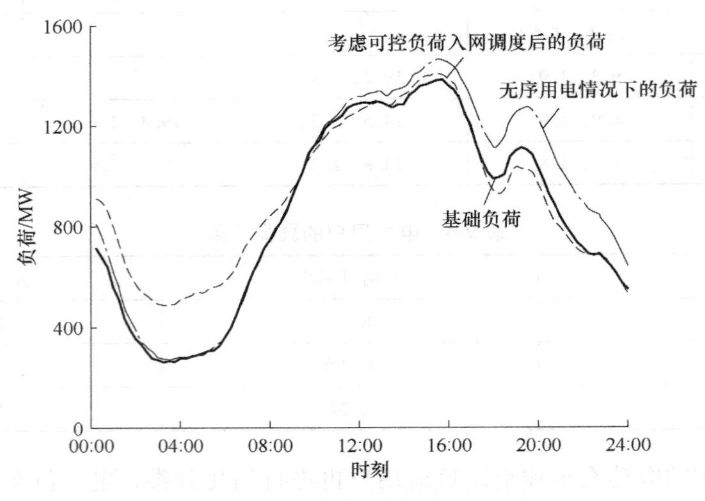

图9-7 考虑本章调度策略后的负荷曲线

2. 经济效益分析

不同调度策略的经济收益对比如表9-5所示。在无序用电策略下，电动汽车和空调负荷用户的购电成本均比本章调度策略下要高得多，这是由无序用电策略以尽可能满足电力用户用电舒适度为目标导致的，而本章调度策略考虑了电动汽车放电，对电动汽车动力电池的损害较大，故电池损耗成本远大于无序用电策略；同时，在本章的调度下，电力用户依靠负荷代理商调整电动汽车的充放电时段以及空调的设定温度，并获得了一定的放电补偿，总用电成本显著降低，而负荷代理商的收益主要来自用户委托代理费用和向电网放电获得的收益，在无序用电策略下不存在该收益。

表9-5 不同调度策略的经济收益对比

调度策略	电动汽车用户成本/万元	空调负荷用户成本/万元	电池损耗成本/万元	用户经济成本/万元	负荷代理商收益/万元
本章策略	64.92	31.17	29.63	110.04	8.29
无序用电	76.21	44.28	11.25	131.74	0

3. 区块链运营策略的有效性分析

考虑9个负荷代理商作为区块链全节点，其都有竞争记账的权力，以20:00时刻为例进行分析，得到各负荷代理商获得的记账概率对比结果如图9-8所示。基于效能函数所得代理商记账概率分配严重不均，代理商1、4、7因所代理的用户子群的可调度容量较大，获利较多，所以所获记账概率相对比较大。抽取代理商部分利润奖励记账区块可以有效抑制各代理商利益分配不均等问题，因此本章所考虑的利润分红这一激励机制是有意义的。选择效能函数变化率为区块链共识算法，每个代理商首先与自身上一时段调度效果进行对比，再互相竞争区块链记账权。仿真结果表明，在节点理性的假设前提下，各代理商的记账概率在10%~15%之间，大型代理商不会垄断记账权力，能有效保证区块链长期可靠运营。

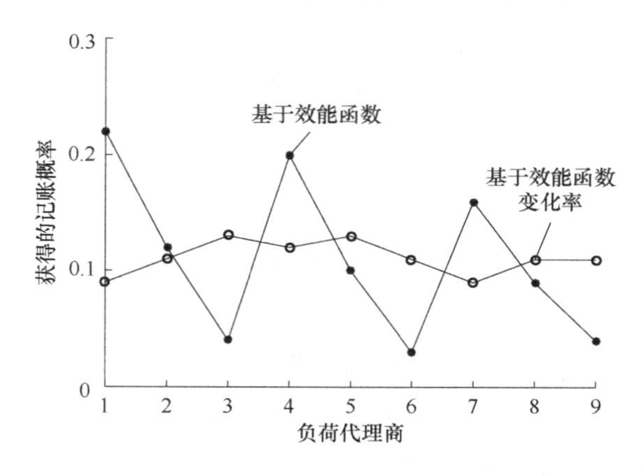

图 9-8　负荷代理商获得的记账概率对比

为了检验智能合约的可行性，利用以太坊私有链对两类决策模型智能合约的效果进行检验。基于区块链的电力交易去中心化应用测试界面如图9-9所示。输入负荷代理商1的交易信息，并在20:00时刻进行查看，得到在负荷代理商1的代理下电动汽车用户的用电成本和动力电池损耗成本、空调负荷用户的用电成本以及代理商1的收益如图9-10所示。20:00时刻负荷代理商1代理下的电动汽车用户以放电收益为主，但此时电动汽车的动力电池损耗成本较高。此外，在分时电价背景下，空调负荷用户的用电成本有所降低。与上述MATLAB的仿真结果进行比较可知，本章所提智能合约是准确且有效的。

localhost:8080

基于区块链的分布式电力交易系统

输入要查看的时间段:

输入要查看的节点信息

输入要查看的区块信息

上传　关闭

电动汽车用电成本:

电动汽车损耗成本:

空调负荷用电成本:

代理商最优用电量

代理商收益

图 9-9　区块链智能合约测试界面

图 9-10　20:00 的智能合约输出结果

本 章 小 结

目前，我国分布式电力交易蓬勃发展，针对其中存在的第三方电力代理商凭借信息不对称一家独大的信任问题，本章利用区块链技术构建了负荷代理商交易平台，从上层应用和底层技术着手，主要解决了以下两个问题：①在上层应用方面，以利益最优为基本原则建立了考虑运维成本和运维效能的负荷代理商决策模型智能合约，整合大规模可控负荷用户的用电资源，使两类电力主体经济共赢的同时，实现了电网负荷削峰填谷；②在底层技术方面，针对负荷代理商这一区块链特殊应用场景，提出了负荷代理商利润分红激励机制、代理商效能函数变化率共识算法，实现了区块链优势与电力调度相融合。如果对区块链底层技术进行继续优化，可使其更符合分布式电力交易机制的实际情况。

附　录

缩略语对照表

序号	缩略语	全称	中文术语	序号	缩略语	全称	中文术语
1		Satoshi Nakamoto	中本聪	30	DAC	Decentralized Autonomous Corporation	去中心化自治公司
2	BTC	Bitcoin	比特币	31	DAS	Decentralized Autonomous Society	去中心化自治社会
3	SHA	Secure Hash Algorithm	安全散列算法	32		Hard Fork	硬分叉
4		Transaction	交易	33	EEA	Enterprise Ethereum Alliance	以太坊企业级联盟
5	PoW	Proof of Work	工作量证明	34	UTO	Unspent Transaction Output	未花费的交易输出
6	PoS	Proof of Stake	权益证明	35		Uncle Block	叔块
7	DPoS	Delegate Proof of Stake	委托权益证明	36		Sharding	分片
8	PBFT	Practical Byzantine Fault Tolerance	实用拜占庭容错算法	37		Nonce	随机数
9		Hyperledger	超级账本	38		Storage	存储区
10	BTC-Relay	Bitcoin Relay	可信预言机技术	39		OpenBlockChain	开源区块链
11		Rootstock	根链	40		Log	日志
12		Blockstream	闪电网络	41		Bloom Filter	布隆过滤器
13	ETH	Ethereum	以太坊	42	RLP	Recursive Length Prefix	递归长度前缀
14	EOS	Enterprise Operation System	商用分布式区块链操作系统	43		SegWit	隔离见证
15	DAPP	Decentralized Application	去中心化应用	44		ScriptSig	比特币脚本签名
16	BTM	Bytom	比原链	45		Notary Schemes	公证人机制
17		GXChain	公信链	46		Sidechains/Relays	侧链/中继
18		SEER	石墨烯预测区块链	47	HTLC	Hashed Time Lock Contract	散列时间锁合约
19		Smart Contract	智能合约	48	CDN	Content Delivery Network	内容分发网络
20		Ripple	瑞波币	49	EI	Energy Internet	能源互联网
21	IPO	Initial Public Offerings	公开募股	50	REI	Regional Energy Internet	区域能源互联网
22		Hash	哈希加密	51	DG	Distributed Generation	分布式电源
23		Merkle	默克尔	52	EH	Energy Hub	能量枢纽
24	P2P	Peer to Peer	点对点	53	CCHP	Combined Cooling Heating and Power	冷热电联供
25	EA	Electronic Authentication	电子认证	54	P2G	Power to Gas	电转气
26	NaSA	Nothing at Stake Attack	无利益攻击	55	V2G	Vehicle to Grid	车辆到电网
27	PRC	Primecoin	质数币	56	GIS	Geographic Information System	地理信息系统
28		Block with Holding Attacks	区块截留攻击	57	API	Application Programming Interface	接口
29	DAO	Decentralized Autonomous Organization	去中心化自治组织				

参考文献

[1] 杨保华，陈昌. 区块链原理、设计与应用 [M]. 北京：机械工业出版社，2018.

[2] 熊丽兵. 精通以太坊智能合约开发 [M]. 北京：电子工业出版社，2018.

[3] 瑞提什·莫迪. Solidity 编程——构建以太坊和区块链智能合约的初学者编程 [M]. 北京：机械工业出版社，2019.

[4] 鲁静. 区块链工程实践——行业解决方案与关键技术 [M]. 北京：机械工业出版社，2019.

[5] 吴寿鹤，冯翔，刘涛，等. 区块链开发实践——以太坊关键技术与案例分析 [M]. 北京：机械工业出版社，2019.

[6] 伍前红. 区块链工程实践与实验 [M]. 北京：电子工业出版社，2019.

[7] 裴尧尧. 从零开始自己动手写区块链 [M]. 北京：机械工业出版社，2018.

[8] 林维锋，莫鎦昌. 超级账本 Hyperledger Fabric 区块链开发实践 [M]. 北京：人民邮电出版社，2020.

[9] GREENSPAN G. MultiChain private blockchain-White Paper [R/OL]. (2015-06-01) [2020-07-03]. http://www. multichain, com/download/MultiChain-White-Paper. pdf.

[10] 刘振亚. 建设我国能源互联网，推进绿色低碳转型 [EB/OL]. (2020-07-29) [2020-07-03]. http://www. chinapower. com. cn/zk/zjgd/20200729/26456. html.

[11] 央视网. 把区块链作为核心技术自主创新重要突破口，加快推动区块链技术和产业创新发展 [EB/OL]. (2019-10-25) [2020-07-03]. http://news. cctv. com/2019/10/25/ARTIWOIBvCCUykO9uyfui42j191025. shtml.

[12] 中新网. 蚂蚁金服有望恢复中国公众对公益平台的信心 [EB/OL]. (2016-08-01) [2020-07-15]. https://www. chinanews. com. cn/cj/2016/08-01/7958066. shtml.

[13] GORP E. TenneT unlocks distributed flexibility via blockchain [EB/OL]. (2019-10-25) [2020-07-15]. http://www. xinhuanet. com//2019-10/25/c_1125153665. html.

[14] VATTENFALL. Blockchain in energy trading closer to realisation [EB/OL]. (2018-08-17) [2020-07-15]. https://group. vattenfall. com/site-assets/search? q=%5B14%5D%09Blockchain+in+energy+trading+closer+to+realisatio.

[15] 北极星售电网. 国家电网发布在区块链技术和应用领域发力十大场景 [EB/OL]. (2019-12-19) [2020-07-15]. https://shoudian. bjx. com. cn/html/20191219/1029982. shtml.

[16] PR Newswire. Energo Labs 宣布 2018 年战略布局，加速亚洲的能源革命浪潮 [EB/OL]. (2017-11-15) [2020-07-15]. https://www. prnasia. com/story/194254-1. shtml.

[17] 火星财经. 区块链金融科技平台“川电云链”上线 [EB/OL]. (2019-12-28) [2020-07-15]. https://news. huoxing24. com/flash/20191228180252693358. html.

[18] 林洋能源. 林洋能源打造区块链智能电表应用平台 [EB/OL]. (2019-04-25) [2020-07-15]. http://www. linyang. com. cn/news/company/21122. html.

[19] Greentech Media. GE wants to build virtual power plants using blockchain [EB/OL]. (2018-10-31) [2020-07-15]. https://www. greentechmedia. com/articles/read/ge-wants-to-build-virtual-power-plants-usingblock-chain.

[20] 徐锭明. 掀起能源革命热潮 [J]. 新商务周刊，2014 (15)：3.

[21] 董朝阳，赵俊华，文福拴，等. 从智能电网到能源互联网：基本概念与研究框架 [J]. 电力系统自动化，2014，38 (15)：1-11.

[22] 舒印彪，张智刚，郭剑波，等. 新能源消纳关键因素分析及解决措施研究 [J]. 中国电机工程学报，2017，37 (1)：1-8.

[23] RIFKIN J. The third industrial revolution：how lateral power is transforming energy，the economy，and the world [M]. New York：Palgrave MacMillan，2011：24-71.

[24] 王伟亮，王丹，贾宏杰，等. 能源互联网背景下的典型区域综合能源系统稳态分析研究综述 [J]. 中国电机工程学报，2016，36（12）：3292-3305.

[25] 李逐云，雷霞，邱少引，等. 考虑“源-网-荷”三方利益的主动配电网协调规划 [J]. 电网技术，2017，41（2）：378-386.

[26] 田世明，栾文鹏，张东霞，等. 能源互联网技术形态与关键技术 [J]. 中国电机工程学报，2015，35（14）：3482-3494.

[27] 颜拥，赵俊华，文福栓，等. 能源系统中的区块链：概念、应用与展望 [J]. 电力建设，2017，38（2）：12-20.

[28] 曹寅. 能源区块链与能源互联网 [J]. 风能，2016（5）：14-15.

[29] 张宁，王毅，康重庆，等. 能源互联网中的区块链技术：研究框架与典型应用初探 [J]. 中国电机工程学报，2016，36（15）：4011-4022.

[30] 李彬，张洁，祁兵，等. 区块链：需求侧资源参与电网互动的支撑技术 [J]. 电力建设，2017，38（3）：1-8.

[31] 李彬，曹望璋，祁兵，等. 区块链技术在电力辅助服务领域的应用综述 [J]. 电网技术，2017，41（3）：736-744.

[32] 曾鸣，程俊，王雨晴，等. 区块链框架下能源互联网多模块协同自治模式初探 [J]. 中国电机工程学报，2017，37（13）：3672-3681.

[33] 邰雪，孙宏斌，郭庆来. 能源互联网中基于区块链的电力交易和阻塞管理方法 [J]. 电网技术，2016，40（12）：3630-3638.

[34] GEIDL M，KOEPPEL G，FAVRE P P，et al. Energy hubs for the future [J]. IEEE Power and Energy Magazine，2007，5（1）：24-30.

[35] 罗艳红，梁佳丽，杨东升，等. 计及可靠性的电-气-热能量枢纽配置与运行优化 [J]. 电力系统自动化，2018，42（4）：47-54.

[36] 吴奎华，杨中源，梁荣，等. 具有两种制冷方式的 CCHP 系统优化运行策略及其判别条件 [J]. 电力系统自动化，2018，42（6）：18-24.

[37] DUAN J，JIN Z. Research on improving flexibility of integrated power and gas energy system considering P2G and demand response [C]//2017 IEEE Conference on Energy Internet and Energy System Integration (EI2). Beijing：IEEE，2017：1-6.

[38] 胡泽春，宋永华，徐智威，等. 电动汽车接入电网的影响与利用 [J]. 中国电机工程学报，2012，32（4）：1-10.

[39] ZIARI I，LEDWICH G，GHOSH A，et al. Integrated distribution systems planning to improve reliability under load growth [J]. IEEE Transactions on Power Delivery，2012，27（2）：757-765.

[40] 马溪原，郭晓斌，雷金勇. 面向多能互补的分布式光伏与气电混合容量规划方法 [J]. 电力系统自动化，2018，42（4）：55-63.

[41] 高颂九. 配电网地理信息系统在县城配电网规划与设计中的应用 [J]. 电网技术，2001，25（12）：67-70.

[42] MELANIE SWAN M. Blockchain：blueprint for a new economy [M]. New York：O'Reilly，2015.

[43] EMART Energy. 2016-Europe's flagship event for energy traders [EB/OL].（2016-11-3）[2021-04-10]. http://www.emart-energy.com/blockchain.

[44] 谭磊，陈刚. 区块链 2.0 [M]. 北京：电子工业出版社，2016.

[45] 袁勇，王飞跃. 区块链技术发展现状与展望 [J]. 自动化学报，2016，42（4）：481-494.

[46] BURGER C, KUHLMANN A, RICHARD P, et al. Blockchain in the energy transition. A survey among decision-makers in the German energy industry [J]. DENA German Energy Agency, 2016, 60: 1-44.

[47] MERZ M. Potential of the blockchain technology in energy trading [J]. Blockchain Technology Introduction for Business and IT Managers, 2016: 51-98.

[48] SCHWIETERS N, VAN H J, ETHERIDGE D, et al. Blockchain-an opportunity for energy producers and consumers [EB/OL]. (2016-11-04) [2021-06-27]. http://www.pwc.com/gx/en/industries/assets/pwc-blockchain-opportunity-for-energy-producers-and-consumers.pdf.

[49] MIHAYLOV M, JURADO S, MOFFAERT K V, et al. NRGX-change: a novel mechanism for trading of renewable energy in smart grids [C]//Proceedings of the 3rd International Conference on Smart Grids and Green IT Systems. Barcelona: SciTePress, 2014: 101-106.

[50] MIHAYLOV M, JURADO S, AVELLANA N, et al. NRGcoin: virtual currency for trading of renewable energy in smart grids [C]//Proceedings of the 11th International Conference on the European Energy Market. Krakow: IEEE, 2014: 1-6.

[51] LIU J. China's renewable energy law and policy: a critical review [J]. Renewable and Sustainable Energy Reviews, 2019 (99): 212-219.

[52] 梁彦杰，王皓怀，王坚，等. 电力市场改革下南方电网调度运行面临的技术挑战与发展方向 [J]. 现代电力，2017，34 (4): 72-78.

[53] 马莉，范孟华，郭磊，等. 国外电力市场最新发展动向及其启示 [J]. 电力系统自动化，2014，38 (13): 1-9.

[54] 杨德昌，赵肖余，徐梓潇，等. 区块链在能源互联网中应用现状分析和前景展望 [J]. 中国电机工程学报，2017，37 (13): 3664-3671.

[55] 马天男，彭丽霖，杜英，等. 区块链技术下局域多微电网市场竞争博弈模型及求解算法 [J]. 电力自动化设备，2018，38 (5): 191-203.

[56] 朱文广，熊宁，钟士元，等. 基于区块链的配电网电力交易方法 [J]. 电力系统保护与控制，2018，46 (24): 165-172.

[57] 龚钢军，王慧娟，张桐，等. 基于区块链的电力现货交易市场研究 [J]. 中国电机工程学报，2018，38 (23): 6955-6966; 7129.

[58] SIKORSKI J J, HAUGHTON J, KRAFT M. Blockchain technology in the chemical indus Machine-to-Machine electricity market [J]. Applied Energy, 2017, 195: 234-246.

[59] 武赓，曾博，李冉，等. 区块链技术在综合需求侧响应资源交易中的应用模式研究 [J]. 中国电机工程学报，2017，37 (13): 3717-3728.

[60] 李彬，卢超，曹望璋，等. 基于区块链技术的自动需求响应系统应用初探 [J]. 中国电机工程学报，2017，37 (13): 3691-3702.

[61] VAN C O, HO D D, BOUDOU P, et al. Cooperative energy management of a community of smart-buildings: a blockchain approach [J]. International Journal of Electrical Power and Energy Systems, 2020, 117: 105643-105653.

[62] 崔金栋，王胜文，辛业春. 区块联盟链视角下智能电网数据管理技术框架研究 [J]. 中国电机工程学报，2020，40 (3): 836-848.

[63] LIANG G, WELLER S R, LUO F. Distributed blockchain-based data protection frameworkfor modern power systems against cyber attacks [J]. IEEE Transactions on Smart Grid, 2019, 10 (3): 3162-3173.

[64] 佘维，胡跃，杨晓宇，等. 基于能源区块链网络的虚拟电厂运行与调度模型 [J]. 中国电机工程学报，2017，37 (13): 3729-3736.

[65] 平健，陈思捷，张宇，等. 基于智能合约的配电网去中心化交易机制 [J]. 中国电机工程学报，

2017, 37 (13): 3682-3690.

[66] POP C, CIOARA T, ANTAL M, et al. Blockchain based decentralized management of demand response programs in smart energy grids [J]. Sensors, 2018, 18 (1): 162-182.

[67] PEE S J, KANG E S, SONG J G, et al. Blockchain based smart energy trading platform using smart contract [C]//1st International Conference on Artificial Intelligence in Information and Communication. Okinawa: IEEE, 2019: 322-325.

[68] NGUYEN C. An indie, off-the-grid, blockchain-traded solar power market comes to Brooklyn [EB/OL]. (2016-03-18) [2021-08-27]. https://www.vice.com/en_us/article/yp3pvm/ the-plan-to-power-brooklyn-with-a-blockchain-based-microgrid-transactive-solar.

[69] MIHAYLOV M, JURADO S, AVELLANA N, et al. NRGcoin: virtual currency for trading of renewable energy in smart grids [C]//11th International Conference on the European Energy Market. Cracow: IEEE, 2014: 1-6.

[70] 国网浙江省电力公司. 国网浙江电力积极探索建设区块链平台 [J]. 浙江电力, 2017, 36 (10): 89.

[71] 能源区块链. 碳链 [EB/OL]. (2020-01-21) [2021-08-27]. http://www.energy blockchain.com/proccer.

[72] XU Y, ZHANG R, DONG Z Y, et al. Optimal placement of static compensators for multi-objective voltage stability enhancement of power systems [J]. IET Generation, Transmission & Distribution, 2015, 9 (15): 2144-2151.

[73] 朱茳, 王海潮, 赵振宇, 等. 大规模分布式能源博弈竞争模型及其求解算法 [J]. 电力建设, 2017, 38 (4): 135-143.

[74] 魏韡, 陈玥, 刘锋, 等. 基于主从博弈的智能小区代理商定价策略及电动汽车充电管理 [J]. 电网技术, 2015, 39 (4): 939-945.

[75] SHAFIE K M, HEYDARIAN F E, GOLSHAN M E H, et al. Optimal trading of plug-in electric vehicle aggregation agents in a market environment for sustainability [J]. Applied Energy, 2016, 162: 601-612.

[76] 宫鑫, 林涛, 苏秉华. 电动汽车代理在电力市场的最优竞标策略 [J]. 电网技术, 2016, 40 (9): 2596-2602.

[77] GONZALEZ V M, ANDERSSON G. Optimal bidding strategy of a plug-in electric vehicle aggregator in day-ahead electricity markets under uncertainty [J]. IEEE Transactions on Power System, 2015, 30 (5): 2375-2385.

[78] 潘樟惠, 高赐威, 刘顺桂. 基于需求侧放电竞价的电动汽车充放电调度研究 [J]. 电网技术, 2016, 40 (4): 1140-1146.

[79] 李成伟, 刘俊勇, 魏震波. 基于博弈论的电动汽车放电电价研究 [J]. 华东电力, 2013, 41 (6): 1329-1334.

[80] PUSTISEK M, KOS A, SEDLAR U. Blockchain based autonomous selection of electric vehicle charging station [C]//International Conference on Identification, Information and Knowledge in the Internet of Things. Beijing: IEEE, 2016: 217-222.

[81] 齐林海, 李雪, 祁兵, 等. 基于区块链生态系统的充电桩共享经济模式 [J]. 电力建设, 2017, 38 (9): 1-7.

[82] 金志刚, 吴若茜, 李根, 等. 基于联盟区块链的电动汽车充电交易模型 [J]. 电网技术, 2019, 43 (12): 4362-4370.

[83] LIU C, CHAI K K, ZHANG X, et al. Adaptive blockchain-based electric vehicle participation scheme in smart grid platform [J]. IEEE Access, 2018, 6: 25657-25665.

[84] ZHANG T, POTA H, CHU C, et al. Real-time renewable energy incentive system for electric vehicles using prioritization and cryptocurrency [J]. Applied Energy, 2018, 226: 582-594.

[85] KIM M, PARK K, YU S, et al. A secure charging system for electric vehicles based on blockchain [J]. Sensors, 2019, 19 (13): 3028-3049.

[86] BAHRAMI S, WONG V. A potential game framework for charging PHEVs in smart grid [C]//IEEE Pacific RIM Conference on Communications, Computers, and Signal Processing. Victoria: IEEE, 2015: 28-33.

[87] 康慨,施念,王艳鹏,等. 基于区块链技术的去中心化电动汽车 V2G 新模式 [J]. 电力自动化设备,2021, 41 (12): 78-86, 114. DOI: 10. 16081/j. epae. 202108018.

[88] 王浩然,陈思捷,严正,等. 基于区块链的电动汽车充电站充电权交易:机制、模型、方法 [J]. 中国电机工程学报,2020, 40 (02): 425-436.

[89] SAROJ K. Review: study on simple K mean and modified K mean clustering technique [J]. International Journal of Computer Science Engineering and Technology, 2016, 6 (7): 279-281.

[90] 潘樟惠,高赐威. 基于需求响应的电动汽车经济调度 [J]. 电力建设,2015, 36 (7): 139-145.

[91] U. S. Department of Transportation, Federal Highway Administration. 2017 National Household Travel Survey [DB/ OL]. (2018-03-02) [2021-09-07]. http://nhts. ornl. gov.

[92] Wu C, Mohsenian-Rad H, Huang J. Vehicle-to-aggregator interaction game [J]. IEEE Transactions on Smart Grid, 2012, 3 (1): 434-442.

[93] White C D, Zhang K M. Using vehicle-to-grid technology for frequency regulation and peak-load reduction [J]. Journal of Power Sources, 2011, 196 (8): 3972-3980.

[94] 陆凌蓉,文福拴,薛禹胜,等. 电动汽车提供辅助服务的经济性分析 [J]. 电力系统自动化,2013, 37 (14): 43-49, 58.

[95] WANG Y, YANG Z, MOURSHED M, et al. Demand side management of plug-in electric vehicles and coordinated unit commitment: a novel parallel competitive swarm optimization method [J]. Energy Conversion and Management, 2019, 196 (SEP.): 935-949.

[96] WANG B, CHENG M X, CHEN Y Q, et al. Scheduling management of controllable load participating in power grid enhanced by double- chain structure [J]. IEEE Access, 2022, 10: 103028-103040.

[97] 齐林海,李雪,祁兵,等. 基于区块链生态系统的充电桩共享经济模式 [J]. 电力建设,2017, 38 (9): 1-7.

[98] 金志刚,吴若茜,李根,等. 基于联盟区块链的电动汽车充电交易模型 [J]. 电网技术,2019, 43 (12): 4362-4370.

[99] Truffle Suite. Ganache overview [EB/OL]. (2020-01-21) [2021-09-07]. https://www. Trufflesuite. com/docs/Ganache/overview.

[100] Ethereum. Solidity [EB/OL]. (2019-6-30) [2021-09-07]. http://Solidity. readthedocs. io/en/latest.

[101] 何蒲,于戈,张岩峰,等. 区块链技术与应用前瞻综述 [J]. 计算机科学,2016, 44 (4): 1-7; 15.

[102] Metamask. Brings Ethereum to your browser [EB/OL]. (2018-4-23) [2021-09-07]. https://metamask. io.

[103] 熊丽兵. 精通以太坊智能合约开发 [M]. 北京:电子工业出版社,2018.

[104] 李彬,张洁,祁兵,等. 区块链——需求侧资源参与电网互动的支撑技术 [J]. 电力建设,2017, 38 (3): 1-8.

[105] 刘利兵,刘天琪. 参与需求侧响应的空调负荷群调节控制方法及优化调度策略 [J]. 工程科学与技术,2017, 49 (S1): 175-182.

[106] 宁剑,江长明,张哲,等. 可调节负荷资源参与电网调控的思考与技术实践 [J]. 电力系统自动化,2020, 44 (17): 1-8.

[107] 袁晓玲,刘志明,赫卫国. 分时电价下计及用户用电满意度的家庭负荷优化策略 [J]. 广东电力,2020, 33 (2): 54-62.

[108] 李彬,曹望璋,卢超,等. 非可信环境下基于区块链的多级 DR 投标安全管理及技术支撑 [J]. 中

国电机工程学报，2018，38（8）：2272-2283，2537.
［109］王蓓蓓，李雅超，赵盛楠，等. 基于区块链的分布式能源交易关键技术［J］. 电力系统自动化，2019，43（14）：53-64.
［110］平健，严正，陈思捷，等. 基于区块链的分布式能源交易市场信用风险管理方法［J］. 中国电机工程学报，2019，39（24）：7137-7145.
［111］ZHAO S，WANG B，LI Y，et al. Integrated energy transaction mechanisms based on blockchain technology［J］. Energies，2018，11（9）：1-19.
［112］KANG J，YU R，HUANG X，et al. Enabling localized peer to-peer electricity trading among plug-in hybrid electric vehicles using consortium blockchains［J］. IEEE Transactions on Industrial Informatics，2017，13（6）：3154-3164.
［113］KHAQQI K N，SIKORSKI J J，HADINOTO K，et al. Incorporating seller/buyer reputation-based system in blockchain-enabled emission trading application［J］. Applied Energy，2018，209：8-19.
［114］潘樟惠，高赐威，刘顺桂. 基于需求侧放电竞价的电动汽车充放电调度研究［J］. 电网技术，2016，40（4）：1140-1146.
［115］杨明通，周步祥，董申，等. 区块链支持下的微网电力市场设计及调度优化［J］. 电力自动化设备，2019，39（12）：155-161.
［116］段靓，吕鑫，刘凡. 基于信任委托的区块链分层共识优化［J］. 计算机工程，2020，46（10）：120-130，136.
［117］邰雪，孙宏斌，郭庆来. 能源互联网中基于区块链的电力交易和阻塞管理方法［J］. 电网技术，2016，40（12）：3630-3638.
［118］王毅，赵辉辉，侯兴哲，等. 基于链码和多阶段混合拍卖机制的微电网分布式电能交易模型［J］. 电网技术，2020，44（4）：1302-1309.
［119］HONG Y，LIN J，WU C P，et al. Multi-objective air-conditioning control considering fuzzy parameters using immune clonal selection programming［J］. IEEE Transactions on Smart Grid，2012，3（4）：1603-1610.
［120］国家发展改革委员会，工业和信息化部，财政部，等. 电力需求侧管理办法（修订版）［EB/OL］.（2017-09-30）［2021-11-10］. http://www.gov.cn/xinwen/2017-09/26/5227721/files/264228a3ce924f70afd268ce373fc989.pdf.

国电机工程学报，2018，38（8）：2272-2283，2537.

[109] 王蓓蓓，李雅超，赵盛楠，等. 基于区块链的分布式能源交易关键技术[J]. 电力系统自动化，2019，43（14）：53-64.

[110] 平健，严正，陈思捷，等. 基于区块链的分布式能源交易市场信用风险管理方法[J]. 中国电机工程学报，2019，39（24）：7137-7145.

[111] ZHAO S，WANG B，LI Y，et al. Integrated energy transaction mechanisms based on blockchain technology[J]. Energies，2018，11（9）：1-19.

[112] KANG J，YU R，HUANG X，et al. Enabling localized peer-to-peer electricity trading among plug-in hybrid electric vehicles using consortium blockchains[J]. IEEE Transactions on Industrial Informatics，2017，13（6）：3154-3164.

[113] KHAQQI K N，SIKORSKI J J，HADINOTO K，et al. Incorporating seller/buyer reputation-based system in blockchain-enabled emission trading application[J]. Applied Energy，2018，209：8-19.

[114] [illegible]，[illegible]，[illegible]. 基于需求侧[illegible]电动汽车[illegible]研究[J]. 电网技术，2016，40（4）：1140-1146.

[115] [illegible]，[illegible]，[illegible]，等. 区块链技术下的[illegible]市场设计及调度优化[J]. 电力自动化设备，2019，39（12）：155-161.

[116] [illegible]，[illegible]，[illegible]. 基于[illegible]的[illegible]分层[illegible]优化[J]. 计算机工程，2020，46（10）：120-130，138.

[117] 邰雪，孙宏斌，郭庆来. 能源互联网中基于区块链的电力交易和阻塞管理方法[J]. 电网技术，2016，40（12）：3630-3638.

[118] 王毅，[illegible]，[illegible]，等. 基于[illegible]的配电网分布式电能交易[illegible][J]. 电网技术，2020，44（4）：1302-1309.

[119] HONG Y，LIN J，WU C P，et al. Multi-objective air-conditioning control considering fuzzy parameters using immune clonal selection programming[J]. IEEE Transactions on Smart Grid，2012，3（4）：1603-1610.

[120] 国家发展改革委员会，工业和信息化部，财政部，等. 电力需求侧管理办法（修订版）[EB/OL].（2017-09-30）[2021-11-10]. http://www.gov.cn/xinwen/2017-09/26/5227721/files/204225a3e9a4470ae2568e17a6f985.pdf